集人文社科之思　刊专业学术之声

集 刊 名：中国社会工作研究
主办单位：中国社会工作教育协会

Vol.19 China Social Work Research

编辑委员会

主　编：王思斌

副主编：熊跃根

编辑委员会成员（以姓氏笔画为序）：

王思斌（北京大学）　　　　何雪松（华东理工大学）

刘　梦（浙江师范大学）　　钱　宁（云南大学）

孙立亚（中国青年政治学院）　彭华民（南京大学）

向德平（华中科技大学）　　童　敏（厦门大学）

张和清（中山大学）　　　　熊跃根（北京大学）

陈树强（中国青年政治学院）

China Social Work Research Vol.19, 2020
The Editorial Board

Editor-in-Chief: Sibin Wang
Deputy Editor-in-Chief: Yuegen Xiong
Editorial Board Members:
　Sibin Wang (Peking University)
　Meng Liu (Zhejiang Normal University)
　Liya Sun (China Youth University of Political Studies)
　Deping Xiang (Huazhong University of Science and Technology)
　Heqing Zhang (Sun Yat-sen University)
　Shuqiang Chen (China Youth University of Political Studies)
　Xuesong He (East China University of Science and Technology)
　Ning Qian (Yunnan University)
　Huamin Peng (Nanjing University)
　Min Tong (Xiamen University)
　Yuegen Xiong (Peking University)

第19辑

集刊序列号：PIJ-2002-002

中国集刊网：www.jikan.com.cn

集刊投约稿平台：www.iedol.cn

中文社会科学引文索引（CSSCI）来源集刊
CNKI 中国学术期刊网络出版总库全文收录

中国社会工作教育协会 编

中国社会工作研究
China Social Work Research
第十九辑

王思斌　主编

社会科学文献出版社
SOCIAL SCIENCES ACADEMIC PRESS (CHINA)

致 谢

《中国社会工作研究》的出版得到了香港凯瑟克基金会的慷慨资助，特此表示感谢。

ACKNOWLEDGEMENT

The publishing of China Social Work Research has been generously funded by the esteemed Keswick Foundation Ltd., Hong Kong.

中国社会工作研究　　　　　　　　　第十九辑
China Social Work Research　　　　　2020年12月出版

空间正义与绿色社会工作介入：四川雅安灾后参与式社区
　　设计的行动研究 …………… 古学斌　齐华栋　Lena Dominelli / 1
中国社会工作者的专业化
　　——基于CSWLS 2019的数据分析
　　　　　　… 刘　畅　刘仕清　袁易卿　孙小悦　段文杰　何雪松 / 22
赋权评估：社会工作规范化和专业化的有效动力
　　——基于15项省级政府购买项目的干预研究
　　　　……………………………………………… 刘　江　张　曙 / 56
社会适应理念及应用：医务社会工作介入精神障碍
　　患者居家康复实验研究 …………………………… 李　滨　任　卫 / 81
村庄边界与在地伙伴网络的建构
　　——以城中村社区营造过程为例 ………………………… 魏爱棠 / 120
残疾人家庭抗逆力的多重表征与社会工作实践路向 …… 姚进忠 / 148
慢性疼痛与精神健康的整合服务模式
　　——以对华裔老人身心健康干预的有效性研究为例
　　………… 纪文晓　卢又华　何坤东　蔡亚飞　孙昌雪童 / 187
《中国社会工作研究》征稿启事 …………………………………… / 211
Table of Contents and Abstracts ………………………………… / 216

空间正义与绿色社会工作介入：四川雅安灾后参与式社区设计的行动研究

古学斌　齐华栋　Lena Dominelli[*]

摘　要　2013年四川芦山地震给当地带来人员伤亡和重大损失。本文项目团队的介入点名为T村，是四川雅安S镇的一个古老村落。由于大多数年轻劳动力都去城市务工，这个古老的社区逐渐破败。它的传统文化、传统建筑、传统习俗、传统技艺与智慧日渐凋敝。单凭社会工作的力量在灾后重建过程中无法满足社区多元化的需求，尤其是在环境和地理空间方面。在这个跨学科的行动研究项目中，社会工作与建筑设计专业联手探索出一种另类的灾后社区重建模式，这种模式致力于利用在地文化资源，凝聚民众，发展新的合作组织，改善地震灾后民众的福祉，从而实现灾后乡村长期可持续地发展。本文论述了绿色社会工作和空间正义的关系，指出空间也是社会工作介入的重要领域；本文还详细介绍了跨学科研究团队与在地村民共同打造社区厨房的案例，展示了参与式社区设计的过程，阐释了绿色社会工作的内涵与跨学科灾后社区重建的实践方法。

---

[*]　古学斌，北京大学-香港理工大学社会工作研究中心研究人员，香港理工大学应用社会科学系副教授；齐华栋，四川农业大学社会工作系讲师；Lena Dominelli，英国斯特灵大学社会科学学院教授。

关键词 绿色社会工作　参与式行动研究　灾后社区重建

一　研究问题的提出

许多国家都曾遭受自然灾害的巨大破坏，威胁着国家的经济发展和人民的可持续生计（UNISDR，2014）。中国是一个自然灾害频发的国家，经常面临各种各样的自然灾害。降低风险、制定合适可行的战略，以及制订灵活的灾后重建行动计划，需要社区居民和多元主体（从公共部门的工作人员到企业家）的共同参与。

对于从事减少灾害风险和进行灾害风险管理的专业而言，制定出符合地方具体情况及文化特色的发展方案是非常大的挑战，这需要跨专业团队的有效合作。Dominelli（2015）指出，跨学科团队合作（transdisciplinary）不单是指来自不同专业学科的人员合作解决一个相同的问题。在她看来，一个有效的跨学科团队合作是指来自不同专业的人员，在实践中进行专业知识的交流、共同学习和反思，并建构一个适切地方文化并且能够解决在地问题的理论框架。

笔者认为社会工作者，尤其是绿色社会工作者（Dominelli，2012）在跨学科的团队中扮演着关键的角色。他们能够协调组织不同利益相关者（stakeholders）扮演沟通的桥梁角色，将科学知识转换成当地居民能理解的在地知识，并且让科学家理解社区和在地的知识，动员社区居民参与知识生产、共同策划行动、协力计划的实施与结果的评估等。在这篇文章中，笔者将展示跨学科团队如何介入灾后社区重建，在参与式行动研究的框架下回答几个重要的研究问题：①什么是社区的优势和灾后民众的需求；②如何让社区边缘的人群在灾后重建中被培力；③有何方法可以鼓励民众参与社区重建的设计、规划和建设过程；④社会工作在介入空间再造时跨学科合作是否有效。

二　绿色社会工作与灾害的文献回顾及理论分析

作为一个以促进人类福祉为己任的助人专业，在西方社会，社会工作在自然灾害介入方面有很悠久的历史。社会工作在灾后的创伤性压力管理、物资发放、为受伤人群提供服务（Galambos，2005；Mitchell，1983；Van de Eynde & Veno，1999；Zakours，1996）、不同服务计划的形成与实施（Banerjee & Gillespie，1994；Dodds & Nuehring，1996）、社区组织和倡导（Dominelli，2009；Pyles，2007）等方面等都非常有效，并且发挥了重要的作用。正如 Yanay 和 Benjamin（2005：263、271）总结的那样，回应灾难是社会工作实践和专业的一部分。同时，作为专业人员，社会工作者应有充足的专业知识和技能储备，从而才能应对突发事件引发的复杂状况。

过去，社会工作的灾害介入主要集中在受灾个人、家庭、社区及组织的情绪抚慰和恢复工作，以及满足受伤群体的特殊需求上（Cherry & Cherry，1996；Shahar，1993；Zakours，1996）。然而，对社会工作专业而言，此种介入具有极大的局限性。灾害引起的毁坏、创伤和悲剧需要被关注，但是社会变迁和灾后发展的议题依然重要。正如联合国救灾组织（UNDRO，1992：202）所宣称的那样，"灾难经常会创造一种政治和经济氛围，在这种氛围中广泛的改变比在正常的氛围中得以更快速的形成。"因此，就受灾地区的灾后恢复和灾后重建的可持续发展来说，赋权以及当地社区组织和居民的参与是至关重要的（Harrell & Zakours，2000；Ozerdem，2003；Pyles，2007；Vandeventer，2004）。Dominelli（2009：141-142）也强调社会工作者在灾害的介入中应担任多种角色，包括促进者、协调者、服务提供者、社区动员者、谈判者、经纪人和教育者。

Dominelli（2012）也指出，社会工作缺乏对环境灾难和自然环境对人类福祉影响的意识，在灾难发生后，社工也没有做好介入社区不同层面的准备。于是，她提出了绿色社会工作（green social work）的新视角，以应对21世纪环境危机的挑战。她对"绿色社会工作"的定义如下。

> 绿色社会工作是这样一种实践，它的介入是为了保护环境和提升人类的福祉。将人类和他们的社会文化、经济和自然环境整合在一个平等的框架内，使人们能够看到主流结构的不平等以及权力与资源的不平等分配。绿色社会工作要求社会工作者能看到身份的政治及再分配的不平等，不再把环境作为被人类利用的

工具。(Dominelli, 2012：8)

绿色社会工作已经对2008年汶川地震灾后的社会工作实践产生了影响。汶川地震对中国社会工作的发展来说既是机遇也是挑战。作为中国一个新兴的专业，它应对灾难知识的储备尚不充足。汶川地震之前，在社会工作的训练方面，社会工作介入灾害管理的知识在社会工作的学术研究和实践中都是缺席的。不足为奇，当汶川地震发生后，中国的社会工作都没有预备好去参与救灾社区工作，社工在灾后援助和重建过程中，都是"摸着石头过河"(Sim, 2009：165)。开始阶段，中国社会工作大部分都是借鉴外部的经验；慢慢地一些中国社会工作的教育者和实践者总结出了符合本土情境的灾害社会工作实践，提炼出了与西方不同的介入路径和模式(Pei, Zhang, & Ku, 2009；古学斌、张和清、欧阳令芝，2017)。笔者及其伙伴们在映秀初步践行绿色社会工作的介入。我们的经验与Dominelli的观点相契合，即具有文化敏感和符合地方本土特色的灾害社会工作介入路径应该考虑实现社会、经济与环境的可持续发展(Ku & Ma, 2015；张和清、裴谕新、古学斌等，2011；古学斌、张和清、欧阳令芝，2017)。

社会工作者在四川的工作面临非常多的困难，尤其是在前期，他们的工作缺少社区的认可。然而，社会工作者被巨大灾难中仍存的希望之光深深感动。因此，他们本着利他主义和人道主义的原则，心甘情愿并毫不迟疑地投身于服务有需要的人群。汶川地震成为社会工作专业发展的转折点，社会工作者帮助那些因地震而身处绝望的人们，并且促使社会工作者在社区和社会上获得新的专业身份。社会工作者承担一种新的任务、扮演一种新的角色、借鉴西方社会工作相关知识，从优势视角、资产为本到绿色社会工作(Green & Haines, 2002；Kretzman & McKnight, 1993；Saleebey, 2004；Dominelli, 2012)，并在中国的脉络和情境中运用了这些理论。

三 空间与社会工作介入

空间是地理学重要的范畴和研究领域，如David Harvey (1973)和Edwards W. Soja (2010) 皆指出，空间组织是人类社会非常重要的面向。但是，社会工作却很少关注空间（Jeyasingham，2013：2）。社会工作关于空间的文章大多是研究办公和工作空间，以及空间如何影响服务对象的生活及社会工作实践（Ferguson，2009；2010）。正如Jeyasingham（2013：13）所说："虽然物理空间没有进入实践者有意识或无意识的经验，但它非常重要。家、会议室及办公室的空间安排影响着人们之间的互动……正如人们的姿势及肢体姿态在社会工作中经常被理解为自我表达和沟通的符号一样，空间的安排也是身体和环境之间互动的展现。"然而，在社会工作的研究中，空间正义与社会工作介入方面的文献是空白的。

以绿色社会工作的原则为基础，可以认为，空间正义应该是社会正义和环境正义的延伸（Dominelli，2012），因为空间不仅满足人们居住的需要，还具有社会性，反映了社会现实和社会关系。因此，正义和不正义在空间中凸显出来。理解空间和社会之间的互动，可以让我们更加看清空间如何生产社会的不正义，从而制定各种政策回应这些社会不平等和不正义。

空间还具有文化性，除了再生产各种社会关系，还承载着历史、文化与记忆（Low，1993：75）。正如Kohn（2003：3）所言，空间的布局标识了社会的位阶，也影响着个人和群体的情感纽带，形成了人们的归属感，促成社区的凝聚。环境和空间也形塑着人们的行动、集体记忆和身份认同。每一个空间皆告诉我们自己是谁、从哪里来。一个特别的空间承载个人和群体的故事、记忆和梦想。它将过去与现在相连，并且把过去渗透入未来（Kohn，2003）。例如，村口的一棵大榕树下，每天都有许多村民聚集于此，形成了一个社会和文化空间，在这里大家互动闲聊，形成一种情感的交流，也促进彼此的关系。大榕树下也承载了我们集体的记忆，长辈在这里回忆过去，为小孩讲述各种过去。村口的这棵大榕树，也是村里每个人身份的印记，当离乡回家的村民在远处看见它时，就知道已经到家了。

Margaret Kohn（2003：5）还提醒我们空间（space）和地方（place）是具政治性的。一个空间的设计既包容了某些群体，也排斥了某些人群，决定着人们互动的形式和范围，起到了社会分割（social segregation）的作用。譬如，厕所的设计反映了性别不平等的权力关系，电梯的设计妨碍了残障人士的使用，居住区域的分割也反映了种族歧视和排挤的意识形态。空间的打造也可以为政治服务，例如，纪念碑和宫殿的建造是为了提升民族主义的意识，培养人民对国家的情感认同；城市的规划（包括街道、社区和城墙），可以是为了社会防卫和控制，以便于管理和控制具有潜在破坏性的人群或防御他们的暴动。因此，空间承载着某种价值的符号。

空间的再造是灾后重建的重要部分，物理环境和各种设施的建造，包括房屋、道路、电力供应设备、通信设施、供水和卫生设施都是重建的部分。在汶川和芦山地震之后，硬件重建就是政府的首要任务。政府通过一系列论述重建计划来开展重建行动（Ting & Chen，2012：9）。然而，有一些研究发现，灾后重建的工作并没有完全满足人民群众的需求。

在震后重建期间，汶川的大型重建项目强调硬件设施的建设。学校、医院、办公楼、高速公路、桥梁、电站，水利设施和文化中心在震后的每个乡镇很快投入使用。灾民也购买并入住了代表着现代和发展的新式房屋。然而，当地人的如生计问题的解决需要充分考虑。另外，有些地方的房屋的设计模仿城市的房屋，房屋间距非常小，房屋的最上层有两个或三个卧室，客厅或餐厅与厨房在中间一层，厕所在最上面和最下面的楼层。村民挤在房子中，没有空间保持他们原来的生活和生产方式，造成他们与自己的历史和记忆完全断裂。例如，他们没有院子饲养家禽、种植蔬菜和放置农具。有些村民居住在离自己的田地非常遥远的地方。像在汶川县的草坡乡，村民就抱怨他们要走2个小时才能到农田。更糟糕的是，新房子与村民的传统习惯和文化相脱离（Ku & Ma，2015；古学斌、张和清、欧阳令芝，2017）。

笔者发现T村的现代房屋设计模仿城市居民的住宅，缺少饲养家禽、放置农具和种植蔬菜的地方。重建也意味着当地发展的契机，当地政府告诉我们，当地希望通过发展旅游业来带动经济的发展。一位当地的干部对笔者说："我们计划发展旅游业。当村民搬入漂亮的新房后，我们将组织他们发展民宿（客房），接待外面的游客。我们村与S老镇很近，游客参观S老镇的时候，他们可以住在T村，这样就会带动当地经济的发展。"但是，有经验显示这是不成功且不可持续的（Ku & Ma，2015）。

人们惊叹政府为受灾者建设房屋的效率。然而问题在于：这样的空间格局真正适合当地百姓居住吗？建设过程合理吗？在这个过程中，当地居民参与过设计和建设吗？从社会工作的角度来看，四川震后重建的过程缺乏民众的参与。

面对重建过程中的"不公平"，作为社会工作专业的我们应该问："社会工作在捍卫空间正义方面有责任吗？""社会工作在空间介入方面有何角色？"但是，社会工作专业在这方面却是空白的。法国哲学家 Lefebvre（1996：76）呼吁城市研究的理论家、建筑师和规划者们应该"努力朝向一种新的人道主义、一种新的实践"，为那些生活者争取与空间相关的具体权利，包括教育、工作、文化、休闲娱乐、健康及居住的权利等（Lefebvre，1996）。这些权利的争取难道社会工作专业不需要参与吗？绿色社会工作的答案是：我们必须关注环境正义，因为环境正义也是社会正义的延伸。所以在灾后重建过程中，社会工作者要协力在地民众通过参与设计宜居的私人和公共空间等积极参与灾后重建过程。为实现这一目标，第一步是让弱势群体在灾后的规划和重建过程中发声。采取参与式行动研究的方法，在设计、规划和建设过程中鼓励社区民众参与，让民众在过程中得以增能。

四 参与式行动研究：一种社区培力的方法

在本研究中，基于社会工作的理念和价值，研究团队采用的是参与式行动研究的方法，目标是在灾后社区重建的过程中提升社区的能力，使其不断成长和改变。参与式行动研究方法的基本目标是通过研究促进社会转变、创造一个更加公平正义的社会（古学斌，2013，2017；Reason & Hilary，2008；Small，1995），研究不仅仅是生产知识的手段，亦是一种教育、意识提升和行动发动的过程（Park，1999；Reason & Hilary，2008；Small，1995）。参与式行动研究的基本信念是相信参与者（包括穷人和边缘人群），他们皆被认为是"有知识的人"，并且他们的知识和经验都是有价值的。研究者必须谦卑地放下他们的专家姿态，去掉他们的优越感，与民众同行（Dominelli，2015）。参与式行动研究者的其中一个重要任务是协力在地参与者建立主题性，重新发掘本土认识和重视本土知识的价值，让民众和研究者在研究过程中形成一种平等合作的关系（Kesby，2000：424），共同创造知识和探究解决社区问题的方法。在研究过程中，参与式行动研究有赖于当地民众最大限度的参与（Park，1999：143-144），让当地民众成为共同研究者（Gaventa，1988；Park，1999；Schruijer，2006；Small，1995；Streck，2007）。

T村的研究团队是一个跨学科的团队，包含社会工作、人类学、环境设计专业的人员和在地民众。在此参与式行动研究项目中，我们主要有如下几个研究问题：①什么是社区的优势和民众的需求；②如何让社区边缘的人群在灾后重建中被培力；③有何方法可以鼓励民众参与社区重建的设计、规划和建设过程；④社会工作在介入空间再造时跨学科合作是否有效。

要回答以上研究问题，必须在行动研究的每一个阶段寻找答案：行动的最初阶段，研究团队的首要工作是与人们建立信任关系、深入了解人们震后的生活、评估在地的需求和资产；接着，研究团队探究如何协助当地居民成立不同的组织、推动行动以满足他们自身的需求，如成立妇女小组、公共空间管理小组等；最后，研究团队需要评估和分享行动的成果和有效性。

在参与式行动研究的指引下，资料收集的方法是多元的。本研究团队采取不同的技巧鼓励居民参与、实施计划并细致地记录行动过程：通过参与式观察、深度访谈和画资产图等方法，挖掘社区的需求和资产；过程中，运用焦点小组和工作坊手法促进小组讨论、探讨参与者的想法并形成行动策略；采用参与式观察和书写田野日志的方法对社区行动过程进行详细记录；小组讨论作为一种朴素的社区手法推动参与者的反思；社区公共会议也是一种鼓励参与者表达和分享他们想法的方法。另外，深入访谈也是行动研究中不可缺少的方法，用于访谈当地政府人员、社区领袖和不同年龄段的代表（儿童、青少年、成人和长者）。在整个研究过程中，研究团队全程记录他们的话语和他们在访谈过程中的反应。同时，研究团队还培训当地人成为研究伙伴，与我们一同收集和分析资料。本文书写的资料主要来自工作员参与式观察的田野日志和深入访谈。

本论文集中论述行动干预过程与结果，细致描述行动的过程，这也是行动研究书写所要求和期待的过程知识的呈现。

五 T村参与式社区重建的历程

本研究中的T村位于四川西部雅安县S镇的一个小峡谷中，S镇是在芦山地震中受灾最严重的地区之一，它距离成都有两个小时的车程。一条峡谷连接着成都北部山区，冲积平原和低矮的山地提供了大量肥沃的农田，同时，大量的山地和森林也使当地能够发展林业和相关的手工业。这样的地理特征促使当地的建筑主要为木质结构。在研究中，我们也发现当地有丰富的文化、习俗、技艺和传统。T村是一个有着强烈家族观念和社会关系浓郁的传统乡土社区。2013年的芦山地震破坏了村子的社会、文化、经济和物理空间。在地震发生之前，像其他乡村一样，现代化的过程也冲击着这里的各方面。譬如：土地使用的变化；城镇化导致的土地碎片化；传统村落的破坏和人口减少；传统农耕、文化活动及传统技艺的没落；农业商品化改变了自给自足的小农经济，影响农业的发展和村民经济的来源；T村的大多数成年劳动力都前往城市打工，村里剩下缺少家庭照顾的老人和孩子；老社区变得破败不堪，老房子通风不好，卫生条件差，灯光昏暗且缺少公共空间。

虽然如此，但当研究团队在雅安地震发生不久后来到这个地方的时候，有一个发现让研究团队感到惊讶。我们看见非常多的混凝土房子，不管是新的还是旧的，都在地震中坍塌了，而T村的旧木房子却非常稳固、屹立不倒，这是第一次，我们看到了这些老社区的某种抗逆力。研究团队觉得无论是留在T村还是基于社会工作公平正义的原则，就像齐华栋回忆的那样：

> 4月20日那天发生地震，我们第一次进入灾区是4月23日，去的是芦山。4月29日来到庙坝村，进到这个地方的时候就发现，这个村子就跟在芦山看到的完全不一样。感觉好像人很少，也感受不到灾害发生和救灾的那种氛围。但实际上，它这里距离震中直线距离只有三四公里的样子，所以我们决定说那既然这里来的人比较少，那么我们就在这里留下来。

（一）第一阶段：口述历史与在地需求和优势的发掘

按照社区行动研究的原则，我们第一阶段是对社区进行评估。根据研究团队之前在汶川地震灾害重建的经验，优势视角（strength perspective）和资产建设（assets building）的视角非常重要（古学斌、张和清、欧阳令芝，2017）。它给我们提供了另一种发掘在地社区多种多样的资产和优势、辨识在地社区正面临的困境的视角。许多学者皆认为这种强调农村社区民众的优势、资产和能力的视角对于社会工作的实践至关重要（Ginsberg，2005；Lohmann & Lohmann，2005；Collier，2006）。像 Scales 和 Streeter（2003：2）就认为农村社会工作者应该重视和积极发掘民众的能力、天赋、生存策略、希望及社区的资产。通过培育农村社区的能力和充分利用社区的资源，致力于再造新的资产，协助当地民众自行决定社区的发展方向、社区事务的优先顺序及协调内外资源。

如何评估在地社区的需求和资源呢？过去参与农村发展的经验告知我们口述历史是一种有效的方法（古学斌、陆德泉，2002）。作为一种参与式农村评估的方法，口述历史让我们可以倾听当地民众的声音，包括收集老人家的口述史以了解当地的历史与文化、发现当地的优势资源和潜能。另外，口述历史也是一种增能的方法，口述史在收集过程中，能够有效地动员社区居民参与并发现社区的需求，使他们成为社区重建的主体。口述历史也是一种路径，可以让社会工作者更深入理解社区经验、获得社区信任、学习在地历史和文化遗产（Slim & Thompson，1995）。

2014 年，研究团队选定 T 村作为项目点后，很快与当地政府签订正式协议，从而获得了驻村的合法性。接着，研究团队开始在村中收集口述史。8 月正好是社会工作学生进村实习的时间，我们让实习学生与社区民众一起收集 T 村的口述历史，共同梳理 T 村的历史文化。在口述历史收集过程中，我们得知这个村子有着光辉历史。杨氏（T 村的主要姓氏）的祖先在清朝时是高级将领。镶嵌着豪华木雕的大房子也见证了杨氏祖先过去的社会地位和财富。古老村落中一百多年的木质老房子也让我们看到了传统木雕工艺的精湛，虽然这一传统技艺正面临衰落。在口述历史收集过程中，研究团队还发现，一些老人和当地的建筑工匠依然懂得日渐丢弃的传统建筑的工艺（如工序、细节、技术及建筑材料的运用）。重要的是，与倒塌的混凝土建筑不同，在地震中屹立不倒的木质房屋显示了它的耐用性和抗震性。

在通过口述历史接触社区的长辈们时，研究团队发现他们留守家乡，倍感孤独和无力。有的老人身体健康欠佳，生活拮据。但通过口述历史所收集到的材料也让我们改变了对老社区和生活在其中的长辈们的看法。他们并不是像社会主流所认为的那样，老年人"无用"，经常"等靠要"。在讲述故事的过程中，老人们重新唤起了过去的记忆、重获自信、重新发现他们年轻时的光辉历史，如对国家的贡献及做过的很多伟大和有意义的事情。他们在诉说自己的故事时，满脸喜悦，就像证明自己是有用的人一样。在访谈过程中，社工和学生们能感受到长者因为过去历史和文化油然而生的自豪感和强烈的社区认同感。有的长辈依然很有动力要改变现状。在得知我们要在T村做社区重建后，长辈们特意向社会工作者提出要求，希望恢复社区生活和传统文化，如他们所称的"九大碗"的社区宴。

我们在推动口述历史的时候正是暑假期间，我们也让村里的年轻人一同参与，与社工学生一起拜访长辈，做访谈、收集口述史。访谈建立了代际关系，提升了社区凝聚力。通过与老人交流，年轻人意识到虽然老人们的容颜不再，但他们曾经年轻过，拥有多彩的人生和丰富的经验。因此，他们开始尊重老人，并找一些共同话题以缩小代沟。老人重新发现了自己生命的价值，再一次激发了积极参与社区公共事务的动力。因此，我们觉得口述历史这一文化行动在一定程度上重新树立了村民对老院建设与自身文化的信心，也让社工的行动和老院被更多人看见。

口述历史的方法有助于发现本地社区的优势、资产与需求，尤其是有形资产（如村庄环境、技艺、物质资源）和无形资产（如文化和社会结构、社会关系、价值和历史）。共同梳理T村的历史文化后，社工开展了社区教育。为了社区的长期发展，社工协助成立了老人小组和妇女小组，社工不断与小组开会讨论T村的未来发展。妇女们更关注生计，倾向于学习实际的技能，如有机农耕、制作手工皂及教育孩子的方法。长辈们更热衷于传统文化的恢复，尤其是"社区宴"和社区聚会与娱乐的公共空间。

在社工与村民不断互动的过程中，长辈们提出，想在院内安装路灯，想点亮在黑暗中沉寂了数十载的老院夜空。但怎么做呢？参与式的理念让我们坚持工作不是由社工来做，而是要组织村民一起参与。于是召开村民大会、成立村民小组、推选小组成员，设计、采购、施工建设，老院出现了热火朝天的施工景象。路灯的项目为后面社区厨房的建造打下了很好的基础。就像研究团队成员所描述的那样："路灯亮了，人心亮了，组织有了，人心也归来了。"有社工在报告中提到路灯点亮之后，老院一点点在变，变干净了、变得有生气了。既然人心归来，村民小组期待更大的作为，他们想打造一个属于大家的公共活动空间——社区厨房①。经过多次的讨论，社工和小组最后达成共识。建社区厨房有多个目标：

（1）恢复在地的文化和价值

（2）重建在地的能力和自信

（3）凝聚人心、让村民重燃对美好生活的希望

（4）促进村民发展新的合作组织和提升公共参与的意识

（5）通过社区活动提升村民经济创收的能力

社会工作者在社区重建中擅长协调不同的群体、建立社会关系并协助社区链接外部资源。然而，他们却缺乏房屋建造、环境和空间设计的技能。面对这样的困境，我们推动了一个跨学科合作的参与式社区设计的项目。于是研究团队邀请两位香港建筑师参与到项目中来。社工团队与建筑团队也需要达成共识，社区厨房的建造重点是发掘社区潜在的能力和资源，推动村民参与，充分发挥自身的力量，达到"自己社区自己造"的效果。两位建筑师在2015年1月进行了第一次评估并分享了参与式社区发展的概念。回到香港之后，建筑师和社会工作者很快就社区的设计形成了具体计划。其中，一位香港建筑师几次往返项目点搜集社区设计的信息。以下的部分将详细描述社区厨房如何从图纸一点点成型、村民小组、建筑师及社工之间如何不断互动博弈、厨房主体结构如何在村民努力下巍然矗立、社区凝聚力如何形成。

---

① 因为T村仍然保留一起吃饭、相互照顾老人和孩子的传统。

（二） 第二阶段：参与式设计的推动和社区能力建设

1. 框架和概念的发展

在社会工作者和村民的协助下，建筑师采用人类学田野民族志调查的方法，进驻社区与村民生活在一起。在项目点进行了实地调研，并以照片形式做了简单的记录，以便了解社区现有的建筑系统和技术。建筑师和社工虚心学习在地的文化、传统习俗和生活习惯，因为他们相信建筑跟在地的文化密切相关。他们还拜访了老工匠，学习传统建筑的工序、具体的细节、技术及当地的建筑用材。因为受绿色社会工作理念的影响，我们强调空间的打造需要环境友善，所以我们还进行了社区建筑资源评估，挖掘社区可利用的二手材料，如木材、瓦片、竹子等都是社区重建可循环利用的材料。

团队认真聆听在地村民的意见并虚心地就空间的重新设计问题和大家一同交流。社会工作者前后组织了三次参与式设计的工作坊，邀请村民参与讨论设计方案。根据村民对整个项目的反馈和澄清，建筑师不断修正可能的设计、场地与条件。参与式设计强调以使用者为中心、满足村民的要求和诉求。通过不断对话、讨论和协商，研究团队与村民一起重新界定和评估项目的目标和方向，最后大家一致认为应该首先建立社区博物馆和社区厨房。

2. 设计原型和修改

2015年5月，建筑师带给村民两个新的设计方案，并把设计的想法通过简单的模型和图纸呈现出来（模仿"稻草人"的概念）。社区博物馆：强调保存村民的工艺和技能；社区厨房：打造一个多功能的社区空间，同时，社区厨房是一个社会企业。建筑师们做了一个1∶100比例的设计模型并带到村里，社会工作者组织了一场参与式的设计工作坊，设计师们向村民展示和解释了这些模型。社工积极鼓励村民参与讨论，村民可以自由表达他们对设计的想法。在工作坊中，大家因持有不同的观点而在讨论中相互争论。社会工作者观察小组动力，协调不同的意见以让会议顺利进行。最后，村民集体决定先放下社区博物馆的方案，采用社区厨房的方案。因为村民们（特别是长者们）看到了公共空间建设的迫切性，因为社区厨房可以回复社区传统的文化和生活方式，并且有发展经济、增加收入的潜力。

研究团队分析了村民的反馈，评估和调整了原有的设计，进一步讨论并融合了村民在整个设计过程中的想法。最后，团队确定了这一阶段项目的主要焦点，那就是打造一个多功能的社区厨房，其主要的功能如下：

（1）多功能的空间：村民可以方便地自由使用；

（2）社区厨房：作为社会企业，可通过承接各种宴席创收；

（3）村民活动空间：村民能够感觉温暖、舒适，可以喝茶、聊天、聚会和打牌的地方；

（4）楼上可作为一个小会议室或公共阳台；

（5）设计与现有木质建筑协调并融入当地文化。

3. 设计模型的确认和修订

根据第二阶段收集到的信息，建筑师将第二阶段社区厨房的模型制作成了原理图，并以1∶50的简单模型和图纸呈现出来。方案呈现了三种不同的布局和空间组织：①公共广场和不同组合方式种植的树木（未来可能是有机花园或户外会议区）；②三个不同设计的屋顶展示出这个建筑如何吸纳了现有村庄环境中的空间话语；③不同的内部布局凸显了空间如何组织以便于满足村民的需求，例如，大灶用于社区居民一起做饭、冬天取暖和社区聚会。这些设计让村民看到它们能够融入已有的环境、农村广场及日常的习惯和生活方式中。社工与村民一同讨论这些方案，社工收集完意见后又回馈给建筑师。了解村民的意见之后，建筑师和研究团队又再次到访村子并带来了接近最后的设计方案。社工又组织了一场参与式设计的工作坊，村民们慢慢习惯了参与式工作坊的形式，积极发言。研究团队就村民的不同意见进行了广泛而深入的讨论，并评估了每一种方案的可行性及存在的问题。

工作坊之后，建筑师分析了村民的反馈。最终的设计方案简化了原有的设计，同时，大家一致同意保留社区厨房的特色屋顶，以此显示社区厨房与周围房屋的不同。建筑师和当地的工匠就设计方案和实施计划进行了初步的讨论。村民希望在中秋节之前完工，时间非常紧迫。研究团队邀请香港设计专业的学生作为志愿者参与社区厨房的设计和修建过程、实践所学的知识。同时，参与的概念在设计中得以体现。

4. 确定设计方案并按照 1∶20 的比例展示

这一阶段是非常关键的，因为这一阶段要确定最终的设计方案。2015 年 7 月，研究团队和六个香港学生再次回到村子。建筑师将最初阶段的设计元素贯穿到最后的设计阶段，并决定将传统木结构的拱形屋顶设计成新的形式。对于这样的改变，研究团队成员担心村民不能接受这一新设计，因为村民的能动性慢慢长出来，他们不会只听外来专家的意见了。

社会工作者邀请村民参加最后一次的参与式设计工作坊，共同商量最后的设计方案。很多村民参与了此次工作坊，尤其是老人，房间里坐满了人。工作坊中，社工特别解释，这个建筑是村民所拥有的，所以设计方案的最终决定权在村民手上。建筑师将设计方案给村民做了最后的展示和解说，细致说明设计修改及最终确定的各种因素。方案中房顶左右不对称，有一边的房顶是飞高的，与立柱呈 30°角。看到左右不对称的房顶，村里的老人和木匠对拱形的屋顶结构提出质疑。有的村民认为这种设计不符合他们的传统，有的村民担心拱形屋顶结构的稳定性，有的村民甚至反对这样的设计，有的村民觉得这样的设计方案使木工团队无法施工。大多数的村民都说："这样不行！"面对这一情形，社工及时协调建筑师与主要匠人之间的对话。建筑师耐心地为领头工匠解释这种方案的思想并征询他的修改意见。最终，这位工匠同意在这一设计的基础上寻找技术解决方案。建筑师和工匠共同努力，找到了解决的办法。

5. 设计实现，按照 1∶1 的比例建设

社区厨房从 7 月开始施工到 8 月正式落成，整个建设过程有当地村民、志愿者（设计专业的学生）的全程参与。工程的第一步就是清理工作。村民和志愿者一起拆除残存的旧建筑，整理并回收房顶的瓦片、地面石板和一些木材。建筑师确定地址，并通过把柱子立在具体的位置上确定地基的大小和形状。在整个建筑过程中，社会工作者和设计师依赖当地的木匠和村民，因为在建筑过程中，研究团队发现他们仅仅使用基本的建筑工具，因而研究团队捏了一把汗，但也见证了传统的建筑智慧和村民的能力。

研究团队真的非常钦佩当地木匠和村民的技艺和集体合作的精神，正是他们的智慧和集体的力量使这一建筑达到较高的水平并加快了工程进度。在建造过程中，他们只使用简单的机械工具，如便携式台锯、磨床和电钻。在当地工匠的指导下，这些简单的工具主要用于打磨和修整原有的建筑材料以使其可以被循环使用。在组装过程中，不使用钉子，而是木头与木头之间无缝相接。建筑者们用工具将其加固。社区厨房的框架先在地上组装起来，再树立起来。村民、志愿者和当地的工匠一起将框架立在地基上。显然，集体合作和参与行动是关键，而且这也有助于形成大家对社区厨房的拥有感。

6. 框架完成后，工匠和村民们一起加固立起框架

作为没有钉子的建筑物，在木头干了的时候，需要紧固框架及处理细节。从屋顶结构的建造到铺瓦都是一种集体行动，这个过程伴有重要的封顶和完工仪式，这是传统的祈求建筑物平安的仪式。20多个人一上午就完成了屋顶的铺瓦工作。这个修建过程有效地动员了社区的力量和民众（尤其是长者）的参与，也是跨区域的（香港学生志愿者和当地人）合作。这个过程同时产生了一种集体拥有感与社区自豪感。此外，这个过程也使传统的工匠技艺得以延续。

7. 设计装修和建造

研究团队开始设计墙、窗户、空间、装饰内部，如厨房、服务及功能。7月下旬，设计师出了一份初步的装修设计方案，该方案最大限度地尊重村民的意愿并尽量减少设计师的干预。社会工作者把这份设计与村民分享，一起解决所有重要问题，以便于达成共识并尽快完工。他们还确定了实施方案、预算、时间安排及先后顺序。社会工作者持续记录村民的意见，建筑完工之后，让村民对它进行评价。

2015年9月是工程的最后阶段。该阶段包含墙体设计、窗户装饰、空间区分、天花板及内墙的装饰。与最初的阶段相比，建筑师和社会工作者在这一阶段的参与较少，因为村民希望能快速完成。但是研究者仍然需要和村民协商如何让空间尽量保持开放。

T村的村民修建了地板和社区厨房的墙壁，这是一项艰苦的工作。因为他们需要整体布局、选择石板砖、完成厨房的收尾工作。厨房炉灶等设施的修建工作是一项技术活。村中有此手艺的长者完成了炉灶的选址和修建工作。他们集体修建炉灶的竹制烟筒、过滤水槽、楼梯、木质天花板、楼顶的花园。其他的工作如修雨水沟、安装排水管道、铺地面、抛光等于2015年11月下旬完工，还有一些窗户的装饰和一些小的调整工作此时尚未完成。2015年12月，村民购置家具，完成内部装饰等工作。

历时近半年的努力，社区厨房正式落成，社工站在全村开展了征名活动，最终选定杨世松所提议的名字——崇善楼。他说："崇者，尊敬推崇也，善者善良，假使人心向善，那么我们所想之事都会成功。"这个名字被村民广为接受，也符合研究团队推动建立社区厨房的初衷。遵循当地传统习俗，2016年1月7日崇善楼开灶仪式盛大举行，当时有200多名村民参与庆祝。社区厨房张灯结彩，村民燃放鞭炮，杨氏宗亲狮灯会的表演热闹喜庆。宴席间推杯换盏，现场欢声笑语，再现了传统开灶仪式的场景。最后，两头黄色的舞狮爬上社区厨房的二楼为村民揭开牌匾——崇善楼。村民在一起吃了一天的社区宴，整个社区充满欢声笑语。老人们非常喜悦，有老人对社会工作者说："我们村好久都没有如此欢乐了！"最后，大家还来了个大合照，共同见证了这一时刻，也展示了社区的大团结。

采用参与式方法建设的社区厨房是三方充分互动的结果，从设计到最终落成开会讨论11次，50余位村民无偿投工投劳200多小时。社区厨房在设计之初就被定位为对外接待和对内服务的公共空间。社区厨房建成之后，村民小组依托社区厨房划分为厨房小组、民宿小组和文化体验小组，在共同行动的基础上各自承担不同的功能。2015年8月至2016年10月，先后18次接待外来参访学习团队，共计600余人，举办社区活动17次，受益1000余人次。T村在历次接待活动中获得了收益，并建立了社区公益金用于社区服务，以彰显互助友爱的精神。这些成绩不是别人赐予的，而是村民自己努力得到的。在这一过程当中他们也发生了改变。

六　结论

行动研究强调过程和实用性知识的生产，所以本文希望把参与式社区设计的过程呈现给读者，让读者明白一个参与式社区发展的行动是如何从问题的辨识到社区资源和需求的评估，再到行动的策划和推动一步步进行的。也希望本文的介绍能让读者明白空间和环境在灾害社区重建中的重要性，以及设计如何成为绿色社会工作介入的平台，并且认识到灾后"参与式共建社区"的可能性。

该项目是中国地震灾区的一个绿色社会工作实践案例。这一跨学科参与式行动研究体现了村民、社会科学家及环境设计师的共同合作，并在社会工作灾后重建中纳入了空间和环境正义的元素，形成了一种新的社会工作实践模式。通过参与式社区设计过程中的培力和能力提升，社区民众从被动的接收者变成了积极的参与者，边缘化的社区也得以重新焕发生机。一个包容性社区空间（社区厨房）的打造，也将村民与他们的传统、土地、记忆重新连接起来。我们将此行动模式命名为绿色社会工作空间介入模式（green social work spatial intervention model）。

这次跨专业合作的尝试也形成了社会工作社区发展的一种工作框架：一方面，通过参与式行动研究创造了"软件平台"，研究团队可以更深入地理解当地文化，通过不断对话与参与，大家的意识得到提升，互相培力；另一方面，参与式设计过程（设计过程、空间建设、能力发展与技艺延续）创造了"硬件设施"。在重建过程中，由设计专业、社会工作专业和在地民众（包括普通村民、工匠能人）组成的研究团队，共同对在地的文化情境进行分析、共同形成解决社区问题的方案、共同形成设计方案、共同打造属于社区的公共空间。社区厨房的合作共建过程为社区带来了积极正向的改变，恢复了社区已有的传统技艺、激发了自组织的动力，提升了村庄的能力。社区厨房使村民有能力发展新的合作组织，创造了经济创收的机会，从而使村民走上了可持续社区发展的道路。

总结这个参与式社区设计行动研究的项目，可以看到社区厨房的打造产生的具体结果和成效，其中包括：①用包容性社区参与的方法实践了绿色社会工作空间正义的理念，揭示了重建背后被隐藏的声音，并把被排斥的社区民众（特别是长者）变成重建行动的重要一分子；②实现了社区培力的目标，社区厨房的整个实施过程动员了60多人积极参与，他们贡献了自己的技艺、劳动和能力，从而提升了地方营造能力及培育了社区自豪感；③社区厨房的打造重拾和激活了社区本土的传统工艺（具备抗震功能的木建筑建造工艺）；④推动了社区民众的自力更生，社区厨房成为一个多功能的开放平台，除了可用于开展村庄的社会、文化和社区活动外，还可用于推动社区可持续发展和生计改善；⑤参与式社区设计的跨学科合作也形成了一个新的中国灾害重建的模式；⑥开创了一个跨学科合作研究的框架和知识分享的平台，社会工作专业、建筑专业和社区民众在这一平台共同创造新的知识。

最后，这个灾后跨学科参与式社区设计的行动研究再次说明，空间正义和地理空间打造是灾后重建的重要部分。社会工作扎根到受灾的社区，不是简单地提供服务或者重建硬件，更重要的是如何培育社区组织，培力民众，重建社区的文化与关系，增强民众对未来生活的信心和力量。

参考文献

古学斌（2013）："行动研究与社会工作介入"，《中国社会工作研究》（第10辑），社会科学文献出版社，第1~30页。

古学斌（2017）："道德的重量：论行动研究与社会工作实践"，《中国农业大学学报》（社会科学版），第34卷，第3期，第67~78页。

古学斌、陆德泉（2002）："口述历史与发展行动的反省——以中国贫困地区教育扶贫项目为例"，《香港社会学年报》，第3期，第181~210页。

古学斌、张和清、欧阳令芝（2017）：《坚守：从"映秀母亲"到"山里码头客栈"》，社会科学文献出版社。

张和清、裴谕新、古学斌、杨锡聪（2011）：《灾害社会工作：中国的实践与反思》，社会科学文献出版社。

Banerjee, M. M. and Gillespie, D. F. (1994). Linking Disaster Preparedness and Organizational Response Effectiveness, *Journal of Community Practice* 3, pp. 129 –142.

Cherry, A. L. and Cherry, M. E. (1996). Research as Social Action in the Aftermath of Hurricane Andrew, *Journal of Social Service Research* 1, pp. 71 –87.

Collier, K. (2006). *Social Work with Rural Peoples*. Vancouver, New Star Books.

Dodds, S. and Nuehring, E. (1996). A Primer for Social Work Research on Disaster, *Journal of Social Service Research* 1, pp. 27 –56.

Dominelli, L. (2009). Disaster Interventions: Immediate Relief or Long Term Reconstruction? *Introducing Social Work*. London: Polity Press.

Dominelli, L. (2012). *Green Social Work*. Cambridge: Polity Press.

Dominelli, L. (2015). Greening Social Work in Meeuwisse, in A., Hans Swärd, A., Sunesson, S., and Knutagård, M. (eds.) *Socialt arbete En grundbok*. Stockholm: Natur & Kultur.

Ferguson, H. (2009). Driven to Care: The Care, Automobility and Social Work, *Mobilities* 4 (2), pp. 275 –293.

Ferguson, H. (2010). Walks, Home Visits and Atmospheres: Risk and the Everyday Practices and Motilities of Social Work and Child Protection, *British Journal of Social Work* 40, pp. 1106 –1117.

Galambos, C. M. (2005). Natural Disasters: Health and Mental Health Considerations,

Health and Social Work 30 (2), pp. 83 -86.
Gaventa, J. (1988). Participatory Research in North America, Convergence 24, pp. 19 -28.
Ginsberg, L. H. (2005). Social Work in Rural Communities. Alexandria, V. A.: CSWE Press.
Green, G. P. and Haines, A. (2002). Asset Building & Community Development. Thousand Oaks, C. A.: Sage.
Harrell, E. B. and Zakours, M. J. (2000). Including Informal Organizations in Disaster Planning, Tulane Studies in Social Welfare 21 (2), pp. 61 -83.
Harvey, D. (1973). Social Justice and the City. London: Edward Arnold.
Jeyasingham, D. (2013). The Production of Space in Children's Social Work, British Journal of Social Work 44 (7): 1879 -1894.
Kesby, M. (2000). Participatory Diagramming: Deploying Qualitative Methods through an Action Research Epistemology, Area 32 (4), pp. 423 -435.
Kohn, M. (2003) Radical Space: Building the House of the Hope. Ithaca and London: Cornell University Press.
Kretzman, J. P. and McKnight, J. L. (1993). Building Communities from the Inside Out. Evanston I. L.: Institute for Policy Research, Northwestern University.
Ku, H. B. & Ma, Y. (2015). Rural-Urban Alliance as a New Model for Post-disaster Social Work Intervention in Community Reconstruction: the Case in Sichuan, China, International Social Work, Vol. 58 (5), pp. 743 -758.
Lefebvre, H. (1996). Writings on Cities. Cambridge: Blackwell.
Lohmann, N. & Lohmann, R. A. (2005). Rural Social Work Practice. New York: Columbia University Press.
Low, S. M. (1993). Cultural Meaning of the Plaza: The History of the Spanish-American Gridplan-Plaza in Urban Design, in R. Rotnberg and G. McDonogh (ed.), The Cultural Meaning of Urban Space. Westport, Bergin and Garvey.
Mitchell, J. (1983). When Disaster Strikes: The Critical Incident Stress Debriefing Procedure, Journal of Emergency Medical Service 8 (1), pp. 36 -39.
Ozerdem, A. (2003). Disaster as Manifestation of Unresolved Development Challenges: The Marmara Earthquake, Turkey, in M. Pelling (ed.), Natural Disasters and Development in a Globalizing World. London: Routledge.
Park, P. (1999) People, Knowledge, and Change in Participatory Research, Management Learning 30 (2), pp. 141 -157.
Pei, Yu-xin, Zhang, He-qing, & Ku, Hok Bun (2009). Guangzhou Social Workers in Yingxiu: a Case Study of Social Work Intervention in the Aftermath of the Sichuan 5. 12 Earthquake in China, China Journal of Social Work 2 (3), pp. 151 -163.
Pyles, L. (2007). Community Organizing for Post-disaster Social Development: Locating Social Work, International Social Work 50 (3), pp. 321 -333.
Reason, P. and Hilary, B. (2008). The Sage Handbook of Action Research: Participative Inquiry and Practice. London: Sage Publications.
Saleebey, D. (2004). The Strengths Perspective in Social Work Practice. Boston: Allyn and Bacon.
Scales, T. L., & Streeter, C. L. (2003). Rural Social Work: Building and Sustaining Community Assets. Belmont, Brooks/Cole/Thomson Learning.
Schruijer, S. G. L. (2006). Research on Collaboration in Action, International Journal of

Action Research 2（2）：222 −242.

Shahar, I. B. (1993). Disaster Preparation and the Functioning of a Hospital Social Work Department during the Gulf War, *Social Work in Health Care* 3/4, pp. 147 −159.

Sim, T. (2009). Crossing the River Stone by Stone: Developing an Expanded School Mental Health Network in Post-quake Sichuan, *China Journal of Social Work* 2（3）, 165 −177.

Slim, H., & Thompson, P. (1995). *Listening for a Change: Oral Testimony and Community Development.* London: New Society Publishers.

Small, S. A. (1995). Action-oriented Research: Models and Methods, *Journal of Marriage and Family*, 57（4）：941 −955.

Soja, E. W. (2010). *Seeking Spatial Justice.* Minneapolis, University of Minnesota Press.

Streck, D. R. (2007). Research and Social Transformation: Notes about Method and Methodology in Participatory Research, *International Journal of Action Research* 3（1）：112 −130.

Ting, W. F. and H. L. Chen. (2012). The Alternative Model of Development: The Practice of Community Economy in Disaster-stricken Sichuan, *China Journal of Social Work* 5（1）：3 −24.

UNISDR (2014). Global Assessment Report on Disaster Risk Reduction 2013, Switzerland, United Nations Office for Disaster Risk Reduction (UNISDR).

United Nations Disaster Relief Organization (UNDRO) (1992). *Disasters and Development: Trainer's Guide for the UNDP/UNDRO Disaster Management Training Program*, Madison, University of Wisconsin, Disaster Management Center.

Van de Eynde, J. and Veno, A. (1999). Coping with Disastrous Events: An Empowerment Model of Community Healing, in R. Gist and B. Lubin (eds.), *Responses to Disaster: Psychosocial, Community and Ecological Approaches*, pp. 167 −192. Philadelphia, P. A., Taylor and Francis.

Vandeventer, P. (2004) *From Chaos to Community: A Guide to Helping Friends and Neighbours Recover and Rebuild after a Major Disaster.* Los Angeles, C. A.: Community Partners.

Yanay, U. and Benjamin, S. (2005). The Role of Social Workers in Disasters: The Jerusalem Experience, *International Social Work* 48（3）, 263 −276.

Zakours, M. J. (1996). Disaster research in Social Work, in C. L. Streeter and A. A. Murty (eds.), *Research on Social Work and Disasters.* Binghamton, N. Y.: Haworth Press.

中国社会工作者的专业化

——基于 CSWLS 2019 的数据分析[*]

刘 畅 刘仕清 袁易卿 孙小悦 段文杰 何雪松[**]

摘 要 本文聚焦现阶段我国社会工作者的专业化特征，通过文献梳理并结合本土发展特征，提出了知识性、价值性、实用性、排他性、自主性、职业性、本土性这七个代表社会工作专业化水平的具体维度。利用 2019 年中国社会工作动态调查的社会工作者数据，整合操作具体指标，描绘出了我国社会工作者低知识性与高价值性、低排他性与高实用性、低自主性、高本土性与中度职业性的专业化特征。在此基础上，本文针对社会工作者的专业化发展提出了若干具体建议。

关键词 中国社会工作动态调查 社会工作者 专业化

一 研究背景与问题

现代化、工业化的发展，加速了社会分工、职业分化，个体通过

---

[*] 本研究得到国家社会科学基金重大项目"社会治理背景下我国社会工作行动本土化理论框架与实践体系研究"（项目编号：16ZDA084）的资助。
[**] 刘畅，华东理工大学社会与公共管理学院博士研究生；刘仕清，华东理工大学社会与公共管理学院博士研究生；袁易卿，华东理工大学国际社工学院研究助理；孙小悦，华东理工大学社会与公共管理学院讲师，博士；段文杰，华东理工大学社会与公共管理学院教授，博士；何雪松，华东理工大学社会与公共管理学院教授，博士。

职业化完成社会参与,并贡献于经济社会发展。专业化水平是区别本职业与其他职业的属性,现代社会中任何一个职业都渴望获得专业地位(McCormick,1972)。作为一个专业,其从业者需要拥有专门的技能和训练、最低限度的报酬和薪资、成立专业协会以及形成规范专业的伦理守则(Carr-Saunders,1928)。社会工作是一个专业,其专业特性体现在拥有系统的理论、专业的权威性、社会认可、伦理守则和专业文化上(Greenwood,1957)。专业地位的获得是通过将一个职业转化为专业的过程来实现的,也即专业化(Vollmer & Mills,1966)。社会工作也不例外,新专业的出现是为了回应社会新变化,社会工作是社会服务职业化的产物。社会工作专业化的起源最早可追溯到《社会诊断》一书,从志愿的助人活动发展为新兴的职业就是社会工作走向专业化的标志。社会工作者的专业化是社会工作专业化发展的重要组成部分,因此要考察社会工作者的专业化,就要从这一特定专业的从业人员的角度呈现专业化的具体形态。

社会工作在我国的发展经历了"初创"、"停滞"和"重建"三个时期。我国真正意义上的社会工作始于20世纪20年代,当时,北京、上海、长沙等地开始设置社会服务部门或社会服务机构,聘请专门人员从事社会工作服务;燕京大学、沪江大学开设了相关专业,为社会服务岗位输送人才。这一时期属于专业社会工作的"初创期"。新中国成立后,"单位"和"人民公社"成为真正意义上连接个人与国家的介质,肩负传递社会福利的职能。这一时期,专业社会工作的发展处于"停滞"状态。改革开放以来,中国社会的转型给专业社会工作发展创造了空间,社会工作学科得以"重建"。2006年,社会工作进入党的文件,这极大地促进了社会工作的专业化,从业人员数量迅速增长。民政部发布的《2018年度民政事业发展统计报告》,截至2018年底,我国持证社会工作者人数达43.9万人。这个数据既包括了直接受雇于民办社会工作的专业人员,又涵盖了街道、社区、福利机构、医院等系统的社会工作者,他们共同组成了具有中国特色的社会工作者队伍。

本文通过文献梳理,建构出一个多维度的社会工作者专业化分析框架,立足2019年中国社会工作动态调查(China Social Work Longitudinal Study,CSWLS)数据,量化现阶段社会工作者的专业化水平,并结合社会工作发展的具体情境,讨论社会工作者专业化的发展前景。

二 社会工作专业化水平的分析维度

专业化是一个动态的过程,专业化水平是一个结果的判断。专业化反映的是某一职业专业程度的变化过程,即某一职业连续改变的过程(Vollmer & Mills, 1966)。20世纪90年代在市场化与管理主义冲击下,西方为了迎合市场需求试图将社会工作予以标准化,提出对社会工作者的"专业能力"进行操作化,以体现社会工作的专业能力,因为社会工作者是专业能力的承载者。在中国,重"稳定"和"集体"的环境与西方文化截然不同,这套标准不符合我国社会工作的发展情况(Yip, 2004)。雷杰和黄婉怡(2017)指出,全球标准化、技术化和去政治化三个特征在社会工作专业化中并存。本文在中国语境下考察社会工作者的"专业化水平",将西方定义专业化的通用要素与本土专业发展的特性结合起来,总结出体现社会工作业化水平的七个维度。

(一)通用的要素:知识性、职业性、实用性

任何专业能够成为独立的专业,都必须具有其作为专业的必备要素。早在19世纪,Carr-Saunders(1928)认识到了社会分工的逐渐加深,以专门的技能和训练、最低限度的报酬和薪资、成立专业协会、形成规范专业的伦理守则四个要素来界定专业。在此基础上,他及合作者Wilson将专业化概括为三点:第一,从业者为全职性工作;第二,可通过教育和训练来获得必需的知识和技能;第三,可为客户提供好的服务(Carr-Saunders & Wilson, 1933)。因此专业化的通用要素,可总结为专业的知识性、从业者的职业性、实践的规范性与服务的实用性。一项研究在"特性取向"(attributes approach)和"权力取向"(power approach)基础上,将其分为:社会认可、垄断地位、专业自主、知识基础、专业教育、专业组织、伦理守则、声誉和报酬(Weiss-Gal & Welbourne, 2008)。

社会工作无疑是一个具备知识性的专业,其专业特征相比于上述通用要素既有共性也有个性。社会工作是具有较强个人责任感和利用

智力的活动，是在科学和学习基础上，利用知识达到具体的实际目的、通过教育获得交流方法、趋于自我组织、有利他倾向的专业（Joel，1973）。这其中，教育训练是科学知识获得的基础，也是社会工作者具备知识性的保障。通过专业训练，拥有专业知识者可从事相应的职业，即体现着社会工作的职业性。实用性则指对服务对象产生实际功效，社会工作所提供的服务非常重要，可以满足相应个人、群体、组织乃至整个社会的特定需求。以上提及的通用要素中的规范性，在社会工作专业中可被操作化为价值性，后文再做解释。

（二）独特的专业主义：排他性与价值性

专业主义认为任何一个职业的发展在劳动市场上都具有排他性（Orzack & Johnson，1975）。之所以要走向专业化，一是试图在该职业领域建立专业控制，二是试图建立职业封闭（Abbott，1988）。

首先，知识性体现社会工作的专业控制上。社会工作是一项复杂的社会技术，"为这一专业"和"关于这一专业"，即专业的核心知识和辅助性知识构成了一个专业的知识体系（赵康，2000），而这些知识需具备排他性。虽然早期社会工作的诸多理论来源于社会学、心理学、医学等，但近几十年来，社会工作的发展从早期"理论外借"的传统，朝着"理论内生"的取向发展。这些理论是在实务积累中形成的实践模式，其中包含了优势视角、叙事治疗、社会发展理论、资产建设理论、个人-环境实践模式等。不论是高度凝练的实践模式还是借鉴融合形成的实践理论体系，不论是实务倾向还是理论建构取向，不论是艺术性还是科学性，社会工作都的确拥有一套知识话语，建立起了与其他专业间的边界。

其次，职业封闭是专业化的重要体现。职业封闭使本专业与其他专业之间有明确的区分，形成独有的专业空间。英美的从业准则均规定受过系统训练的专业人员才能获得执业资格，拥有专业判断、干预的垄断性地位和权威（郭伟和，2014），这因此造就了专业的排他性。受过训练的社会工作者因其掌握了专业知识、技术等而具备了专业能力，与其他非专业者相区别。社会工作者为服务对象、社区、社会所提供的服务是不可替代的，从而得到社会的认可。同时，社会工作者充满了对服务对象、弱势群体、全社会的价值关怀，专业排他性不仅体现在知识与技术层面，也体现在社会工作者的专业价值上。

价值性是社会工作专业中最为重要的部分，价值性蕴含着排他性。社会工作源于利他主义，其在本质上就是为了帮助他人（Brill，2001）。社会工作者在服务中，需要利用专业价值、遵循专业伦理，社会工作的实践大都涉及价值和伦理。因为价值与伦理回答了社会工作发展中的一些基础性和根本性问题，如社会工作的专业使命、专业角色是什么，以及如何规范专业人员的基本从业行为（赵芳，2015）。显然在社会工作中，价值性是专业化的重要因素。而此处的价值性正是上文通用要素中"实践的规范性"在社会工作专业上的具体化。近百年来，利他主义是社会工作专业一贯秉持的价值观，这使社会工作专业与市场经济中的绝大多数专业相排斥，专业的价值性造就了专业的排他性。排他性与价值性所代表的独特专业特征，是分析社会工作者专业化水平的核心要素。

（三）渐进的过程：自主性与本土性

从非专业到专业化，甚至到去专业或反专业化，专业的发展是一个渐进的过程，每一个过程都代表着一个时期的特征，专业化充满了理论、概念的张力（吴越菲，2018）。社会工作方法的概念化，社会工作教育项目的扩大以及稳定的服务资助，使西方社会工作在20世纪30年代获得了专业地位。专业的实用性、社会认可、知识、权威和地位带来了专业自主性，推动着社会工作的专业化。

社会工作的专业自主性是指其被允许在没有来自服务对象、非本专业的专业人士或者雇佣机构的外在压力的情况下做出专业决定（Hall，1970）。专业权力主要体现在从业者相对于服务接受者和雇佣机构的自主性上（Forsyth & Dubielewicz，1985）。而在实践中来自政府、购买方、合作方等的阻力会使社会工作者的专业自主性受到限制，社会工作机构专业能力也不能充分发挥。

社会工作是一项复杂的社会技术，在专业发展时，必须清楚本国的经济状况、政治制度、文化传统及其变化给社会工作发展提供的空间与限制（王思斌、阮曾媛琪，2009）。实际上，中国社会工作的专业化，必定是在知识性、职业性、价值性等各个维度均进行本土化的过程。因此，本土性是考察专业化的重要维度。

本文通过对上述文献的梳理，认为社会工作专业化水平的内涵中包含了知识性、职业性、实用性、价值性、排他性、自主性、本土性七个维度。本文将以这七个维度为分析框架，研究社会工作者的专业化水平。各个维度的指标与问卷中的具体题目相对应的情况如表 1 所示。

表 1　社会工作者专业化的分析维度与题目对照

维度	指标	题目对应
知识性	受教育水平	B1、B2、B3
	知识获取能力	B5、B6、D22
价值性	对专业价值伦理的认识	F1.1、F1.2、F1.3、F1.4、F1.5、F1.6
	对伦理困境的选择	F1.7、F1.8、F1.9、F1.10、F1.11、F1.12、F1.13、F1.14、F1.15、F1.16、F1.17
实用性	社会的宏观的影响力	F2.1、F2.2、F2.3、F2.4、F2.5、F2.6、F2.7
	对服务对象的作用	L2.1、L2.2、L2.3、L2.4、L2.5、L2.6、L2.7、L2.8、L2.9
排他性	准入门槛	B4、B7
	社会承认	B9
自主性	外部自主性	D8.2
	内部自主性	G1.1、G1.2、G1.3、G1.4、G1.5、G1.6、G1.7
职业性	基本属性	D5、D7、D15、D16、D27
	职业规划	D32、D33、D34、D35、D36、D6、D37、D38、D39
	职业特征	D1、D3、D18、D19、D20、D21、D28、D29、D30、D31
	从业满意度	L1.1、L1.2、L1.3、L1.4、L1.5、L1.6、L1.7
	工作任务	H1、H2、H3、H4、H5、H6、H7、H8、H9
本土性	本土性特征	K1、K2、K3、K4、K5、K6、K7、K8、K9、K10、K11、K12、K13、K14、K15、K16

三　数据来源与分析

（一）数据

中国社会工作动态调查（CSWLS）是由华东理工大学发起的全国第一个以社会工作行业发展动态为主题的大型连续性抽样调查。项目于 2019 年 6 月至 10 月在全国 56 个城市开展了首期问卷调查，项目实施秉持组织视角，强调动态性、匹配性、综合性相协调的理念。本文数据源于其中的社会工作者个人数据（不包含民政与医务社会工作者数据），共含5965个样本数据，涉及调查问卷中B教育经历、D工作状况、F社会工作伦理及职业认同、G工作自主度及组织文化匹配、H工作任务、L工作满意度及服务质量、K社会工作的宏观认知7个模块，共105个变量。

（二）抽样方案与结果

根据我国行政区域的划分原则，中国社会工作动态调查的抽样框由22个省（不含港澳台地区）、4个自治区（不含西藏自治区）、4个直辖市的共56个城市组成。总体上采用两阶段随机抽样的方法，抽样设计根据城市中社会工作机构数量的多寡，在不同城市抽取33家或11家机构参与调查。详细抽样方案与抽样结果请参见刘畅、袁易卿、孙中伟、何雪松（2020）。

中国社会工作动态调查总体数据质量良好，问卷有效比较高。社会工作者问卷（不含民政、医务社会工作者问卷）实际回收5970份，其中有效问卷5965份，问卷有效回收率为99.92%。

（三）人口学特征

中国社会工作者普遍年轻，女性比重远高于男性，未婚社会工作者稍多于已婚社会工作者，农村户籍人口占比较高，学历水平较高，且中共党员所占比重较高。在年龄上，本样本平均年龄约为30.44岁，21~35岁这个年龄段人数最多，比重占到总人数的近八成。21~35岁年龄段，21~25岁从事社会工作的女性比例高于男性，而在26~35岁这个年龄段，在职男性社会工作者的比例高于女性。在性别结构上，女性数量明显偏多，女性社会工作者的数量约为男性数量的3.77倍。从户口登记情况看，户籍为农村户口的比例高于居民户口5.91个百分点。在政治面貌上，社会工作行业从业者中，政治面貌为中共党员的比例较高，有24.02%的社会工作者是中共党员，且男性党员比例略高于女性。在婚姻状况上，未婚社会工作者的比例略高于已婚社会工作者（高2.32个百分点）。男性社会工作者未婚的比例，比女性未婚的高约6个百分点，这可能与社会工作者的职业群体年龄结构较为年轻有直接关联。在最高学历上，半数以上的社会工作者拥有本科学历。在本科学历中，男性社会工作者比女性社会工作者高2.47个百分点。在研究生及以上学历阶段，女性的比例稍高于男性0.32个百分点（见表2）。

表2 社会工作者人口统计学特征

单位：%

		男性	女性	总体
年龄	16~20岁	1.04	0.64	0.72
	21~25岁	28.21	31.36	30.70
	26~30岁	32.29	30.93	31.22
	31~35岁	18.27	16.62	16.97
	36~40岁	7.93	9.03	8.80
	41~45岁	4.49	5.51	5.29
	46~50岁	3.61	3.72	3.70
	51~55岁	1.76	1.32	1.41
	56~60岁	1.44	0.49	0.69
	61岁及以上	0.96	0.38	0.50
	平均数（岁）	30.89	30.32	30.44
	中位数（岁）	29.00	28.00	28.00
户口类型	农业户口	38.78	40.34	40.02
	非农户口	25.80	25.73	25.74
	居民户口	35.34	33.78	34.11
政治面貌	群众	44.23	41.81	42.32
	共青团员	29.25	34.06	33.05
	民主党派	1.20	0.45	0.60
	中共党员	25.32	23.68	24.02
婚姻状况	未婚	55.04	49.05	50.31
	已婚	44.16	49.01	47.99
	离异	0.80	1.57	1.41
	丧偶	0.00	0.36	0.29
学历	高中及以下	7.69	7.86	7.83
	专科	26.76	28.84	28.40
	本科	57.77	55.30	55.82
	研究生及以上	7.45	7.77	7.71

四 研究发现

根据数据分析结果,我们对考察社会工作者专业化水平的七个要素进行报告,从中可以了解当前中国大陆社会工作者的专业化程度如何。由于本项目调查问卷设置题目多,作答选项中包含了"拒绝回答""不适用"这类填写的情况,导致数据库中一些变量会存在数据缺失,不同变量的有效数据量不同。因此本文中各表的频数累计与项目的有效问卷量存在差异。

(一)知识性

知识性是一个重要维度,独特的知识体系是获取专业自主权的重要因素(Hugman,1996)。受教育水平越高的社会工作者越专业,获取知识的能力越强,知识性也越强。本文将社会工作者的知识性操作化为受教育水平和知识获取能力。受教育水平对应指标包含B1、B2、B3,共3题;知识获取能力的指标包含B5、B6、D22,共3题。

总体上,63%以上的社会工作者受过本科及以上教育。在有硕士学历的社会工作者中,近70%的接受过社会工作教育,在有本科学历的社会工作者中这一比例不足50%,在大专学历中这一比例不足9%(见表3)。本文涉及的社会工作专业包括社会管理与服务、社区管理与社会工作、社区管理等具体专业方向,而社会学、心理学、公共管理学等以往被视为社会工作相关专业的,本文未将其归为社会工作专业,以保证测量准确性。此外,价值与伦理观念、实务技能是专业中极为重要的部分,大部分社会工作者对此有较清晰的认识(见表4)。

表3 社会工作者的受教育水平

单位:%

学历	社会工作专业 ($N=2304$)	非社会工作专业 ($N=4255$)
大专($N=2290$)	8.78	90.83
本科($N=3766$)	46.63	53.37

续表

学历	社会工作专业 ($N=2304$)	非社会工作专业 ($N=4255$)
硕士（$N=496$）	69.56	30.44
博士（$N=7$）	28.57	71.43

表4　社会工作专业中最重要的内容

单位：人，%

专业中最重要的部分	频数	百分比
价值、伦理观念	2842	47.73
实务技能	2662	44.71
理论知识	302	5.07
政策法规	116	1.95
其他	32	0.54
总计	5954	100.00

为了进一步体现专业知识的作用，本次调查设置了"该专业对您目前工作的帮助程度如何"一题，选项中1为"没有帮助"，5为"很有帮助"，共5个选择程度。相较于本科和大专阶段的专业教育，社会工作者认为硕士、博士阶段的专业知识对其工作帮助较大（见表5）。样本中，只受过本科阶段专业教育的占比较高，硕士及以上占比较低，而对社会工作者帮助较大的是高学历阶段的知识。由此可见，知识在社会工作专业中是可见的专业化标志之一，但当前社会工作者的知识性还不强。

表5　专业对工作的帮助度

学历	均值	标准差	频数
大专	3.30	1.35	2245
本科	3.74	1.23	3724
硕士	4.26	0.91	492
博士	4.14	0.90	7

除了学历教育，参与各类培训也是获得新知的机会，2018年每位社会工作者参加专业培训或学习的平均次数为3次，最多达72次。在参与的时间最长的三次培训课程中，"专业实务技能"的培训均占比

最高，其次是"项目管理与评估"（见表6）。鉴于自身知识的有限性，社会工作者会有意识地补充专业知识。

表6 培训时间最长的三次

单位：人，%

	第一		第二		第三	
	频数	百分比	频数	百分比	频数	百分比
上岗基础知识	542	14.13	141	4.65	124	5.48
专业实务技能	2141	55.83	1267	41.82	783	34.6
督导能力	172	4.48	238	7.85	110	4.86
考前辅导	194	5.06	237	7.82	128	5.66
项目管理与评估	381	9.93	627	20.69	460	20.33
行为心理治疗	85	2.22	157	5.18	192	8.48
政策法规	82	2.14	114	3.76	184	8.13
党的精神和文件	63	1.64	142	4.69	173	7.64
其他	175	4.56	107	3.53	109	4.82

样本中有6.95%的人在攻读MSW学位，有三成以上的有攻读MSW的意愿。在报考MSW的困难中，大部分社会工作者觉得报考MSW最大的困难在于考研英语，其次是有18.38%的人担忧专业课比较难，这一比例高于对考研政治难度、毕业难度的评价，可以看出社会工作者对自身的专业知识性并非信心十足（见表7）。

表7 攻读MSW的意愿与困难

单位：人，%

		频数	百分比
攻读MSW意愿	已在读	414	6.95
	有意愿	2115	35.53
	尚未决定	2103	35.33
	没有	1321	22.19
报考MSW最主要的困难	考研英语	2450	44.97
	考研政治	768	14.15
	专业课	998	18.38
	毕业	927	17.07

整体来看，我国社会工作者知识性的发展处于中低水平，社会工作专业的学历教育能够赋予个体知识性，其他知识传递方式也起到了补缺的作用。本调查发现，较高学历的社会工作者具备较多的专业知识，能够更好地指导其工作，但目前社会工作者的学历水平多为大专、本科。因此，未来应加强社会工作者的专业教育，并鼓励其不断提升学历。

（二）价值性

对价值性的测量，主要考察的是社会工作者对专业价值伦理的认识和伦理困境的选择。本次调查问卷设置了F1社会工作伦理模块，共17题，作为测量价值性的指标，题目整体均值较高。0~5分分别代表"非常不同意"、"不同意"、"中立"、"同意"和"非常同意"。其中，均值最高的是"保障人的生命是第一原则"，为3.60分。其次是"拒收服务对象的钱财"和"服务中不应对服务对象造成伤害"，而这与社会工作的专业伦理守则次序相符，评分为3~4分，处于较高值。低值在"与遵守法律法规相比我更在意保护服务对象的利益"上，为1.84分。"我能够辨识在工作中遇到的伦理困境"和"我有能力对伦理困境进行决策"的得分分别为2.74分和2.53分，也处于较高值（见表8）。这意味着，社会工作者对价值伦理的认识和实践水平较高。

表8 社会工作者的价值性

	均值	标准差	频数
在工作中经历伦理困境是一件普遍的事情	2.78	0.80	5943
我的价值观常常与服务对象的价值观发生冲突	1.89	0.90	5942
我能够辨识在工作中遇到的伦理困境	2.74	0.64	5947
我有能力对伦理困境进行决策	2.53	0.71	5936
我需要一个更本土化的专业伦理规范来指导决策	2.92	0.74	5943
保障人的生命是第一原则	3.60	0.62	5944
对待服务对象应遵循资源平等分配原则	2.82	0.91	5946
服务对象应该拥有自我决定的权利	3.34	0.70	5948
服务中不应对服务对象造成伤害	3.47	0.69	5946
必须保护服务对象的个人隐私	3.41	0.75	5945
与遵守法律法规相比我更在意保护服务对象的利益	1.84	1.14	5941

续表

	均值	标准差	频数
不得将服务对象的选择与行为告知第三方	2.78	0.91	5947
谢绝服务对象赠予的礼品	3.23	0.78	5952
拒收服务对象的钱财	3.56	0.68	5945
与服务对象只保持专业服务关系	3.04	0.88	5945
监督同事可能违背专业伦理的行为	2.63	0.94	5938
社会工作伦理的发展对专业化的发展非常重要	3.40	0.66	5953

总体而言，社会工作者的价值性强于知识性。专业价值是社会工作的灵魂，是社会工作者专业化的最基本要素。

（三）实用性

对实用性的测量分为宏观和微观两个层次，其一是社会工作者对专业宏观影响力的评价，包括 F2 社会工作职业认同模块，共 7 道题，选择程度从"0. 非常不同意"到"4. 非常同意"。其二是对专业微观服务作用的评价，包含 L2 服务质量评价模块，共 9 道题，选择程度从"1. 非常不同意"到"5. 非常同意"。社会工作专业的实用性不仅作用于个人、家庭，也影响着社区与社会的变迁，其中评分最高的是社区层次。量表中，在"促进社区和谐"上获得评分最高，为 3.38 分。其次，在"提升家庭幸福感"上的评分为 3.31 分。获得评分最低的是在"倡导社会变革"上，为 2.92 分。整体上，社会工作者自我感知在社区、家庭层面的作用力强，在倡导社会变革上稍弱（见表9）。

表 9　社会工作的宏观影响力

	均值	标准差	频数
1. 推动社会公平	3.13	0.73	5960
2. 促进社会福祉	3.26	0.67	5960
3. 维护社会稳定	3.23	0.69	5958
4. 倡导社会变革	2.92	0.86	5953
5. 促进社区和谐	3.38	0.62	5957
6. 提升家庭幸福感	3.31	0.68	5959
7. 改变服务对象的生活境遇	3.20	0.73	5958

社会工作者对"我有能力制订服务方案与计划,以更好地满足服务需求"这一项的自评最高,为 3.81 分。其次是在"我帮助服务对象解决个人、家庭和社会层面的一些问题"上,为 3.78 分。自评最低的是"我能够对服务对象进行危机干预",为 3.42 分。整体上,社会工作者对自身服务质量的评价较高,即社会工作者认为自己的服务对服务对象来说,具有较强实用性(见表 10)。

表 10　社会工作者对服务对象的作用

	均值	标准差	频数
1. 我帮助服务对象改变他们的境遇,提升其生活质量	3.77	0.66	5957
2. 我帮助服务对象解决个人、家庭和社会层面的一些问题	3.78	0.65	5955
3. 我帮助服务对象解决一到两个能改善他们生活的关键问题	3.75	0.67	5951
4. 我可以有效地回应服务对象及其家人提出的需求	3.62	0.68	5953
5. 我能够对服务对象进行危机干预	3.42	0.75	5950
6. 我能够帮助服务对象链接社区外部资源	3.73	0.71	5952
7. 我能够协调社区内部资源以满足服务对象的需求	3.70	0.69	5951
8. 我有能力制订服务方案与计划,以更好地满足服务需求	3.81	0.68	5951
9. 我可以与街道(社区)进行合作以调整我们的服务方案与计划	3.71	0.73	5955

在实用性维度上,社会工作者自评在改变个体与家庭、促进社会公平等方面具有显著作用,并对其服务质量评价较高。

(四) 排他性

排他性体现在社会工作职业的准入门槛和社会承认两个指标上,准入门槛包含了 B4、B7 共两题,社会承认包含 B9 一题。在行业准入指标上,98.09% 的社会工作者认为需要经过专门教育或培训方可从事社会工作,这也肯定了社会工作与其他专业的确存在知识、技能等方面的明显差异。拥有社会工作资格证书才能执业,这是专业社会工作者与其他职业相区别的重要指标。从当前的持证比例来看,助理社工师占不到总体的 50%,社工师占 15.85%,从整体持证比不高可推断出,其职业的排他性不强(见表 11)。

表 11　行业准入指标情况

单位：人，%

		频数	百分比
是否需要专门教育或培训	需要	5845	98.09
	不需要	114	1.91
助理社工师（$N = 5892$）	是	2724	46.23
社工师（$N = 5595$）	是	887	15.85

公众、社会、国家对社会工作专业的认可度高越高，说明社会工作专业与其他专业的异质性越强，本研究用所获社会荣誉来体现这一点。在2018年，5965名社会工作者样本中获得国家级荣誉1次的有79人次，获省级荣誉1次的有107人次，获市级和区级荣誉1次的分别有246人次和235人次。整体上，社会工作者获得的社会荣誉比例偏低（见表12）。

表 12　社会工作者获得的社会赞誉与社会承认情况

单位：人次

	1次	2次	3~4次	5~6次	6次以上
国家级	79	5	1	0	0
省级	107	17	8	0	0
市级	246	43	17	5	1
区级	235	48	17	4	1
街镇级	133	17	7	1	3

总体来看，社会工作者的专业排他性仍需增强。获得从业资格的社会工作者所占比重不高，获得的社会赞誉、社会承认不足，专业的排他性仍需在时间与服务成效的积累中增强。

（五）自主性

对于自主性的测量，主要采用内部工作自主度和外部工作自主度两个指标。D8每周需要处理政府委派工作占整体工作的比重，代表外部工作的自主度。总体来看，当下社会工作者从事政府委派工作的比例不低，样本中约三成的人不需要做任何政府委派的工作。23.55%的人所从事的政府委派的工作占日常工作的比例在1%~10%，但仍有三成以上的社会工作者，其完成政府委派工作的比例占到日常工作的10%~50%。此外，还有超过11%的社会工作者，其政府工作占日常工作的比例超过50%（见表13）。

表13 社会工作者从事政府委派工作情况

单位：人，%

比例区间	频数	百分比
0	1695	30.11
0~1%	184	3.27
1%~10%	1326	23.55
10%~50%	1795	31.88
50%~90%	400	7.10
90%~100%	230	4.09

在社会工作者工作内部自主度中，G1量表中1~5分分别代表"非常不同意"、"不同意"、"中立"、"同意"和"非常同意"。本量表各个题目得分相当，大致集中在3.50~3.96分。最高为3.96分，出现在"我认同机构的价值理念"这一选项上。最低为3.50分，出现在"我对是否开展某项工作有自主决定权"这一选项上。总体来看，社会工作者拥有一定的内部工作自主度（见表14）。

表14 社会工作者的内部工作自主度

	均值	标准差	频数
1. 我对是否开展某项工作有自主决定权	3.50	0.84	5960
2. 我可以自己决定如何开展我的工作	3.61	0.79	5959
3. 在讨论工作时，我的意见有影响力	3.58	0.70	5956
4. 我觉得我是机构中重要的一员	3.57	0.76	5959
5. 我认同机构的组织文化氛围	3.85	0.73	5961
6. 我认同机构的价值理念	3.96	0.69	5958
7. 我的价值观和机构中大部分成员一致	3.88	0.67	5959

从现有的数据来看,工作中社会工作者在处理与政府关系上,拥有一定的自主度,但整体上外部工作自主度偏低。

(六) 职业性

对职业性发展程度的测量有较多指标,其一是基本属性,其二是职业特征,其三是职业规划,其四是从业满意度,其五是工作内容。在基本属性指标上,有 D5、D7、D16、D27、D15,共 5 题。首先,作为一个职业的基本属性,社会工作的职业获得渠道与其他职业相同。不同点在于社会工作者的校园招聘比例较低,社会招聘比例较高(见表 15)。这表明,社会工作行业的规模效应还不明显,大型社会服务机构较少。

表 15 社会工作者的职业获得渠道

单位:人,%

渠道	频数	百分比
职业介绍机构	232	3.89
亲戚	585	9.82
同学好友	1423	23.88
老师	564	9.46
校园招聘	150	2.52
网络招聘	2000	33.56
人才招聘会	130	2.18
公开招考	375	6.29
其他	500	8.41

其次,在工作量上,2018 年社会工作者平均每人可完成约 10 个个案,约 16 节小组活动和 16 场社区活动。2018 年,有超过三成的社会工作者没有完成过 1 个个案服务、1 节小组活动。36.51% 的社会工作者完成 1~6 个个案服务,24.80% 的社会工作者完成 1~10 节小组活动。在工作时长上,2018 年,社会工作者日均工作时间为 7.8 小时,整体职业强度适中(见表 16)。

表16　2018年社会工作者的工作量与工作时间

单位：人，%

项目	值分布	频数	百分比
年个案数	0	1948	34.66
	[1, 3]	1255	22.33
	[4, 6]	797	14.18
	[7, 10]	668	11.89
	[11, 20]	502	8.93
	20岁以上	450	8.01
	平均数	10.15	
	中位数	2.00	
年小组节数	0	1947	35.14
	[1, 5]	568	10.25
	[6, 10]	806	14.55
	[11, 15]	559	10.09
	[16, 20]	491	8.86
	[21, 40]	721	13.01
	40岁以上	449	8.10
	平均数	16.08	
	中位数	6.00	
年社区活动数	0	1133	20.15
	[1, 5]	1292	22.98
	[6, 10]	1190	21.16
	[11, 20]	1070	19.03
	[21, 30]	372	6.62
	30岁以上	566	10.07
	平均数	16.10	
	中位数	8.00	
工作时间	[0, 6)	113	1.89
	[6, 7)	479	8.03
	[7, 8)	1422	23.84
	[8, 9)	3292	55.20
	[9, 10)	302	5.06
	[10, 14)	321	5.38

续表

项目	值分布	频数	百分比
工作时间	(14, 50]	35	0.59
	平均数	7.80	
	中位数	8.00	

最后，在劳动保障上，劳务派遣的用工方式比例较低，仅为2.92%。在劳动保险缴纳中，"五险"缴纳比例最高，住房公积金缴纳比例低于"五险"缴纳比例，而商业保险缴纳比例最低，只有25.07%。作为一种职业，社会工作者的劳动保障基本齐全（见表17）。

表17 社会工作者的劳动保障情况

单位：人，%

	缴纳情况	频数	百分比
劳动合同签署方	所在机构	4952	97.08
	劳务派遣	149	2.92
提供保险类型 医疗保险	是	5285	89.06
	否	649	10.94
养老保险	是	5263	88.69
	否	671	11.31
失业保险	是	5203	87.87
	否	718	12.13
工伤保险	是	5200	87.85
	否	719	12.15
生育保险	是	5092	86.23
	否	813	13.77
住房公积金	是	3891	66.50
	否	1960	33.50
商业保险	是	1428	25.07
	否	4267	74.93

在职业规划指标中，包含D32、D33、D34、D35、D36、D37、D38、D39，共8题。首先，有三成多的社会工作者毕业就选择当社工，而职业规划中较多的是希望在本机构中获得晋升，而不是跳槽到其他机构

或其他行业（见表18）。

表18　社会工作者的职业选择与规划

单位：人，%

		频数	百分比
是否毕业就做社工	是	2068	34.76
	否	3882	65.24
职业规划	获得本机构晋升	2333	39.26
	跳槽到其他社工机构	94	1.58
	进入体制内	532	8.95
	到社工行业协会工作	106	1.78
	当高校老师	138	2.32
	跳槽到其他行业	411	6.92
	没有想过	1138	19.15
	其他	399	6.71

其次，过去一个月内找过其他工作的社会工作者的比例较低，仅为8.75%，上一份工作也是社会工作的比例为26.16%。发生过工作变动的人中，有61.39%的是在"不同机构间流动，但岗位持平"，有28.95%的是在"不同机构间流动，但岗位提升"。总体上，社会工作者的职业流动集中在行业内，而不是转到其他行业（见表19）。

表19　社会工作者的职业流动情况

单位：人，%

类型	频数	百分比
一个月内找过其他工作	521	8.75
上一份工作也是社会工作	1014	26.16
工作变动原因		
不同机构间流动，但岗位持平	757	61.39
不同机构间流动，但岗位提升	357	28.95
同一机构不同岗位之间水平流动	77	6.24
同一机构不同岗位之间垂直流动	41	3.33

再次，社会工作者的总体离职意愿不强。选项从"1.非常不同意"到"5.非常同意"，无论是打算在未来六个月内还是在未来三年

内离升，均值都未达到 3。社会工作者认为配偶、长辈、朋友希望自己离职的均值明显高于自身的离职意愿，同时对于领导、同事、多数人认为社会工作者留职的均值较高（见表20）。这说明社会工作作为职业，具有一定"黏性"和吸引力。

表20　社会工作者的留职与离职情况

离职与留职	均值	标准差	频数
我打算在未来六个月内离开	2.07	1.00	5940
我可能在未来三年内离开	2.78	1.07	5933
我偶尔会有离开的想法	2.82	1.14	5925
我的长辈认为我该留职	2.93	1.01	5927
我的配偶认为我该留职	2.94	0.97	4775
我的朋友认为我该留职	2.93	0.92	5930
我的同事认为我该留职	3.27	0.90	5925
我的领导认为我该留职	3.52	0.88	5911
多数人赞成我留职	3.14	0.90	5931

最后，服务领域是社会工作者发挥职业能力的场域，服务领域的变动能够说明社会工作者的职业规划与选择。不管是在上一份还是在现在这份工作中，社区服务是社会工作者从事比例最高的，其次是老年人服务、青少年服务、儿童服务、家庭服务，上一份工作的服务领域和现在工作的服务领域占比的高低次序一致，这说明各领域服务配置比例较为固定。社会工作者在回答上一份工作服务领域的题目中，其前置条件是其经历过至少一次职业变动（见表21）。

表21　社会工作者服领域变动情况

单位：%

	上一份工作的服务领域	现在工作的服务领域
家庭服务	20.42	20.92
老年人服务	34.53	43.26
残障服务	16.97	19.49
妇女服务	17.92	18.41
儿童服务	30.41	38.12
青少年服务	30.73	38.66
外来人口服务	10.38	7.71

续表

	上一份工作的服务领域	现在工作的服务领域
矫正和戒毒服务	5.48	9.23
社区服务	43.64	56.92
医务服务	3.76	2.99
救助服务	7.02	8.15
企业服务	7.80	4.71
优抚安置	2.62	4.72
评估或研究	4.33	6.93
社会组织培育	10.53	17.50
其他	13.00	6.66

在职业特征上，包含 D1、D3、D18、D19、D20、D21、D28、D29、D30、D31，共 10 题。社会工作的岗位名称常见于一线社工、助理、项目主管、服务总监、片区主管、总干事等。样本中，有 86.28% 的人是从事一线服务的社会工作者，占比最高。其次是担任管理工作，占比为 41.37%。担任督导的比例最低，为 17.81%。值得注意的是，有超过 10.00% 的社会工作者从业时间超过 8 年，有 20.17% 的社会工作者从业时间为 1~2 年，有 26.96% 的社会工作者从业时间为 2~4 年。对于多数社会工作者来说，从业时间并不长，以新手为主（见表22）。而实际工作中，一线服务、管理岗位、督导这 3 个职位大致可以涵盖机构的岗位功能，且这些岗位间存在着功能上的交叉。如，一线社工、管理岗中实务经验丰富者，通常需要担任督导的职务，管理岗的也需要做一线服务。这一方面是由于社会工作机构人手普遍存在缺口，需要一人多岗，另一方面是由于岗位交叉是专业特性使然。督导和管理岗的人员如果不做一线服务，就很容易脱离专业实践，既不利于指导社工的服务，也不利于机构的长期发展。

表 22 社会工作者的从业特征

单位：人，%

		频数	百分比
岗位	一线社工服务	5126	86.28
	担任管理岗位	2460	41.37
	担任督导	1056	17.81

续表

从事社会工作的时间（年）	[0, 1)	1104	18.51
	[1, 2)	1203	20.17
	[2, 3)	863	14.47
	[3, 4)	745	12.49
	[4, 5)	495	8.30
	[5, 6)	342	5.73
	[6, 8)	564	9.46
	[8, 11)	353	5.92
	[11, 16)	221	3.71
	[16, 35)	74	1.24

行业工资普遍偏低是社会工作者的一个职业特点，2018年社会工作者的总体工资水平仍较低，且其对工资满意度不高，但对工资的期待值较现有工作水平稍高。社会工作者平均每月可以拿到手的工资为3748.72元，而普遍集中的工资区间为3000元到5000元。在工资满意度上，61.76%的社会工作者表示对现有的工资水平不满意。当前社会工作者期待每月可拿到手的平均工资为5732.27元（见表23）。这表明，尽管社会工作者对自己现有的工资并不满意，但也没有不现实的、过高期待，表现出了有节制的理性期待。

表23 社会工作者的工资情况

单位：人，%

项目	值分布	频数	百分比
月工资	[0, 2000)	282	4.93
	[2000, 2500)	404	7.07
	[2500, 3000)	729	12.75
	[3000, 3500)	1281	22.40
	[3500, 4000)	752	13.15
	[4000, 4500)	782	13.68
	[4500, 5000)	391	6.84
	[5000, 6000)	574	10.04
	[6000, 8000)	383	6.70
	[8000, 10000)	109	1.91

续表

项目	值分布	频数	百分比
月工资	[10000, 15000]	31	0.54
	平均数（元）	3748.72	
	中位数（元）	3500	
工资满意度	满意	2269	38.24
	不满意	3665	61.76
期待工资	[0, 1000)	1	0.03
	[1000, 2000)	6	0.17
	[2000, 2500)	11	0.30
	[2500, 3000)	26	0.72
	[3000, 3500)	175	4.82
	[3500, 4000)	361	9.95
	[4000, 4500)	491	13.53
	[4500, 5000)	302	8.32
	[5000, 6000)	903	24.89
	[6000, 8000)	702	19.35
	[8000, 10000)	325	8.96
	[10000, 15000)	258	7.11
	[15000, 100000)	67	1.85
	平均数（元）	5732.27	
	中位数（元）	5000	

在行业工资普遍走低的情况下，职业的非物质激励就显得尤为重要。社会工作行业与其他行业的激励方式不同，培训机会是占比最高的激励方式，为71.95%。其次为带薪休假、职位晋升，两项占比均不到50.00%（见表24）。拥有培训机会意味着社会工作者可以获得学习机会、更新专业知识。这表明社会工作行业以非物质激励为主。

表24 激励机制

单位：人，%

	频数	百分比
培训机会	4248	71.95
职位晋升	2893	49.17

续表

	频数	百分比
绩效补贴	2399	40.81
团建活动	923	15.74
带薪休假	2895	49.24
教育资助	96	1.64
都没有	274	4.69

加班对当代职业人来说非常普遍，六成以上社会工作者会在休息日加班或在工作日延时加班，同时，也有17.73%的社会工作者不加班。而关于加班的原因，66.90%的社会工作者是为了配合服务对象时间而加班，这一点体现了社会工作者特殊的职业特性。此外，93.40%的社会工作者加班可获得101~301元的加班工资，整体加班工资较少（见表25）。

表25 加班情况

单位：人，%

		频数	百分比
加班时间	工作日延时加班	3585	60.70
	休息日加班	3596	61.14
	法定假日加班	1031	17.58
	不加班	1044	17.73
加班地点	工作地点	4463	99.99
	其他地点	1783	36.60
加班原因	增加收入	177	3.63
	工作量大无法完成	2462	50.26
	配合服务对象时间	3278	66.90
	证明自己工作能力	142	2.91
	为了完成文书写作	1731	35.46
	保障服务质量与完整	2303	47.11
	机构规定必须加班	109	2.24
	加班涉及晋升机会	60	1.23
	大家都加班才加班	157	3.22

续表

项目		频数	百分比
加班工资	[0, 101)	147	3.02
	[101, 301)	4539	93.40
	[301, 1001)	144	2.96
	[1001, 3001)	1	0.02
	[3001, 7500]	29	0.60

工作任务的完成体现了社会工作者的工作能力。在工作任务量表中，1~5分分别代表"非常不同意"、"不同意"、"中立"、"同意"和"非常同意"。其中，自评值最高的是"我很清楚我的职责是什么"，为3.90分。其次是"我有明确的工作目标"，为3.81分。而在"为了完成一项任务，我不得不违背机构的某些规章制度"上得分最低，为2.10分，在"我同时在两个工作方式不同的项目团队中工作"选项上较低，为2.49分。从工作任务来看，社会工作者对工作有较为清晰的职责感、较为熟知工作方式和工作内容。整体值域在3~4分，有可提升的空间（见表26）。

表26 社会工作者的工作任务量

	均值	标准差	频数
1. 上级指派的任务，我缺乏足够的人手去完成	3.06	0.92	5953
2. 为了完成一项任务，我不得不违背机构的某些规章制度	2.10	0.81	5954
3. 我同时在两个工作方式不同的项目团队中工作	2.49	1.05	5951
4. 我接到来自两个或以上的人（上级、同事或服务对象）的不一致的工作要求	2.80	1.01	5951
5. 我所做的事会符合某个人的要求，但未必符合其他人的要求	3.15	0.93	5947
6. 我缺乏充分的资源完成工作任务	2.95	0.94	5952
7. 我做一些不是很有必要的工作任务	2.80	0.98	5954
8. 机构缺乏一些规章制度来协助我完成工作	2.67	0.92	5952
9. 机构的规章制度有相互矛盾的情形	2.52	0.89	5956
10. 我很清楚我在工作中拥有多少权利	3.57	0.79	5952
11. 我有明确的工作目标	3.81	0.69	5957
12. 我把工作时间分配得很合理	3.58	0.75	5956
13. 我很清楚我的职责是什么	3.90	0.64	5957
14. 在工作中我清楚地知道别人对我的期望	3.64	0.70	5958

个体专业化程度越高，在工作中获得的成就越多，其职业满意度越高。在社会工作者的工作满意度量表中，1~5分分别代表"非常不同意"、"不同意"、"中立"、"同意"和"非常同意"。其中，在"我需要去适应我的工作"选项上评分最高，为3.83分。其次，在"我的工作需要投入大量时间"选项上，得分为3.79分。而自评得分最低的是"大多数时候我对工作充满热情"选项，为3.37分，在"我对我的工作相当满意"上，得分为3.48分，但与最高分也相差不大。总体上，该量表值域在3.3~3.9分，工作满意度适中（见表27）。

表27 社会工作者的工作满意度

	均值	标准差	频数
1. 我在工作中发现了真正的乐趣	3.68	0.74	5961
2. 我的工作不同寻常	3.54	0.79	5957
3. 我比一般人更热爱我的工作	3.51	0.78	5957
4. 我需要去适应我的工作	3.83	0.68	5956
5. 大多数时候我对工作充满热情	3.37	0.87	5959
6. 我的工作需要投入大量时间	3.79	0.75	5958
7. 我对我的工作相当满意	3.48	0.77	5955

职业性维度包含了诸多内容，作为一种职业，社会工作完全具备了一种职业所需的基本要素。在职业发展与规划上，社会工作者对职业上升、留职与离职、工作选择都有较为明晰的规划，职业发展方向较明确。在职业特征上，加班酬劳对社会工作者的物质激励不足，非物质、知识性激励较多。在工作内容上，社会工作者能够对职责、任务等有一定把握。职业满意度中等偏上。总体来看，职业性的发展在不同方面有所差异，其发展的程度处于中等水平。

（七）本土性

与政府、国家的关系较为亲密是强本土性的主要表现，特定的政治脉络是专业发展本土特性的决定性因素。在社会工作的宏观认知量表中，1~5分分别代表"非常不同意"、"不同意"、"中立"、"同意"和"非常同意"。整个量表的值域在3.36~4.34分。其中，评分最高的为"政府购买社会工作者服务应形成常态化的财政投入"和"国家应设定社会工作者职业的准入标准与程序"这两个选项,均为 4.34 分,而评分最低的是"政府应主控社会工作行业的发展"选项,为 3.36 分。其次是"社会工作机构不应依赖政府资金",为 3.37 分(见表 28)。在国内,社会工作专业的发展与中国社会转型、政府职能转变有密切关系。社会工作者对政府与专业关系、服务传递、工作方法等认识清晰,对国内专业发展有较强的本土性期待。

表 28 社会工作的宏观认知

	均值	标准差	频数
1. 国内法律应给予社会工作者职业一个明确的认可与界定	4.33	0.75	5955
2. 国家应设定社会工作者职业的准入标准与程序	4.34	0.72	5952
3. 政府购买社会工作者服务应形成常态化的财政投入	4.34	0.73	5954
4. 政府应主控社会工作行业的发展	3.36	0.99	5945
5. 社会工作机构不应依赖政府资金	3.37	0.96	5946
6. 社会工作者的服务计划应满足购买方的需求	4.15	0.67	5952
7. 社会工作者应运用专业知识积极进行政策倡导	4.15	0.67	5952
8. 党建引领是国内社会工作发展的基本趋势	3.97	0.79	5951
9. 社会工作教育知识体系缺乏本土性	3.73	0.80	5954
10. 社会工作行业协会应参与国家相关政策法规的制定	3.96	0.74	5949
11. 社会工作机构应有自我筹资渠道	3.94	0.78	5952
12. 社会工作者应运用专业手法积极参与社会行动	4.19	0.67	5952
13. 社会工作者通过提供社会服务缓解或解决社会问题	4.19	0.65	5949
14. 专业的社会工作服务项目应配合基层社区宣传等行政性工作	3.76	0.86	5952
15. 政府应规范从业人员的薪资发放与增长标准	4.28	0.73	5946
16. 政府对社会工作行业的重视程度不够	3.94	0.88	5955

五 社会工作者专业化的阶段特征

本研究基于大型的问卷调查揭示了当前社会工作者的专业化发展现状,为进一步深入推进专业化提供了经验数据支撑。现根据数据分析结果,总结出了社会工作专业化的以下特征。

1. 低知识性与高价值性

技术化是本土社会工作寻求专业身份和地位的主要路径（雷杰、黄婉怡，2017）。能够解决本土实际问题的理论和技术是社会工作发展中最为重要的（Yan，2013）。而技术与理论离不开知识性的沉淀，知识的获得得益于专业教育。样本中，受过专业学历教育的社会工作者比例较低，一定程度上说明其知识性不足，有碍于专业发展。客观上，国内社会工作发展之初开设该专业的院校少、师资不足，专业教育基础较弱。与其他专业相比，社会工作专业发展吸引力不够，竞争力不强。专业报考率低、招生规模小、行业准入机制尚不健全等导致专业人才数量占比不高。社会工作专业学科恢复建设时间较短，而人才的培养、知识的传播需要时间。因此，当前社会工作者的知识性显现不足的特征。而除了学历教育，业内各类专业培训、资格考试等也承担着传输知识的功能。

社会工作是价值相关的社会行动，价值选择贯彻社会工作者的实践（王思斌，1998）。社会工作是一个实践和技术导向的应用科学，但其背后蕴含着深层次的价值关怀（卫小将，2020）。作为一个专业，价值性是社会工作的内在属性，这在潜移默化中影响了社会工作者的价值性。此外，国内专业教育、行业监管、机构督导等都将价值性放在最重要的位置。专业共同体的价值共识形塑了社会工作者的高价值性。

2. 低排他性与高实用性

专业的属性之一是排他性，目前已有社会工作者职业资格评价制度，但从业者的持证比例并不高，并且专业在社会中认可度仍偏低。这与社会工作发展的区域差异有关，珠三角和长三角地区的社会工作起步相对较早、发展速度较快，这些地区重视职业准入资格。中西部地区整体社会工作发展水平相对较低，行业规模小，机构体量小，员工数量少，对持证上岗并不重视，从业人员取得资格证书的比例相对较低。样本中，非珠三角和长三角的样本量超半，虽然城市抽样规模小，但城市数量多，总样本规模较大，因此影响了样本整体的持证比例。此外，社会工作行业相对于其他行业来说，组织规模相对较小、不直接参与经济生产活动。大多数是为弱势群体和困难人群及组织提供服务，专业能力发挥多在微、中观层面，其宏观影响力较小，专业话语权较小。近年来，虽然社会工作者获得的国家、省级层面的赞誉不多，但在市、区级较低行政层级中获奖较多。社会承认的获得是一个过程，社会工作的专业排他性正在形成中。

高实用性主要体现在微观层次。社会工作对问题的介入不一定要运用宏观的能力，相反"满足个人的基本需要"和"促进社会改良"等方向更容易在实际中运用，也不会损害社工机构与政府之间的关系（雷杰、黄婉怡，2017）。这些年来，学界针对不同服务人群，进行了不少成效总结与实务研究。越来越多的实务模式"发"于本土又"用"于本土，各地政府购买社会工作服务的规模逐渐扩大，不仅说明了专业的社会效用，也体现了专业的本土性发展。

3. 低自主性、高本土性与中度职业性

改革开放以来，伴随社会转型与政府职能的转变，"社会"这一空间不断变大。为了活跃"社会"中的力量，回应社会需求，政府牵头培育了最早一批专业社会工作机构，而后发展中，社会工作机构数量的增长与政府购买力度相一致，承接政府的购买项目是社会工作机构主要的运营方式。社会工作发展中与政府的依赖关系，决定了当前专业处于中低自主度的状态。本土社会工作者需在工作中能重点实践政府所赞同的价值观，但代价是淡化一些专业核心价值观（Leung，2012）。样本中只有约三成的社会工作者在参与调查时的过去一周内，从未做过任何政府委派的工作，个体专业自主度的确在现实情境中受限。与西方社会工作者的临床倾向、个体取向不同，本土性的社会工作更注重社区、集体，更注重中观情境。分担政府的工作在西方标准中是削弱专业自主性，而在本土情境中则是专业发展中"去政治化"和"技术化"二者巧妙融合的结果，因此可看作是本土专业化发展中的一个过程（Leung，2012）。由此看来，社会工作专业发展离不开本土情境与实践，而社会工作也始终与我国经济社会发展、政社关系的深化和改革密切相关。

当前社会工作者职业性发展不均衡，整体水平有待进一步提高。社会工作具备了职业的基本属性，且社会工作者的利他观念、以服务对象为主的职业属性凸显。就其薪酬、工作任务的完成度、职业满意度等方面，虽与适中的工作强度、非营利的工作性质相对应，但仍有可改进之处。职业是专业发展到一定阶段的产物，随着职业排他性的增强、专业知识性的提升，社会工作者的职业性也将在本土环境中茁壮生长。

六 结论与展望

低知识性与高价值性，低排他性与高实用性，低自主性、高本土性与中度职业性是代表中国社会工作者专业化水平的主要特征。社会工作专业化是一个过程，20 世纪 60 年代以来社会工作的"后专业化"（郭伟和，2014）、"反专业化"（Rosen，2003）、"去专业化"（Joel，1973）等诸多观点给分析社会工作的专业化带来了新的挑战和反思。Noordegr 区分了纯粹型（purified professionalism）、情境型（situated professionalism）、混合型（hybridized professionalism）三个类型，并认为专业化是模糊复杂的（Noordegraaf，2007）。这些类型既代表静态的专业化特征，又可构成从单一到复杂的专业发展过程。从当前社会工作者的专业化特征来看，其比较符合情境型专业主义的特征。中国的社会工作和社会服务机构是由教育界、实务界和政府一起推动的，社会服务的资金主要来自政府购买服务，这因为社会工作的发展过程是一个政社关系转型的过程。社会工作的专业化必受制于这一特定的情境，离开此情境，抽象地讨论社会工作者的专业化并不现实。当然，情境型专业主义强调专业的群体权威，而不是个体精英的权威。应该说，接受调查的社会工作者认识到，社会工作作为一个专业团体，权威的建立还有待时日。

本文提出的七个特征仅代表现阶段社会工作者的专业化水平，是特定情境下的专业化特征，而中国社会工作的专业化是一个不断展开的过程，社会工作者的专业水平也是不断发展的。目前这个阶段是社会工作专业化的"爬坡"阶段，面对不少的挑战和压力，有禁受不住考验跌落山下的风险，也有挣扎不前止于"低水平陷阱"的可能，还有一鼓作气跨越障碍的机会。三种可能性并存，端赖社会工作专业共同体努力向前，我们才更有可能超越这一阶段。这是迈向成熟定型的必经过程，因为我们不可能指望社会工作一朝一夕之间就成为成熟的专业。清晰把握专业化的阶段特征，有助于我们更好地面对"爬坡"的挑战。

社会工作者的专业化是一个过程，专业人才的培养需要时间，而知识性的进一步提高倚赖专业教育的发展。对于专业教育来说，设置社会工作专业的高校逐年增加，而学生之"所学"能否为"所用"是当下提升专业化中需要关注的点。从本文数据结果来看，进一步加强专业教育，拉长学历培养层次和提升实务工作教学水平是促进知识性发展的良策，特别要加强知识与价值的本土化，使专业真正"有用"。而作为一个职业，社会工作者所体现的专业排他性不强。社会工作是通过一些能够有效地帮助社会工作者解决实际问题的能力，来寻找专业的身份和认受性的（雷杰、黄婉怡，2017）。在高实用性的专业特点影响中，社会工作者对专业拥有行业内部认可。但专业与职业实际所获的社会承认度还较低，要形成专业排他性并不容易。要改变这种局面，既要通过推动政府建立严格的职业认证标准与制度，也需要通过时间的积累逐渐提升专业的社会效用。不仅要得到从业者自身的认可、服务对象的认可，还要逐渐得到更广泛的社会承认，形成专业排他性。

自主性的"低"受制于本土性的"强"。这表明，就专业的自主性而言，当前状况不符合西方社会工作的专业标准，但要推进社会工作在中国大陆的发展，又的确需要依赖政府购买服务这一重要政策，因为社会工作的服务提供要服从"政治"与"行政"这一特定的社会脉络，也就是，要有很强的"本土性"，这两者的张力可能需要更长时间才能解决，其最终的平衡恐怕既非西方的模样，亦非现在的状态。

就职业性而言，值得关注的是从业者的薪酬、加班、劳动保障等职业特征。受到非营利的组织性质、政府购买的规模、服务成效难以有效测量等客观因素的限制，偏低的薪酬与适量的工作强度是当前职业的一个基本特征。为了弥补物质激励的匮乏，目前，培训、升职等是较为普遍的激励方式。促进社会工作的职业化，一方面需要建立长效的薪资增长机制，增强人才队伍的稳定性；另一方面要通过专业实用性的发挥，逐步提升服务的专业绩效，从而建立专业排他性。

"中国社会工作动态调查"是一个全面而综合的调查项目，其测量指标多、测量维度全、抽样科学、数据质量高，能够比较真实地反映当前我国社会工作者的整体面貌。数据库不仅涉及社会工作者的专业化水平以及其他方面的内容，也包含了对社会工作机构较为全面的问卷调查。本文由于研究主题的限制，不能呈现全部数据。希望后续可根据研究需要，使用该数据进行更多研究，从而为促进社会工作学界的学术交流、行业的科学化发展增添绵薄之力。

参考文献

郭伟和（2014）："后专业化时代的社会工作及其借鉴意义"，《社会学研究》，第5期，第217~244页。

雷杰、黄婉怡（2017）："实用专业主义：广州市家庭综合服务中心社会工作者专业能力的界定及其逻辑"，《社会》，第1期，第221~241页。

刘畅、袁易卿、孙中伟、何雪松（2020）："中国社会工作动态调查（CSWLS 2019）：设计、实施与样本描述"，《华东理工大学学报》（社会科学版），第1期，第1~32页。

彭华民（2017）："中国社会工作学科：百年论争、百年成长与自主性研究"，《社会科学》，第7期，第66~73页。

王思斌（1998）："社会工作：利他主义的社会互动"，《中国社会工作》，第4期，第32~34页。

王思斌（2001）："试论我国社会工作的本土化"，《浙江学刊》，第2期，第55~60页。

王思斌、阮曾媛琪（2009）："和谐社会背景下中国社会工作的发展"，《中国社会科学》，第5期，第128~140页。

卫小将（2020）："社会工作理论的'三重性'及爱的实践艺术"，《社会科学》，第6期，第93~100页。

吴越菲（2018）："社会工作'去专业化'：专业化进程中的理论张力与实践反叛"，《河北学刊》，第4期，第168~174页。

赵芳（2015）："社会工作专业化的内涵、实质及其路径选择"，《社会科学》，第8期，第73~80页。

赵康（2000）："专业、专业属性及判断成熟专业的六条标准——一个社会学角度的分析"，《社会学研究》，第5期，第30~39页。

Abbott, A. (1988). *The System of Professions: An Essay on the Division of Expert Labor.* Chicago: University of Chicago Press.

Brill, C. K. (2001). Looking at the Social Work Profession Through the Eye of the NASW Code of Ethics, *Research on Social Work Practice*, Vol. 11, No. 2, pp. 223 – 234.

Carr-Saunders, A. M. (1928). *Profession: Their Organization and Place in Society.* New York: The Clarendon Press.

Carr-Saunders, A. M. & Wilson, P. A. (1933). *The Professions.* Boston: Oxford University.

Forsyth, P. B. & Dubielewicz, T. J. (1985). Toward a Theory of Professionalization. *Work and Occupations*, Vol. 12, No. 1, pp. 59 – 76.

Greenwood, E. (1957). Attribute of a Profession, *Social Work*, Vol. 2, No. 3, pp. 44 – 55.

Hall, R. H. (1970). Occupations and the Social Structure, *Social Forces*, Vol. 49, No. 2, pp. 326.

Harry, S. (1972). The Deprofessionalization of Social Work. *Social Work*, Vol. 2, No. 2.

Hugman, R. (1996). Professionalization in Social Work: The Challenge of Diversity, *International Social Work*, Vol. 39, pp. 131 −147.

Joel, F. (1973). Is Casework Effective? A Review, *Social Work*, Vol. 1, No. 1.

Leung, Tse Fong (2012). The Work Site as Ground of Contest: Professionalization of Social Work in China, *British Journal of Social Work*, Vol. 42, No. 2, pp. 335 −352.

McCormick, Mary J. (1972). The Professions: Roles and Rules, *Social Service Review*, Vol. 46, No. 1, pp. 125 −126.

Noordegraaf, M. (2007). From Pure to Hybrid Professionalism: Present-day Professionalism in Ambiguous Public Domains, *Administration & Society*, Vol. 39, No. 6, pp. 761 −785.

Orzack, L. H. & Johnson, T. J. (1975). Professions and Power, *Contemporary Sociology*, Vol. 4, No. 6, pp. 642.

Rosen, A. (2003). Evidence-based Social Work Practice: Challenges and Promise, *Social Work Research*, Vol. 27, No. 4, pp. 197 −208.

Vollmer, H. M. & Mills, D. L. (1966). *Professionalization*. Englewood Cliffs: Prentice-Hall.

Weiss-Gal, Idit & Welbourne, P. (2008). The Professionalization of Social Work: A Cross-national Exploration, *International Journal of Social Welfare*, Vol. 17, No. 4, pp. 281 −290.

Weil, F. D. & Brint, S. (1997). In an Age of Experts: The Changing Role of Professionals in Politics and Public Life, *Social Forces*, Vol. 75, No. 4, pp. 1468.

Yan, Chung, M. (2013). Towards a Pragmatic Approach: A Critical Examination of Two Assumptions of Indigenization Discourse, *China Journal of Social Work*, Vol. 6, No. 1, pp. 14 −24.

Yip, Kam-Shing (2004). A Chinese Cultural Critique of the Global Qualifying Standards for Social Work Education, *Social Work Education*, Vol. 23, No. 5, pp. 597 −612.

赋权评估：社会工作规范化和专业化的有效动力

——基于15项省级政府购买项目的干预研究[*]

刘 江 张 曙[**]

摘 要 在项目化运作背景下，政府引进第三方评估以期望促进社会工作项目的规范化和专业化。受评估方法自身本体论和方法论缺陷的影响，传统的检核式评估无法促进规范化和专业化。为此，本研究从本体论和方法论的角度寻找理论和实务的突破口，将赋权评估作为替代性评估方法。为检验赋权评估促进社会工作项目规范化和专业化的有效性，本研究以J省民政厅购买的15项社会工作示范项目为对象开展赋权评估干预研究。量化资料分析结果显示，赋权评估能够有效促进社会工作项目的规范化和专业化。质性资料分析结果显示，赋权评估本质上具有督导的性质。其产生效果的机制是：①改善评估双方之间关系（从"权威－弱势"关系到伙伴关系）促进了双方有意义的深度参与；②有意义的深度参与促进了能力提升，进而有利于实现社会工作项目的规

---

[*] 本文是国家社会科学基金重大项目"中国特色社会工作制度体系研究"（项目编号：19ZDA144）、江苏省社科基金项目"江苏省基层社区能力与居民生活质量关系研究"（项目编号：18SHD002）、中央高校基本科研业务费专项资金资助项目（项目编号：30918013118）的阶段性成果。

[**] 刘江，南京理工大学公共事务学院讲师；张曙，南京理工大学公共事务学院教授。

范化和专业化。

关键词 赋权评估 干预研究 社会工作评估

一 问题提出

规范化和专业化是社会工作发展的重要目标。受到本土性社会工作（王思斌，2001）的长期影响，社会工作的规范化和专业化发展较为缓慢。在项目化运作的背景下，社会工作的规范化和专业化通常分别对应两个层次：一是项目层次，二是服务层次。项目层次通常关注项目的运作是否规范。受新管理主义强调经济、有效和效率的管理价值和市场机制的影响（Hood，1991），在形式上，规范化通常关注项目的投入、运作、产出、结果及其相互之间的联系。在内容上，规范化偏重"管理"，强调项目基础设施、人员配置、项目管理制度等内容。新管理主义注重项目的形式规范特征，采用普遍适用的逻辑对项目进行管理，而对项目运作的实质内容关注较少。与新管理主义强调形式规范特征不同，专业主义强调社会工作项目的专业内涵，其目的是提升社会工作实务的专业性和有效性。它还强调专业的合法性：唯有符合专业内涵要求的社会工作实务才具有专业的合法性。因此，服务层次通常关注服务运作是否体现社会工作的专业性要求。从社会工作实务运作的专业性和有效性来看，实务的专业化①通常关注需求评估匹配性、服务提供有效性、工作者能力、实务伦理等实质内容。

那么，社会工作规范化和专业化的动力来源是什么呢？自上而下的制度化建设是实现社会工作标准化、规范化和专业化的重要外在动力（关信平，2017；李迎生、方舒，2010；王思斌，2013；文军、吕洁琼，2018；赵怀娟、刘瑶，2019）。制度化建设为推动社会工作的规

---

① 我国有关社会工作专业化的论述，基本上都从格林伍德提出的五大专业属性，即理论体系、专业权威、专业伦理、专业文化、社会认同来进行分析和解释，或者在此基础上根据本土情况进行扩展式理解。这类分析的特点是将社会工作视为一种学科体系，并从宏观、抽象和整体的角度进行分析。与此不同，本研究要处理的是项目化运作过程中社会工作的专业化。因此，本研究的专业化指向的是具体的、作为实践的社会工作的专业化。

范化和专业化提供了一种制度保障，本质上是一种间接动力。而作为一种具体的、实践的社会工作，其规范化和专业化的直接动力则是长期学习、督导和培训（杨锃、王群，2018；张宇莲，2009）。项目化运作背景下，政府引入第三方评估的目的之一是对社会工作项目运作进行监督和管理，以保证其运作满足规范化和专业化的要求。由此，第三方评估成为社会工作规范化和专业化的一种直接动力。

　　在项目评估中，第三方评估运作应该坚持独立性和客观性。但是，在政府主导的关系中，第三方评估会无奈接受政府强加的管理思路。这种管理与被管理的作风让评估内容、评估过程和评估结果跟着政府的步调走（尹阿雳、赵环，2018）。其具体表现就是，政府将其熟练运用的各项评估体系和评估指标延伸到社会工作评估领域中（常春梅、徐选国，2012）。政府指标化式评估得到推崇，进而导致社会工作的专业知识无法运用于评估中。这种评估现状充分体现出"重管理轻专业"的特征。"重管理轻专业"在一定程度上能够推动项目层面的规范化建设，但是对于项目的专业化发展并无助益。政府主导的政社关系虽然能够解释当前检核式评估背后的根源，但是它又将第三方评估置于极端被动的位置。根据这一解释，如果政社关系不发生转变，那么第三方评估也将不可能存在改变的可能。但是，很多研究（陈为雷，2013；邓宁华，2011；康晓光、韩恒，2005；刘祖云，2008）已经证实，政府与社会组织之间的关系具有多种形态。政社关系形态的多样性为第三方评估创造了权宜性行动的空间。因此，第三方评估在政社关系中保持了一定的自主权。由此，如果想以第三方评估作为推动社会工作项目规范化和专业化建设的动力，则需进一步思考如下问题：是否可以找到一种在本质和方法上可以替代的评估方法。而回答这个问题的前提是，分析当前使用的评估方法的本质是什么。

　　为找到促进社会工作项目规范化和专业化的替代性评估方法，本研究不再从政社关系对评估方法选择之影响的角度进行分析。相反，本研究以当前主流的检核式评估方法本身的反思作为起点，从检核式评估的本体论和方法论层面进行分析，进而提出可以作为替代的赋权评估法。为检验赋权评估促进社会工作项目规范化和专业化的有效性，本研究以J省2018年末民政厅购买的15项社会工作专业示范项目为对象，展开为期一年的赋权评估干预研究。该项目引进J省社会工作协会作为第三方开展评估。评估的目的是期望通过第三方评估促进项目的规范化和专业化，进而为J省专业社会工作项目提供示范作用。根据评估目标，第三方评估放弃了传统的检核式评估，转而使用可以对项目施加影响的赋权评估。本研究将通过对干预设计、研究设计、研究结果的呈现和分析，来确定赋权评估促进社会工作项目规范化和专业化的作用和机制。

二 文献回顾

（一）第三方评估：从客观主义到建构主义

在新管理主义思潮的影响下，当前普遍使用的第三方评估通常是检核式评估。这种评估方法在本质上体现为客观主义的评估。客观主义的评估在本质上将社会工作项目视为一种简单的、静态的、线性发展的逻辑，忽略了项目运作的情境复杂性、项目的综合性等特征（刘江，2019）。在评估实践中，为凸显评估结果的客观性，第三方评估者通常与项目及项目参与者保持一定的距离（刘江，2018）。第三方评估者通常坚持专家角色、保持客观立场。作为外部评估专家，第三方评估者通常严格地按照评估指标和程序对服务进行检核（尹阿雳、赵环，2018）。从功能上看，客观主义立场的评估通常具有双面效应。一方面，"客观性"和"非介入性"可以降低评估实践对项目运作过程和结果产生的影响，可以通过评估专家的权威对项目的规范性进行严格把控；另一方面，牺牲了对项目实务的深刻认知。本质而言，客观主义的检核式评估是一种"以监督为目的的监控性评估"（栾晓，2017）。这种评估通常具有"行政管理"取代"专业服务"（马焕英，2016）的特征。这种评估属于结构性评估，其关注（或监控）的重点是人员组成、组织结构、人员资质、硬件设施、服务设施、项目资料管理、项目财务等形式层面的内容（张威，2017）。这类评估对项目提供的实质服务及服务的专业性关注不足。

客观主义的检核式评估因其"非介入性"及对项目本质的恒定性假定，不会在评估过程中对项目的运作施加实质影响。进而导致项目不会在评估实践中获得即时性①的改变。由此，作为促进社会工作项目规范化和专业化的动力，客观主义评估存在理论和实践上的双重不足。从本体论的角度看，客观主义的检核式评估假定项目是一种简单的、静态的、线性发展的逻辑（刘江，2019）。基于这种本体论，检核式评估在方法论上持静态主义的观点（刘江，2019；Davidson，2005；Scriven，1991）。然而，社会工作具有互动性、动态性、辩证性和反思性等属性，因而对其进行评估时不能采用静态的、指标化的评估方法（张威，2017）。因此，第三方评估应该从客观主义转向建构主义。在建构主义指导下，项目本质假定从简单的、静态的、线性的转变为情境复杂性的、情境变异性的、迭代的。对应的方法论就体现为一种动态主义的观点。项目的情境复杂性、变异性等本质特征，将第三方评估者从使用静态视角看待项目的桎梏中解放出来。在动态主义方法观的指导下，可以根据项目的变化而选用针对性强的评估方法。评估方法和评估形式的设定也不再是一成不变的。

情境变异性的本体假定和动态主义方法观的结合，为新的评估实践提供了理论合理性。作为建构主义范式下的一种评估实践，赋权评估不论在内涵假定和方法上都亲和于情境复杂性和变异性的本质假定，以及动态主义方法观。同时，赋权评估以提升项目执行者能力和完善项目发展为宗旨的赋权内涵，使其更适合作为一种替代客观主义检核式评估的评估实践。但是，需要进一步讨论的问题是，作为一种替代性评估实践，赋权评估能否有效促进社会工作项目的规范化和专业化，其背后的机制又是什么。

（二）赋权评估：内涵和机制

客观主义的检核式评估因其假定了项目不可改变的恒定性、评估者的外在性、评估实践的非介入性，促使其使用外在的既定标准对社会工作项目进行检核。评估者只需对预定的评价标准负责。评估结果通常呈现为"是"和"非"的二元结论。评估结果对项目产生的影响不在客观主义评估考量范围之内。客观主义评估无法对社会工作

---

① 所谓即时性，即项目不会从评估的实践中获得有利于项目实现规范化和专业化的信息。即便有，也只能运用到以后的项目中，而无法运用于当下正在运行的项目。

项目的变化或成长提供助益。与此不同，赋权评估在本体论和方法论层面的转变，使其成为整合社会工作项目规范化和专业化的重要评估策略。

　　赋权[①]（empowerment）是赋权评估的基础和前提（刘江，2018；Fetterman，1996）。赋权的核心是通过一系列专业方法和服务来提升服务对象的权能，进而保证他们能够实现自助。将这一核心引入赋权评估就要充分体现出评估实践的"能力建设"（Fetterman，1997）内涵。赋权评估的能力建设至少体现在两个层面：一是项目层面，二是个体层面。在项目层面，赋权评估的核心是完善项目。Wandersman 和 Snell（2005）将评估作为项目计划和项目管理的一部分。可以通过对项目的运作和管理过程进行评估和完善促进项目目标的达成。赋权评估实践在项目层面的内容充分体现了社会工作项目规范化的内涵。在个体层面，能力建设要求评估者使用赋权的概念和技术以培养项目利益相关者的"自我决定"能力（刘江，2018；Fetterman, Kaftarian, & Wandersman，1994）。"自我决定"能力包括：识别和表达需求的能力、确定行动方案的能力、采用合适的方法实现目标的能力、评估短期和长期效果的能力、坚持实现目标的能力（刘江，2018）。这些能力本质上与社会工作的直接服务相关。其核心是提升社会工作者执行和诊断项目的能力。由此，赋权评估实践在个体层面上能力建设的内容充分体现了社会工作项目专业化的内涵。

　　那么，赋权评估促进项目规范化和专业化的机制又是什么呢？参与是赋权评估产生效用的理论基础。赋权评估中的参与不是被动参与，而是一种主动参与。评估者和受估者（项目执行者）之间不再是基于专业权威的非平等关系。相反，二者是伙伴关系（Everhart & Wandersman，2000）。二者在参与过程中通过共同卷入的方式实现深度意义的

[①] "赋权"在大陆社会工作领域最早被翻译成"增权"或"增能"。事实上，赋权这一概念在诞生时具有强烈的政治意涵。但是随着发展，其政治性蕴含的结构性权力逐渐被剥离。研究者们通常将权力指代人们所拥有的能力。这种能力不仅是一种客观的存在，而且表现为一种主观感受。这种主观感受可以增进自我概念、自尊、尊严感、福祉感及重要感（具体参见陈树强，2003）。本文沿用对权能（能力）的解释，因而不涉及政治性意涵。为了和社会工作评估领域既有文献对应，本文仍然翻译为"赋权"。

参与。项目执行者只有通过有意义地参与（或卷入）项目评估的过程，才能在评估的过程中做出改变的承诺、掌握评估的过程和结果（Burgio, Whitman, & Reid, 1983；Smith, 1998），进而实现项目层面的规范化和服务层面的专业化。

根据上述分析，不论理论合理性，还是实际效用，基于客观主义的检核式评估都无法回应社会工作项目规范化和专业化对评估提出的要求。与之不同，赋权评估修正了项目的本体假定，强调了项目的可变性，关注项目的完善和成员的能力建设。这为评估实践促进社会工作项目的规范化和专业化提供了理论合理性。同时，赋权评估强调的参与、伙伴关系等，为评估实践促进社会工作项目的规范化和专业化提供了实务上的指引。由此，本研究以实现社会工作项目的规范化和专业化为目标，以赋权评估的理念和机制为指导来开展评估实践。

三 干预设计

（一）干预对象

本研究的干预对象是我国东部经济发达的 J 省 2018 年末民政厅购买的 15 项社会工作专业示范项目。这 15 个项目运作期限为一年，从 2019 年 1 月至 2019 年 12 月。项目服务人群覆盖广，包括精神（心智）障碍人群（2 个）、社区矫正人员（2 个）、流动儿童（4 个）、困境（留守）儿童/青少年（3 个）、特殊需求老年人群体（2 个）、医务社会工作（2 个）。这 15 个项目分布于 J 省每个地级市。项目的执行方均为经过审核且具有专业资质的社会工作组织。

（二）干预内容

本研究的目的是采用赋权评估的方法，促进社会工作项目的规范化和专业化。首先，规范化内容。规范化内容一般关涉机构或项目层面，通常围绕"管理"一词展开，例如，服务流程、方法规范、绩效评估等（赵怀娟、刘瑶，2019）。张威（2017）将规范性内容与结构性评估联系起来，认为结构性的内容包括人员组成、组织结构、人员资质、硬件设施、服务设施等。刘江（2018）从项目效果管理的角度认为，规范化内容包括项目方案设计、项目成员管理和培训、项目过程追踪和评估。由此，赋权评估需要在参与的过程中将项目品质管理的内容传递给项目执行者，以提升他们在相关环节的管理能力。其次，专业化内容。专业化一般关涉社会工作项目的具体服务（或实务）层面的内容。专业化的标准应该围绕社会工作的实践属性，把重点放在一线社会工作的行动标准，包括工作程序和流程上（唐钧，2017；赵怀娟、刘瑶，2019；张宇莲，2009）。社会工作专业化程度的测量，应该综合社会工作理论和实务两个方面的内容，包括社会工作领域、处理社会工作的方法、专业关系的建立、价值伦理、实务技巧等具体内容（雷杰、黄婉怡，2017；杨锃、王群，2018）。综合上述分析，本研究从项目管理和服务推进两个层面设定干预内容。项目管理层面包括"项目准备"（需求匹配、服务方案）、"项目过程管理"（项目运作、档案管理）、"项目财务管理"（财务制度、记录、使用规范性）、"服务成效"等内容。服务推进层面包括"服务可获得性"、"服务参与性"、"工作者能力"和"需求满足"等内容。

（三）干预方法

在本研究中，赋权评估干预开展的形式受到项目本质假定的影响。赋权评估假定项目的发展具有情境变异性特征。因此，项目的实际运作要因其所处的情境，以及案主的变化而做出适当调整。内嵌于项目的变动性特质要求赋权评估的干预需根据项目的适时特征进行不断调整。基于此，本研究沿用传统评估方法中过程评估（process evaluation）加总结性评估（summative evaluation）的策略。不同之处在于，在本研究中，过程评估和总结性评估之间并非简单的线性联系，而是迭代联系（iterative relationship）。也即过程评估和总结性评估之间是一个重复反馈的过程。每一次过程评估的结果都会用于指导（或修正）项目的后续运作，直至目标达成。在这种迭代联系中，过程评估的作用不再是以项目计划为蓝本对项目的实际运作状况进行检查。总结性评估也不是独立于过程评估而进行的一次性评价。相反，过程评估除了监测项目运作情况外，还要收集项目资料、对项目进行诊断、提供项目改进建议。总结性评估则是在不断迭代的过程评估的结果的基础上，对项目进行最终的诊断和评价。重复反馈的过程（迭代过程）是评估者与受估者之间深度参与、有效互动和相互卷入的过程。

基于上述逻辑，本研究中的赋权评估干预可根据项目发展的时间顺序区分为：第一季度监测、中期评估（第二季度，阶段性总结评估）、第三季度监测、末期评估（第四季度，总结性评估）。（1）第一季度监测为实地监测。监测的形式和目的是通过实地走访项目、参与项目活动、接触案主等方式对项目进行阶段性了解，并针对项目运作中的不足（如进度太慢或太快、案主需求定位偏差、财务不规范等）提出改进建议。（2）中期评估为阶段性总结评估。中期评估由5位评估专家对15个项目进行集中诊断。其中4位为熟悉社会工作项目和实务的专家、1位为财务专家。评估时每个项目有10分钟的项目阶段性总结汇报，30分钟的评估专家点评和讨论。点评和讨论环节，专家会整合第一季度监测情况、现场汇报情况、项目台账资料等，对项目进行分析、诊断、打分，并根据诊断结果与项目执行者讨论，最终就促进项目后期的规范化和专业化达成共识。（3）第三季度监测为实地监测。监测的形式和目的是通过实地走访项目、参与项目活动、接触案主等方式了解项目、诊断项目改进状况，并提出进一步实现规范化和专业化的建议。（4）末期评估为总结性评估。总结性评估邀请5位评估专家对15个项目进行集中诊断（除了1位专家因事无法参与末期评估外，其余4位专家均为中期评估专家）。与中期评估类似，每个项目有10分钟汇报时间、30分钟点评和讨论时间。评估专家结合末期评估和前三次监测和评估的结果对项目进行打分。值得说明的是，不论是季度监测，还是中期和末期总结性评估，都强调评估专家和项目执行者间的共同卷入和有意义的互动。

四 研究设计、资料收集与资料分析方法

（一）研究设计

从严格意义上讲，要确定赋权评估干预的有效性，最佳方法是按照实验法的逻辑确定干预组和控制组，并比较二者在干预前后是否存在差异。但是，受工作要求和评估伦理的影响，本研究无法将15个项目划分为干预组和控制组。因此，本研究使用单系统设计（single-system design）来指导研究。单系统设计的潜在逻辑是："如果针对一个案主、机构或社区的干预是有效的，那么就能看到干预对象在干预前、干预中和干预后的状态是不断发生变化的。"（Engel & Schutt, 2013: 191）单系统设计通常具有三种用途："一是作为一种研究工具，二是作为一种测量实务结果的方法，三是作为一种监测案主成长的工具。"（Engel & Schutt, 2013: 206）由于本研究的目的是通过赋权评估实践促进社会工作项目的规范化和专业化（社会工作项目的某种成长），因此，本研究将单案例设计作为监测项目成长的一种工具。

（二） 资料收集

本研究在赋权评估干预开展的不同时间点收集资料，以便追踪和判断各个项目在接受赋权评估的过程中是否发生变化。本研究在项目开展的第一季度、第二季度（中期）、第三季度、第四季度（末期）分别收集相关资料。由于单系统研究设计可以同质性和量化等研究方法结合起来使用（Kazi, Mantysaari, & Rostila, 1997; Kazi & Wilson, 1996），因此，为确保研究资料的信度和效度，本研究以"三角测量"（triangulation）为原则指导质性和量化资料的收集。"三角测量"主要体现为研究资料类型多样、研究资料来源多样。

首先，资料类型多样。本研究围绕干预内容收集了质性和量化两种研究资料。质性和量化研究资料又包括主观资料和客观资料。其次，资料来源多样。主观资料来源于对 15 个专业社会工作项目执行者的深度访谈和自我评价问卷（self-rated questionnaire）。深度访谈主要关注项目执行者参与赋权评估干预的主观经历。自我评价主要指项目执行者参与赋权评估干预后对项目运作逻辑、项目规范化、项目专业化等方面进行的主观评价。客观资料来源于赋权评估专家对 15 个项目进行的打分，以及 15 个项目的案主根据自己参与项目的实际经历而做出的满意度评价。评估专家打分的内容包括"项目准备"（需求匹配、服务方案）、"项目过程管理"（项目运作、档案管理）、"项目财务管理"（财务制度、记录、使用规范性）、"服务成效"等。案主满意度包括"服务可获得性"、"服务参与性"、"工作者能力"和"需求满足"等内容。本研究不同时间点收集的资料及类型如表 1 所示。

表 1　资料收集时间点及资料类型

		第一季度 (3月底~4 月初)	第二季度 (中期) (7月中旬)	第三季度 (9月底~10 月初)	第四季度 (末期) (次年1月初)
规范化	资料类型	—	评估专家打分	—	1. 自评问卷 2. 评估专家打分
	资料来源	—	评估专家打分	—	1. 项目执行者 2. 评估专家
	主观-客观	—	客观/量化	—	1. 主观/量化 2. 客观/量化
专业化	资料类型	案主满意度	—	案主满意度	深度访谈
	资料来源	案主	—	案主	项目执行者
	主观-客观	客观/量化	—	客观/量化	主观/质性

（三）资料分析方法

本研究使用量化资料检验赋权评估干预的效果，使用质性资料挖掘赋权评估干预产生效果的机制。量化资料的分析遵循"先主观后客观""由简单到复杂"的分析原则。根据量化资料类型、来源多样的特征，本研究使用多种不同的统计分析技术。首先，项目总体效果。本研究对项目执行者参与赋权评估干预后的主观自评报告进行描述性分析，以初步确定赋权评估干预效果。为进一步确定赋权评估干预在促进社会工作项目规范化和专业化方面的效果，本研究对两类客观资料分别进行统计分析。其次，项目规范化效果。本研究对评估专家打分进行比较分析，检验末期和中期专家打分是否具有显著性差异（t检验），进而确定项目规范化程度是否有所提升。再次，项目服务专业化效果。本研究对第一季度和第三季度案主满意度进行比较分析，检验第三季度和第一季度案主满意度是否具有显著性差异（t检验）。在上述比较分析之后，本研究继续使用多元线性回归模型（OLS）进行分析，进而检验项目服务的专业化提升是否源自赋权评估干预。

五 赋权评估干预效果及机制

（一）赋权评估干预效果

1. 项目总体效果

15个项目中共有46位项目执行者接受了主观问卷调查。该主观调查中有6个题目涉及赋权评估干预对项目规范化和服务专业化带来的影响。这6个题目分别包括项目逻辑、项目管理和运作能力、财务规范、实务能力、自我评估和诊断能力、行业竞争力。每个题目赋值为1~5分。其中，1表示"非常不同意"，5表示"非常同意"。根据表2的统计结果，6个题目的平均值，都达到或超过4.5分，均接近5分。这说明受访者对赋权评估干预给项目各个方面带来的影响持较高的评价。

表2 主观评价结果

单位：分

题目 （取值：1 = "非常不同意"，5 = "非常同意"）	均值
参与本项目的评估使我的项目比之前运作的更有逻辑	4.609
参与本项目的评估使我对项目的管理和运作能力有更深的了解	4.500
参与本项目的评估提升了机构财务的规范性	4.587
参与本项目的评估协助我提升了实务工作的专业性	4.587
参与本项目的评估提升了机构对服务进行自我评估和诊断的能力	4.562
参与本项目的评估提升了机构在当地的行业竞争力	4.630

2. 项目规范化效果

项目规范化由5位评估专家根据每个项目提供的项目台账资料、现场汇报，以及长达40分钟的互动讨论做出专业的评判并打分。打分表的内容包括"项目准备"、"项目过程管理"、"项目财务管理"和"服务成效"四个维度。其中，"项目准备"包含需求匹配和方案逻辑；"项目过程管理"包括项目运作真实性和档案管理规范性；"项目财务管理"包括财务制度规范性、财务记录规范性、财务使用规范性；"服务成效"包括案主满意度占比。各个项目得分为各位评估专家背靠背打分之后计算的平均值。表3呈现了15个项目中期和末期专

家打分的均值及 t 检验结果。从各项目得分均值来看，各项目中期评估得分均值介于 60.6 分和 88.0 分之间。其中，80 分段的项目有 6 个，70 分段的项目有 3 个，60 分段的项目有 6 个。整体而言，15 个项目的规范化程度得分偏低。

为使项目的规范化程度在后半期有所提升，在第一季度检测和中期评估时，评估专家通过与每个项目进行面对面讨论的方式，协助每个项目澄清项目逻辑、修订项目目标、改进服务管理方法、提升财务管理和运作能力。中期评估结束后，评估方通过书面文件的方式要求低于 80.0 分的项目在实务过程中进行整改。表 3 中各项目末期评估得分均值介于 79.8 分和 96.2 分之间。各项目末期评估得分均值与中期评估得分均值的差值为正。这说明各项目在采纳中期评估的建议对项目进行修订之后，项目规范化程度有所提升。表 3 中 t 检验结果（p = 0.000，[76.809, 83.923]）、显示各项目末期得分的增长具有统计显著性。这说明赋权评估对项目的规范化具有促进作用。

表 3 中期与末期评估得分比较（t 检验）

单位：分

组织代码	服务人群	得分（均值）中期	得分（均值）末期	均值差
CATA	心智障碍人群	81.0	81.0	0
HATX	老漂族	79.2	89.4	10.2
LYGYH	社区矫正人员	64.2	86.4	22.2
NJRY	医务社工	80.4	94.8	14.4
NJYK	精神障碍人群	86.4	90.8	4.4
NJYM	流动儿童	68.0	81.4	13.4
NTRA	社区矫正人员	86.6	91.2	4.6
SZHDMM	流动儿童	88.0	88.4	0.4
SUZQL	医务社工	76.6	84.6	8
TZYD	留守儿童	67.4	79.8	12.4
WXJLJ	困境老人	72.0	82.8	10.8
SQSE	困境青少年	61.0	80.6	19.6
YCXL	残障儿童	67.6	81.8	14.2
YZYF	流动儿童	60.6	82.6	22
ZJYJL	流动儿童	80.2	96.2	16

续表

组织代码	服务人群	得分（均值）		
		中期	末期	均值差
t 检验结果	P	\multicolumn{3}{c}{0.000}	
	CI（95%）	\multicolumn{3}{c}{[76.809, 83.923]}	

3. 服务专业化效果

由于社会工作项目直接作用于案主，因此服务的任何变化都有可能被案主感知。为了追踪项目提供的服务在接受赋权评估干预前后是否发生变化，本研究分别在第一季度和第三季度监测时收集了服务对象满意度。第一季度收集有效问卷 299 份，第三季度收集有效问卷 309 份。第一季度监测时各个项目均没有受到赋权评估干预的影响，此时所收集的是没有受到"干预"的案主满意度。因此，它最能体现各项目最原始的特征。在第三季度监测时各个项目已经经历第一季度监测和中期评估，并根据意见做了调整。此时项目已经受到赋权评估干预的影响。由此，比较第三季度和第一季度的满意度便可以确定项目接受赋权评估干预后专业化程度是否有所提升。

（1） t 检验

本研究的满意度量表最初由八个维度① 37 个题目构成，在经过信度和效度检验（EFA 和 CFA）后，剩下四个维度 15 个题目。这四个维度分别是：工作者胜任能力、服务的可获得性、服务的参与性、需求满足情况。工作者胜任能力体现了个体层次的情况，服务的可获得性和服务的参与性体现了项目设计和运作情况，需求满足情况则体现了服务的效果。相关参数（$\chi^2/df = 1.863$，RMSEA = 0.056，RSMR = 0.028，CFI = 0.974，TLI = 0.961）显示四维度模型拟合度较好，且各题目标准化因子负荷均大于 0.611（见表 4）。为检验赋权评估干预前后项目服务是否发生改变，本研究：(1) 分别计算该量表第一季度和第三季

---

① 本研究在设计社会工作项目服务专业化的内容时，根据国内外研究文献整理出完整且专业的社会工作服务所包含的八个维度（服务的可获得性、服务信息获得、服务的参与性、服务的适配性、服务环境、权利和尊严、工作者胜任能力、需求满足情况），并将其设置为问卷，分别在第一季度和第三季度让案主填答。但是，在进行量表的信度和效度分析后，本研究只留下了"服务的可获得性"、"服务的参与性"、"工作者胜任能力"、"需求满足情况"四个维度。

度总加得分均值和各维度总加得分均值;(2)检验这些均值在赋权评估干预前后是否具有显著性差异(见表5)。表5的结果显示,(1)第三季度满意度量表总得分均值和各维度总加得分均值均比第一季度得分有所增加;(2) t 检验结果显示,量表总得分均值和各维度总加得分均值在两个样本之间均具有显著性差异。这两个结果说明,相较于第一季度,案主在第三季度对项目服务的评价具有一定提升。因此,这可以说明赋权评估后项目服务的专业化得到提升。

表4 满意度量表CFA分析结果

题目	Factors	URW	SE	SRW	P	SMC
社会工作者对我态度非常好	S.C.	1.000		0.611	***	0.373
社会工作者拥有丰富的知识和工作技能		1.321	0.104	0.706	***	0.498
社会工作者能够理解我的困难和问题		1.317	0.095	0.744	***	0.554
社会工作者能够根据我的困难和问题提供针对性服务		1.348	0.103	0.726	***	0.527
我能够比较容易地获得该机构的服务	S.A.	1.000		0.801	***	0.642
参与该机构的服务程序简洁		0.877	0.049	0.685	***	0.469
我可以比较容易地到达服务提供场地		0.908	0.052	0.706	***	0.498
提供服务的时间与我的生活作息匹配		1.118	0.055	0.777	***	0.604
我可以获得丰富的服务信息		0.989	0.047	0.815	***	0.664
活动筹备时,我可以向社会工作者提出建议	S.I.	1.000		0.854	***	0.729
活动设计时,我可以参与活动的设计		1.009	0.053	0.785	***	0.616
活动开展时,我可以参与活动的组织和调度等工作		0.926	0.052	0.783	***	0.613
社会工作者照顾了我的特殊需求	N.F.	1.000		0.768	***	0.589
服务内容丰富,满足我多方面需求		1.048	0.058	0.741	***	0.549
服务丰富了我的日常生活		0.754	0.044	0.693	***	0.480

* $p < 0.05$,** $p < 0.01$,*** $p < 0.001$。

注: $\chi^2/df = 1.863$,RMSEA = 0.056,RSMR = 0.028,CFI = 0.974,TLI = 0.961; $N = 609$,S.C. = 工作者胜任能力;S.A. = 服务的可获得性;S.I. = 服务的参与性;N.F. = 需求满足情况。

表 5　两样本 t 检验结果

维度	均值		t 检验	
	第一季度	第三季度	p	CI（95%）
工作者胜任能力（S.C.）	38.049	38.608	0.015	[38.219, 38.637]
服务的可获得性（S.A.）	32.745	33.253	0.047	[32.982, 33.323]
服务的参与性（S.I.）	18.391	18.445	0.048	[18.256, 18.599]
需求满足情况（N.F.）	18.763	19.077	0.035	[18.836, 19.112]
总量表	108.011	109.385	0.052	[108.282, 109.624]
N	299	309	—	

（2）多元回归分析

作为一种主观评价，案主满意度除了受参与项目与否及参与程度的影响，还有可能受案主自身特征（如性别、年龄、受教育年限等）要素的影响（Fox & Storms, 1981; Jackson, Chamberlin, & Kroenke, 2001; Pascoe, 1983; Sitzia & Wood, 1997）。为检验案主对项目的满意度评价是源自其参与项目还是源自个人特征，本研究对第一季度和第三季度案主满意度进行了比较分析。具体而言，以案主满意度量表总加得分为因变量，以案主参与服务的频率为自变量，以性别、年龄、政治面貌、户籍状况为控制变量建立多元线性回归模型（见表6）。具体而言，以第一季度的299份有效问卷建立模型1，以第三季度的309份有效问卷建立模型2。根据表6的统计分析结果，在模型1中，核心自变量案主参与服务的频率与案主满意度之间没有显著性联系。而其他个人因素，如年龄、政治面貌、户籍（本地农村户籍和外省城市户籍）等，与案主满意度之间具有显著正向联系。这说明在项目开展至第一季度时，案主对服务的感知性评价来自个人特征差异，而非参与服务这一行为。

在模型2中，除了案主的户籍（尤其指本省其他农村和外省农村户籍）与案主满意度之间具有显著性联系外，其他个人特征与案主满意度之间不具有显著性联系。与此同时，在控制个人特征的情况下，案主参与服务的频率与案主满意度之间具有显著正向联系。与很少参与服务相比，选择性参与和每次都参与同案主满意度之间具有显著正向联系。进一步比较选择性参与和每次都参与的 Beta 值可知，每次都参与（Beta = 0.466）和案主满意度的联系强于选择性参与（Beta =

0.227)和案主满意度的联系。这些统计结果说明项目开展至第三季度时,案主对服务的感知性评价来自参与服务所产生的影响,而非个人特征。

对比模型1和模型2统计分析结果,(1)案主个人特征从显著变得不显著,且服务参与频率从不显著变得显著,说明案主对项目服务的评价从与个人特征有关转变为与服务有关;(2)模型2中服务参与率的Beta值大于模型1,且模型整体解释力调整R^2从模型1的13.10%增长到模型2的18.58%,这进一步说明参与服务的变化及重要性。那么,导致这种转变的可能原因是什么呢?本研究认为,一种极有可能的原因正是赋权评估干预。做出这一判断的原因在于:(1)第一季度的案主满意度收集于赋权评估干预之前,第三季度案主满意度收集于接受赋权评估干预之后。第一季度的案主满意度收集时,项目没有受到赋权评估干预的影响,评估团队也没有对项目提出整改和调整的要求。因此,此时收集的案主满意度是未经赋权评估干预污染的满意度。第三季度的案主满意度收集时,项目已经接受了赋权评估干预,项目执行方已经就项目逻辑、项目服务等内容与评估团队进行讨论,并听取和吸收了相关意见。因此,此时收集的案主满意度是接受了赋权评估干预的满意度。结合表5中t检验的结果,本研究可以有把握地声称赋权评估干预促进了项目服务的专业化。

表6 案主满意度多元线性回归模型

	模型1(第一季度) Beta值	模型2(第三季度) Beta值
性别(男性为参照)	-0.115 (0.956)	0.010 (0.552)
年龄	0.298** (0.036)	-0.055 (0.019)
政治面貌(党员为参照)		
民主党派	0.142* (5.130)	0.027 (3.675)
共青团员	0.223* (2.525)	0.007 (2.095)
少先队员	0.348* (2.889)	-0.179 (1.596)

续表

	模型1（第一季度）Beta值	模型2（第三季度）Beta值
群众	0.359** (1.906)	0.026 (1.208)
受教育年限（年）	0.020 (0.166)	0.041 (0.406)
户籍（本地城镇户籍为参照）		
本地农村户籍	0.161* (1.297)	0.012 (0.671)
本省其他城市户籍	0.025 (1.907)	-0.059 (1.369)
本省其他农村户籍	0.031 (2.892)	-0.133** (1.156)
外省城市户籍	0.131* (1.583)	0.008 (1.156)
外省农村户籍	0.108 (1.587)	-0.085* (1.083)
参与频率（很少参与为参照）		
选择性参与	-0.047 (2.435)	0.227* (1.289)
每次都参与	0.338 (2.389)	0.466*** (1.252)
常数项	58.254*** (4.467)	67.310*** (2.231)
N	299	309
F	4.90	6.61
P	0.000	0.000
Adj. R^2	13.10%	18.58%
VIF（mean）	3.12	2.26

*** $p<0.001$，** $p<0.01$，* $p<0.05$。

（二）赋权评估的机制

受研究设计和研究资料的限制，本研究量化分析只能展示参与赋权评估干预前后规范化和专业化的变化情况。赋权评估干预产生效果的机制则如黑箱亟待打开。为揭示赋权评估干预产生效果的机制，本研究同时开展了质性研究。不同于量化研究中比较不同时间点上量化数据变化的情况来确定赋权评估干预效果，质性研究则通过项目执行者参与赋权评估干预的深刻体验，来挖掘赋权评估干预产生效果的深层机制。本研究通过对项目执行者进行深度访谈来收集质性资料。深度访谈主要包括两个方面的内容，一是赋权评估的性质，二是赋权评估的效果。赋权评估的性质包括问题："您觉得您参与的项目评估是一次督导，还是一次评估（本质）？为什么？"赋权评估的效果包括问题："您所参与的评估对项目运作有何影响？"

前文已述，赋权评估干预产生效果的理论基础是参与。在参与评估的过程中，评估者和项目执行者之间是一种共同卷入的状态。项目执行者通过有意义地卷入评估实践，进而提升能力、做出改变（Burgio, Whitrman, & Reid, 1983；Smith, 1998）。评估者与项目执行者之间基于专业权威的非平等关系转变成为伙伴关系。评估者的角色从权威专家转变成为教育者、促进者和协助者（刘江，2018）。而项目执行者的角色也从被动的受估者转变为评估实践的参与者。项目执行者可与评估者进行平等的对话和交流，进而澄清和纠正项目规范化和专业化方面存在的问题。从关系的角度来看，赋权评估干预在传统"权威－弱势"的评估关系的基础上融入了督导关系的内涵。其核心已经不再是检核和评价，而是提供给项目执行者某种支持，进而促进改变的发生。

> 评估更像是一次督导，评估专家不是对我们存在的不足进行批评，反而对我们前期的工作做出了肯定，也提供了很多支持。（CZTA）

> 督导的成分多一些，更多的是促进了项目的完整性，专家的目的是让项目完成得更好，而不是对项目做出批评。在评估中可以参与讨论和对话，是以前没有过（的经历）。（HATX）

> 更像是一次督导，各位专家的态度都是非批判性的，更多的是专业的支持，评估的氛围很轻松，感受不到专家的压迫感，感觉更像是一次集中督导。（SZHDMM）

> 评估时专家的认可很重要，提升了团队的信心，更坚定了机

构以困境儿童服务为主要服务方向的决心。(NYRA)

从内容的角度看，赋权评估干预效果的实现，源自其致力于项目执行者能力提升。赋权评估者与项目执行者通过双向互动讨论的方式对项目细节进行诊断、促进项目执行者能力的提升。而项目执行者的能力包括社会工作专业能力、项目运作的规范化能力、实务能力（如个案、小组服务能力等）。

在评估中，项目本身受到了专业的考察，从根本方向上，专家对在项目活动针对个人需求的可持续性和必要性上，甚至是在服务对象项目服务前后情况的评估方法上，都有具体的建议，极大地帮助机构在项目上做得尽善尽美。(NJYK)

评估专家的点评对项目后续开展有更深入的指引效应，专家在风险防范、规范化建立等方面都进行了对应的指导。(NTRA)

机构针对中期评估专家提出的意见在项目运作上加入了小组方法，使项目在运作上专业性更强。机构能在项目实施、资金使用等方面更加规范，能更好地完成项目，也收获了很多社会工作专业方法。(CZTA)

在中期评估后，在账户呈现、活动台账、服务计划的书面档案材料上，以及在个案发展、小组增能、社会合作的活动开展上，项目本身都获得了极大成长。(NJYK)

一是经专家提示，我们及时发现财务上的问题，并且搞清楚项目与财务之间的关系，二是专家在个案方面提出的内容，提高了我们的个案服务能力。(SZSE)

从效果角度看，项目规范化和专业化都因参与赋权评估干预而得到提升。

评估专家提出的项目意见能够让机构发现问题、聚焦问题；并且专家又会针对问题提出一些很专业、很实用的建议，能够让机构理解如何进行调整，使项目更加优化。（SZQL）

中期评估中专家提出了很多意见和建议，使机构了解了后期需改进的地方，让整个项目的思路更加清晰。（YZYF）

在评估后，根据所提出的问题进行整改，确保了项目的顺利进行；明确了下一步的工作重点和计划；使财务使用更规范、合理，使服务更能体现社工理念。（NJYM）

之前的项目目标太大，经过中期评估，机构对目标有所调整，项目目标更加具体、符合实际，可操作性强，机构实施起来更加顺利。（TZYD）

总之，不同于检核式评估对客观性和非介入性的强调，赋权评估强调评估者和受估者之间的共同卷入。赋权评估产生效果的内在机制以评估双方关系改变作为核心。评估双方的关系是一种具有解放性质的伙伴关系。它将评估双方从"权威－弱势"的不平等关系中解放出来。在新的评估关系基础上配合以能力提升为主导的实践，进而促进项目规范化和专业化发展。可将赋权评估干预效果的运作机制归纳为以下命题：（1）评估双方之间关系的转变（从"权威－弱势"关系到伙伴关系）促进了双方有意义的深度参与；（2）有意义的深度参与促进了能力提升，进而有利于实现规范化和专业化的目标。

六 结论和讨论

（一）结论

为从评估的角度找到促进社会工作项目规范化和专业化的动力，本研究从本体论和方法论的角度寻求突破。在分析传统客观主义检核式评估的本体论和方法论不足之后，本研究以建构主义的赋权评估作为替代性方法。为检验赋权评估促进社会工作项目规范化和专业化发展的有效性，本研究按照干预研究的要求进行研究设计，并搜集量化和质性资料。量化资料分析结果显示，15个社会工作项目在接受赋权评估干预后，不论是项目的规范化还是专业化都获得了显著性提升。质性资料分析结果显示，赋权评估干预具有强烈的社会工作督导内涵。赋权评估给项目执行者提供了深度参与评估的机会。在深度参与过程中，评估者不再扮演权威专家的角色，反而扮演督导者、教育者和促进者角色。受估者通过深度参与评估过程以表达自己对项目的理解、提升执行项目的能力、促进项目良性发展。总之，作为一种替代性评估方法，赋权评估能够有效促进社会工作项目的规范化和专业化。

（二）讨论

本研究将赋权评估视为促进社会工作项目规范化和专业化的重要方法，并且通过干预研究检验了这一评估方法的有效性。但是，从研究本身来讲还有以下议题值得深入讨论。

第一，政府主导与评估独立性之间的冲突。一直以来，社会工作学术和实务领域都坚持认为客观主义的检核式评估缺乏独立性。其判断依据是在政府主导的政社关系背景下，第三方评估和一般社会组织一样会受到政府的影响。而以新管理主义为主导的思维模式使得政府将"重管理"的思路强加于第三方评估。从政社关系的角度看，这种解释具有一定的理论合理性。但是，这种观点一定程度上缩小了通过第三方评估促进社会工作项目规范化和专业化的理论和实务空间。在这种政社关系中，如果政府不主动让步，那么第三方评估方法的改变将不可能实现。想借助第三方评估促进社会工作的规范化和专业化同样不可能。事实上，随着政府购买社会工作服务的增加和社会工作专业的发展，政社关系已经发生变化。当前类型多样的政社关系为第三方评估实践提供了足够的权宜性。这种权宜性为第三方评估开启了理论和实务空间。为寻找理论和实务上新的可能性，本研究避开从政社关系的角度探讨转变的可能性。本研究从检核式评估本体论和方法论的角度进行探索。由此，本研究从客观主义转向建构主义。最终本研究找到了能够促进社会工作项目规范化和专业化的赋权评估法。

第二，研究科学性与实务伦理的冲突。从理论上讲，本研究应该采用实验法的研究设计,将研究对象随机区分为干预组和控制组。但是,本研究采用了单系统研究设计,将15个项目处理为一个系统,然后纳入时间维度进行设计并收集研究资料。为确保研究结果的信度和效度,本研究使用了"三角测量"的方式收集多种不同类型的研究资料。虽然这些努力在一定程度上确保了研究的信度和效度,但是依然达不到实验法所要求的程度。出现这一现象的原因与本研究的根本性质有关。本研究具有双重性质,它既是一项干预研究,又是一个社会工作实务过程。作为干预研究,它必须保证研究设计在最大限度上确保研究的信度和效度。作为社会工作实务过程,因受到服务伦理的限制而不能只为其中部分项目提供服务。这种研究科学性与实务伦理之间的冲突,是社会工作干预研究领域经常会碰到的问题。对于研究者而言,其做法是在保证研究的信度和效度的基本前提下,选择能够在科学性和实务伦理之间获得平衡的研究设计。

第三,规范化和专业化的整合。长期以来,社会工作规范化和专业化通常被贴以二元对立的标签。在社会工作评估领域,规范化通常与新管理主义对应,专业化通常与专业主义对应。新管理主义和专业主义之间的对立使社会工作评估陷入无所适从的争论中。这严重阻碍了社会工作规范化和专业化的发展。本研究跳出了规范化和专业化二元对立的困境。在顺应当前社会工作项目化运作的背景下,本研究将规范化界定在项目层面,将专业化界定在项目的服务层面。由此,二者融合于一个完整的社会工作项目之中。从实践的角度看,二者的融合可以借助第三方评估来完成。但是,二者融合对第三方评估的能力提出了更高的要求。评估者需要理解评估的社会政治处境,还需掌握项目运作的理论、社会工作专业知识。

总之,本研究探索了一种社会工作评估研究的合理性解释路径,提供了重新理解社会工作规范化和专业化的视角,检验了一种促进规范化和专业化的评估方法。

参考文献

常春梅、徐选国(2012):"民办社会工作组织评估研究现状及未来研究策略",《社会工作》,第5期,第4~7页。

陈树强（2003）："增权：社会工作理论与实践的新视角"，《社会学研究》，第 5 期，第 70～83 页。

陈为雷（2013）："从关系研究到行动策略研究——近年来我国非营利组织研究述评"，《社会学研究》，第 1 期，第 228～240 页。

邓宁华（2011）："'寄居蟹的艺术'：体制内社会组织的环境适应策略——对天津市两个省级组织的个案研究"，《公共管理学报》，第 3 期，第 91～101 页。

关信平（2017）："论当前我国专业社会工作的制度建设"，《国家行政学院学报》，第 5 期，第 21～27 页。

康晓光、韩恒（2005）："分类控制：当前中国大陆国家与社会关系研究"，《社会学研究》，第 6 期，第 73～89 页。

雷杰、黄婉怡（2017）："实用专业主义：广州市家庭综合服务中心社会工作者'专业能力'的界定及其逻辑"，《社会》，第 1 期，第 211～241 页。

李迎生、方舒（2010）："中国社会工作模式的转型与发展"，《中国人民大学学报》，第 3 期，第 101～108 页。

刘江（2018）："赋权评估：迈向一种内部评估实践"，《华东理工大学学报》（社会科学版），第 4 期，第 11～18 页。

刘江（2019）："自由目标评估：一种可行的社会服务项目效果评估法——兼论社会服务项目效果评估的新转向"，《华东理工大学学报》（社会科学版），第 4 期，第 57～64 页。

刘祖云（2008）："政府与非政府组织关系：博弈、冲突及其治理"，《江海学刊》，第 1 期，第 94～99 页。

栾晓（2017）："政府购买社会工作项目评估研究"，《长沙民政职业技术学院学报》，第 3 期，第 21～24 页。

马焕英（2016）："广州社会工作服务评估困境与对策——以 L 社工机构为例"，《东莞理工学院学报》，第 4 期，第 51～55 页。

唐钧（2017）："社会工作领域需要怎样的标准化"，《中国社会工作》，第 24 期，第 1 页。

王思斌（2001）："试论我国社会工作的本土化"，《浙江学刊》，第 2 期，第 56～61 页。

王思斌（2013）："走向承认：中国专业社会工作的发展方向"，《河北学刊》，第 6 期，第 108～113 页。

文军、吕洁琼（2018）："社会工作专业化：何以可能，何以可为？"，《河北学刊》，第 4 期，第 156～163 页。

杨锃、王群（2018）："社会工作专业化从何而来？——基于 2014 上海大都市社区调查（SUNS）"，《社会建设》，第 2 期，第 54～69 页。

尹阿雳、赵环（2018）："审核与增能：社会工作服务机构评估模式的整合升级——基于深圳市社工服务机构评估（2009—2016 年）的经验反思"，《社会工作与管理》，第 1 期，第 11～16 页。

张威（2017）："社会工作能否标准化和指标化？——兼论社会工作的功能定位与科学属性"，《社会工作》，第 1 期，第 3～12 页。

张宇莲（2009）："'专业性'社会工作的本土实践反思"——以灾后重建为例，《社会》，第 3 期，第 189～196 页。

赵怀娟、刘瑶（2019）："我国社会工作标准化：现状、争议与思考"，《江汉大学学报》（社会科学版），第 5 期，第 42～49 页。

Burgio, L. D., Whitman, T. L., Reid, D. H. (1983). A Participative Management

Approach for Improving Direct—Care Staff Performance in an Institutional Setting, *Journal of Applied Behavior Analysis* 16 (1), pp. 37 −53.

Davidson, J. (2005). *Evaluation Methodology Basics: The Nuts and Bolts of Sound Evaluation*. California: SAGE Publication.

Engel, R. J., Schutt, R. K. (2013). *The Practice of Research in Social Work* (3rd ed.). California: SAGE Publication.

Everhart, K., Wandersman, A. (2000). Applying Comprehensive Quality Programming and Empowerment Evaluation to Reduce Implementation Barriers, *Journal of Educational and Psychological Consultation*n11 (2), pp. 177 −191.

Fetterman, D. M. (1996). Empowerment Evaluation: An Introduction to Theory and Practice, in D. M. Fetterman, S. J. Kaftarian, A. Wandersman (eds.), *Empowerment Evaluation: Knowledge and Tools for Self-Assessment & Accountability*. Thousand Oaks, C. A.: Sage.

Fetterman, D. M. (1997). Empowerment Evaluation: A Response to Patton and Scriven, *Evaluation Practice* 18 (1), pp. 253 −266.

Fetterman, D. M., Kaftarian, S. J., & Wandersman, A. (1994). Empowerment Evaluation, *Evaluation Practice* 15 (1), pp. 1 −15.

Fox, J. G., Storms, D. M. (1981). A Different Approach to Sociodemographic Predictors of Satisfaction with Health Care, *Social Science & Medicine Part a Medical Psychology & Medical Sociology* 15 (5), pp. 557 −564.

Hood, C. (1991). A Public Management for all Seasons? *Public Administration* 69 (1), pp. 3 −19.

Jackson, J. L., Chamberlin, J., & Kroenke, K. (2001). Predictors of Patient Satisfaction, *Social Science & Medicine* (4), pp. 609 −620.

Kazi, M. A. F., Mantysaari, M., & Rostila, I. (1997). Promoting the Use of Single-Case Designs: Social Work Experiences from England and Finland, *Research on Social Work Practice* 7 (3), pp. 311 −328.

Kazi, M. A. F., Wilson, J. T. (1996). Applying Single-Case Evaluation Methodology in a British Social Work Agency, *Research on Social Work Practice*, 6 (1), pp. 5 −26.

Pascoe, G. C. (1983). Patient Satisfaction in Primary Health Care: A Literature Review and Analysis. *Evaluation and Program Planning* 6, pp. 185 −210.

Sitzia, J. Wood, N. (1997). Patient Satisfaction: A Review of Issues and Concepts, *Social Science & Medicine* 45 (12), pp. pp. 1829 −1843.

Sitzia, J. (1997). Patient Satisfaction: A Review of Issues and Concepts. *Social Science & Medicine* 45 (12), pp. 1829 −1843.

Scriven, M. (1991). *Evaluation Thesaurus* (4th ed.). Newbury Park, CA: Sage, 1991.

Smith, M. K. (1998). Empowerment Evaluation: Theoretical and Methodological Considerations, *Evaluation and Program Planning* 21 (3), pp. 255 −261.

Wandersman, A., & Snell, Johns, J. (2005). Empowerment Evaluation Clarity, Dialogue, and Growth, *American Journal of Evaluation* 26 (3), pp. 421 −428.

社会适应理念及应用：医务社会工作介入精神障碍患者居家康复实验研究[*]

李 滨 任 卫[**]

摘 要 本文针对我国当前精神障碍患者居家康复工作现状，在调查居家康复精神障碍患者的社区环境以及患者对医务社会工作服务的需求后，提出"社会适应"理念，并运用社会适应理念设计了"医务社工+医护人员+社区工作者"专业团队"三位一体"的服务模式。经过实践，总结了精神障碍患者居家康复的研究性成果，提出社会适应理念的医务社会工作可以面向更多失能病患服务，且从社会适应理念出发，提出了进一步完善公共卫生事业发展的相关建议。

关键词 "社会适应"理念 医务社会工作 精神障碍患者 居家康复

---

[*] 本文系国家社会科学基金项目"城市社区精神障碍患者居家康复的医务社工服务实践与创新研究"（项目编号：19BSH172）、重庆市研究生教育教学改革项目"社会工作专业研究生医务基础课程教学及其实践能力提升研究"（项目编号：yjg20163086）的阶段性成果。

[**] 李滨，重庆工商大学法学与社会学学院教授、硕士生导师，主要从事医务社会工作、医学社会学方面的研究。任卫，重庆市彭水苗族土家族自治县委宣传部科员，主要从事社会工作、应用社会学方面的研究。作者感谢王思斌先生在论文修改过程中提出的宝贵意见，感谢徐宪教授、钟宇、朱文、聂雪梅、梅真等在项目研究及开展中的大力支持和帮助。

一 问题提出及实验背景

2013年10月10日（世界精神卫生日），世界卫生组织发布的数据显示，全球精神疾病患者达4.5亿人，其中抑郁症患者3.2亿人，双向情感障碍患者6000万人，痴呆症患者4700万人，精神分裂症患者2100万人。但大部分精神障碍患者并未能得到理想的、简单的、可负担的护理和治疗，多数国家用于精神卫生的保健资金不到2%，发达国家近50%的精神健康障碍患者未能接受治疗，发展中国家的这一比例更高，达80%~90%（World Health Organization，2015）。

我国人口众多，相应的精神疾病患者人群规模亦较大，据国家疾控中心调查，2017年全国各类程度不同精神疾病患者超过1亿人，其中精神分裂症患者640万人，遍布城乡社区。全国有精神科执业（助理）医师27733人，精神科护士57591人，心理治疗师5000余人。全国有精神卫生服务机构2936家，床位43.3万张，精神病科执业医师3.1万名，每10万人仅1.5名精神科医生（中华人民共和国国家卫生和计划生育委员会，2015）。精神障碍患者知晓率、就诊率、治疗率总体偏低，专业服务力量、机构和病床数量、专业人员数量等精神卫生服务资源则严重短缺且分布不均。

精神疾病历来是医学和公共卫生领域高度关注的问题，同时，由于其患者人群扩大并具有高复发、高致残率和高风险特点，因而逐渐成为众所瞩目的社会问题。其一，精神疾病对患者身心健康的严重伤害是显而易见，众多患者由此往往中断工作或终生不能工作，甚而时常发生自杀和自伤等极端行为，临床数据反映，抑郁症是导致自杀率最高的疾病，达到常人的50倍之多，精神分裂症次之，在登记自杀死亡患者中占到13%（廖春平、李学武、曾姣瑛，2012）。其二，精神疾病患者对其家庭乃至家族的损害亦颇为直接，家人是精神疾病患者的第一照护人，却往往也是第一受害者，精神疾病高昂的治疗费用、监护压力等会造成家庭极为沉重的经济负担和精神负担，导致家庭生活质量直线下降。其三，影响所及的社会风险增大，受精神症状或病态心理支配，有的精神疾病患者具有原发性和时间地点不确定性的危险攻击性行为，2010年我国因精神疾病患者引发的刑事案件6万余起

（张旻，2016），并呈逐年上升趋势，对周边社区生活和社会治安综合治理造成程度不同的困扰。正因为如此，精神疾病患者又往往受到社会歧视和排斥，在标签效应影响下更加无法参与社会而自我封闭，进而形成恶性循环。

在相当长一段时间里，人们对于精神疾病问题的关注主要在于临床治疗，至今，临床治疗在患者入院期间无疑依然是十分重要的。不过，由于此病的复杂性和易复发性，远非短暂的临床治疗所能解决的，社会各界对此逐渐达成的共识是，精神疾病患者临床结束出院后更为漫长的居家时期康复护理、预防复发的有效措施，才应是这一领域真正的重点所在。一个符合实际的精神健康服务体系，应包括患者及其家庭、医院和社区在内的、连续的、从患病起到治疗、到居家康复、到患者健康回归社会的完整过程（邱永宏，2018）。

基于这一社会共识，2015年4月，国家卫计委、中央综治办、中国残联等六部门联合发布《关于开展全国精神卫生综合管理试点工作的通知》，要求完善精神障碍康复体系，探索建立有社会工作者参与的精神障碍患者康复模式。2015年6月，国家卫计委、民政部、发改委等部门发布《全国精神卫生工作规划（2015—2020年）》，从国家政策层面提出"建立健全精神卫生专业队伍，合理配置精神科医师、护士、心理治疗师，探索并逐步推广康复师、社会工作师和志愿者参与精神卫生服务的工作模式"，社会工作者在精神卫生综合管理试点工作的角色和职责由此得以进一步明确。

2016年，重庆市渝中区被列为全国精神卫生综合管理的试点地区，依据试点工作方案，笔者带领医务社会工作服务团队全程参与试点，选定渝中区L、Q两个街道15个社区，运用综合性专业技术方法，在提升日常交往能力、恢复社会功能、重新融入社区等方面进行了历时三年的精神障碍患者居家康复实验运作。

二 医务社会工作介入精神障碍患者居家康复的切入点及理论探讨

随着近代社会的发展，人类精神健康逐渐被列入重要日程，其中，西方发达国家发展得更早。二战后，西方国家精神障碍患病率急剧上升，面对日益严重的精神健康问题，各国积极探索并建立了相应的康复应对机制和服务体系。

在较长时期里，国外精神障碍患者的康复服务，从康复服务理念、工作场域到手法的运用，多与非院舍化和社区照顾运动相联系，从注重对精神障碍患者的治疗问题转为促进其生活能力的发掘和社会功能的发挥。"社区照顾"是国外精神康复工作模式探索的最终结果，是"去机构化"运动，即"精神卫生服务打破传统精神病院封闭与监管模式"的最终落脚点。20世纪50年代以来，美国、英国、法国、德国、荷兰、意大利、澳大利亚、巴西等国家的精神障碍康复由医院向社区转化，形成了以社区支持、照料和康复为主体的社区模式。

西方发达国家的社区精神康复工作是由政府发起并直接管理或引导执行的，同时，西方国家还从法律层面上将精神障碍患者在社区康复的权利及社区精神康复服务的重要性给予肯定（梅真等，2018）。在服务形式上，各国以社区精神卫生服务中心、精神残疾服务中心、日间医院、职业康复中心、患者公寓等各种机构为载体，通过由专业社会工作者、临床精神科医生、临床心理学医生及职业治疗师等组成的训练有素的社区精神康复服务团队开展多元化服务。其中专业社会工作者的深度介入发挥了特殊而重要的作用，是非院舍化及社区健康与社区照顾模式的主要服务人员。据Hawkins和Raber的实证研究，美国社会工作者占所有社区精神康复服务专业人员的47%，近40%的美国社工协会会员认为，精神健康是其最重要的实践领域和最基本的服务领域（Hawkins & Raber, 1993）。社区精神病康复服务的发展为社会工作提供了巨大的发展空间，成为社会工作者的重要工作场所（Rapp, 1999）。

与西方发达国家相比，我国社会工作介入精神障碍患者居家康复的研究比较少，但也不乏相关的学术研究。学界普遍的看法是精神障碍患者居家康复服务的最终目的，是帮助和促进患者重新融入社会，并认为社会工作介入其中具有显而易见的引领作用。

"社会工作在中国的本土化的过程是产生于外部的社会工作模式进入中国（这是一套经济的、政治的、社会文化的制度体系），同其相互影响进而适应中国社会的需要而发挥功能的过程。"（王思斌，2001）我国现有的精神病人社区康复服务，主要是基层专科、工疗站或福利工场、群众性看护网、日间住院与晚间住院等模式（徐一峰，2010）。其中部分学者在社会工作服务实践的基础上，提出了一些关于精神疾病康复模式等的建议。从服务对象着手，提出了精神康复的三维模式，明确社会工作者在精神康复三维模式中的角色定位（丁振明、张一奇，2011）；分析"社区融纳型"精神康复服务模式，架设了精神康复者服务、家庭和社区支持服务以及互动服务这三大服务板块（董云芳，2006）。从服务整合着手，联合精神疾病医疗部门与社区康复机构，使社会工作者与心理学家介入到精神病患者的治疗与康复中（靳雪梅，2010）；融合专业服务与非专业服务、各种不同专业的服务、各种不同领域的专业服务，使其服务于精神病患者（蔡超恒，2012）。

对社区精神康复与社会工作介入的个案调查表明，社会工作介入"三疗一教育"（药物治疗、娱乐治疗、工作治疗和思想政治教育），是康复模式的有效补充（杨可欣，2012）；对社会工作综合性干预对住院慢性精神分裂症患者疗效的影响的研究，显示了社会工作者为精神分裂症患者提供综合干预服务、改善患者的认知和行为、促进患者的心理社会康复的作用（高万红、陆丽娜，2017），对患者康复的作用明显（鞠珍喜、李东方，2017）；对家庭病床复退军人精神分裂症患者康复作用的研究，指出了社会工作服务可在一定程度上辅助改善精神分裂症康复患者的部分精神症状，尤其是阴性症状（庞吉成、刘春文，2017）；对社会工作小组介入精神分裂症患者社区康复的效果研究，提出通过社会工作小组干预，可形成相互支持信任的环境以推动患者改变，使其心理社会和动力精力明显提升（林春燕、陈亚林，2017）；对社会工作介入门诊精神分裂症患者的康复效果研究，表明社会工作介入有利于患者社会功能恢复（刘建明等，2013）。上述成果主要从社会工作介入效果进行讨论，而对服务对象的独特性以及如何结合医疗专业进行干预的手段则有所忽略。

近年来，注重与医疗卫生机构团队合作服务病患人群、专业性更为突出的医务社会工作服务渐趋活跃。在政府日益重视精神障碍患者康复工作并出台一系列相关政策的驱动下，医务社会工作如何深度介入这一极具挑战性的特殊领域开始引起学术界的关注。虽然医务社会工作起步较晚，但已在为居家康复的精神障碍患者及其家庭成员提供服务，帮助他们解决相关心理、行为问题，促进其身心康复，进而开发其潜质和能力，并借此防范社会问题恶化等方面逐渐展现出其独到的优势。

医务社会工作服务内容主要是解决因疾病引起的各种问题，帮助患者康复治疗，促进患者回归社会（秦燕，1997）。其服务范围则主要包括疾病预防、疾病治疗、回归康复、家庭与社区健康阶段的服务。这四个阶段形成循环系统，在回归康复阶段，医务社会工作主要提供生物医学康复、心理康复与社会行为功能康复等服务（刘继同，2012）。这意味着面对精神障碍患者居家康复的医务社会工作服务，是应精神障碍患者的问题和需要而产生的，所提供的服务亦须以满足作为服务对象的精神障碍患者及其周边相关者（如家属、医生、护士和社区工作人员）的要求为前提（李滨等，2018）。显然，这对于医务社会工作者有着更高的专业性要求，即他们不仅应具备社会工作者的基本能力，亦须具有医学和心理学等学科专业的基本素养，能够运用社会工作个案工作方法、小组工作方法及社区工作方法为精神障碍患者提供多种服务。

所有精神疾病都是一定的人格对某种社会处境的反应，精神障碍患者的治疗与康复必须把患者放在特定的社会环境中，社会因素和文化背景可能决定或影响精神疾病的发生和预防，而现有的精神卫生服务更多注重治疗本身，忽略了社会因素，以致精神障碍患者的全方位康复由此变得困难。因而，帮助和促进患者回归社会才是重要的康复途径。对此方面的理论认识，先行一步的发达国家进行的探索，具有借鉴价值。国外精神障碍患者的康复服务理念、工作场所和手法的运用，多与"去机构化"和"社区照顾"运动相联系，许多人相信社区护理将为精神障碍患者提供更具治疗性和人性化的选择，有助于将生物治疗逐渐转变为个人能力的开发和社会功能的重塑（Hudson，2019）。

美国著名护理学家卡莉斯塔·罗伊（Callista Roy）提出的"适应模式"，是对当今医学研究影响甚深的重要理论。1976年，罗伊在 *Nursing Outlook* 上发表了 The Roy Adaptation Model Comment。其后，经多次实践研究，他对适应模式进行了丰富和发展，1991年出版的 *The Roy Adaptation Model*，截至目前已再版2次，罗伊在此书中完整阐释了"适应模式"。她认为，护理的目标是促进适应，当人们对环境变化做出积极反应时，就会发生适应，这是个人和团体运用自觉意识，通过自我反思和选择来实现人与环境融合的过程和结果。"适应模式"的关键概念由人、健康、环境、护理部分组成。其一，人是适应模式的核心，人本身具有生物属性和社会属性，处于系统之中的人自然与外界环境互动适应，实现在系统的环境中与周围的物质互动和交换，在不断地适应环境和与之互动的过程中实现个人的完整性。其二，健康是个人为了保持完整性而去适应环境的一个过程，适应的目的就是实现和保持人的完整性。人的完整性则是通过个人在互动和适应中完成生存、成长、个人自我实现来体现的，所以健康是良好的适应，人只有时刻适应内外部环境的不断变化，才能保持健康，反之当一个人的应对无效就会导致疾病。其三，环境是以人为核心的内外部所有刺激的总和，人在与环境互动中改变着环境，但人也需要以相应行为去适应环境，健康的适应就是在面对环境的不断变化时，始终能够做出适应的反应。其四，护理是当人与环境不适应时促进适应性反应的手段，当人与环境互动过程中不能够通过调节自身的心理和生理状态实现良好的适应时，就需要通过护理的手段来促进适应性反应。罗伊指出了有机体能够有效地与环境配合的行为或行为改变的一般方式（Roy，2008），说明疾病本身是生物学现象，亦与人的社会地位、社会关系和社会活动有密切关系（熊恩富，2010）。具体讲，就是从患病对患者产生的压力角度出发，个人或家庭为了避免被压力伤害，努力调适以减少生理、心理及社会功能的失衡，使个人与环境维持正常的关系。

至今，罗伊适应理论已在医疗和护理界得到广泛的认可、重视和运用，对于当前我国医务社会工作介入精神障碍患者居家康复的理论与实践研究亦有重要参考价值。由于精神疾患致病原因主要是社会环境因素。本研究团队根据调研状况客观分析，认为众多精神健康障碍患者居家康复的"环境适应"，显然不同于生理病因，其康复过程中服药、物理治疗等并非重点，情绪调节、提升自信才是关键，因而须将社会因素溯源、社会环境改善等作为工作重心，以"增能"为核心，为精神健康障碍患者"提供""创造"一个有利于康复和回归的适宜的"社会"环境，只有这样，才能提高助推精神障碍患者居家康复的针对性和实效性。基于这一视角，笔者姑且称之为"社会适应"理念。

社会适应理念是本研究在借鉴护理工作的罗伊适应模式基础上，为医务社会工作介入精神障碍患者居家康复服务提供的一个着眼点和切入点，是专指在此领域以服务精神障碍患者为中心，以医务社会工作者为主导的服务理念，也是要求医务社会工作者在促进服务对象与其所处环境的改变中，促进二者相互适应的工作理念。就本质而言，社会适应是一种调适性改变，旨在改变各种不利于精神障碍患者恢复健康的社会环境，如社会歧视、排斥行为等。社会适应理念的行为主导是医务社会工作者，客体是精神障碍患者；社会环境则既包括患者家庭和社区，也包括患者亲属、朋友、邻居、医生、志愿者等"人的因素"。在实作层面，可以理解为医务社会工作者在精神障碍患者居家康复工作中，针对患者个体实际状况，通过专业的技术手段，积极主动地为患者创造可以接受的社会环境，通过社会有利因素的配合，使之在接受药物治疗的同时保持心理健康，逐渐提高适应能力，实现最终恢复社会功能并重新融入社会的目的。

三 重庆市精神障碍患者居家康复的医务社会工作干预实践：经验资料分析

本次全国精神卫生综合管理试点工作中，笔者带领的医务社会工作服务团队围绕上述社会适应理念及具体服务策略进行了长时期探讨和实验检测。为切实使社会适应理念由观念转化为行动，其间特别注重完善和落实患者、家庭及社区环境等细节方面的措施，如监管"按时服药"，促进患者本身积极的改变，改善家庭条件以为患者提供良好的居家康复环境，向社区居民做好宣传和引导，消除歧视、关爱病患甚至帮助其接受就业辅导、促成社区环境方面的积极改变等，立足于团队制定的"健康服务"目标，运用"平等接纳服务"理念和"多元优势服务"方法，实现和保持精神障碍患者居家康复的完整性，达到居家康复、促进健康的目的。服务实验团队采取混合研究方式，从社会工作实务研究角度，前期开展前测调查：通过问卷、访谈等方法，调查、了解了患者社区环境的基本情况以及患者自身的需求，了解了社区对开展"三位一体"服务模式的需求情况。在此基础之上有针对性地提供"医务社工+医护人员+社区工作'三位一体'"专业服务，服务结束后再进行效果测量，检测"三位一体"服务实效，并根据服务效果进行总结提升。

在精神障碍患者居家康复实验开始之前，依据社会适应理念，项目组设计精神障碍患者现状及需求调查问卷，问卷包括以下四个方面的内容：一是性别、年龄等基本资料，二是对精神疾病的认知，三是精神障碍患者的态度，四是对医务社工的需求。以患者、患者家属、社区居民为调查对象，用随机抽样的方法在重庆市L、Q两街道的15个社区，发放调查问卷1550份，了解了基本情况。调查中回收问卷1532份，有效问卷1294份，有效问卷回收率为83.48%。调查结果表明，男性占42.74%，女性占56.72%，受访对象的年龄段集中在18～65岁，共1008人，占总数的77.90%；在文化程度上，中学阶段占总数的52.32%，大学阶段的占比为23.80%（见表1）。

表1 调查对象的基本情况（$N=1294$）

单位：人，%

项目	属性	百分比
性别	男	42.74
	女	56.72
	缺失值	0.54
年龄	18岁及以下	4.17
	18～40岁	31.92
	41～65岁	45.98
	66岁及以上	17.47
	缺失值	0.46
文化水平	小学及以下	19.94
	初中	28.13
	高中及中专	24.19
	大学本科	12.21
	大学专科	11.59
	研究生	0.69
	缺失值	3.25

续表

项目	属性	百分比
街道	L街道	45.67
	Q街道	54.33

(一) 精神障碍患者服务的现实需求

为了充分了解居家康复的需求问题，本研究首先对居家康复的社会环境以及对医务社会工作服务的需求等进行了问卷调查，运用SPSS软件对所收集到的资料进行了统计分析；在了解受访地区的基本情况后，进一步做好服务需求调查。

1. 社区受访对象对精神疾病的认知

根据精神疾病基本知识要点，选取其中具有代表性的基础知识作为本次调查的内容，以便了解受访对象对精神疾病的了解程度，作为医务社会工作开展服务的依据（见表2）。

以精神疾病的基本特性为内容设计问卷，了解社区居民对精神疾病的认知程度，以此作为医务社会工作开展服务的依据（见表2）。

表2　社区居民对精神疾病的了解情况（$N=1294$）

单位：%

精神疾病的基本特性	是	否
造成因素的多样性	70.1	29.9
病症类型的多样性	78.0	22.0
临床表现	70.5	29.5
及时就医的重要性	47.4	52.6
精神疾病的可治愈性	31.7	68.3

表2显示，有超过70%的调查对象知道精神疾病造成的因素及病症类型的多样性，对精神疾病的临床表现也有70.5%的人有一定了解。然而仍然有52.6%的被调查者没有意识到精神疾病应该及时到专业医院或机构进行治疗。而且更有68.3%的被调查者不了解精神疾病是可以治愈的。

可以看到，虽然大部分社区居民对精神疾病的基本情况有所了解，但是还有相当一部分居民并未认识到精神疾病应该得到及时、规范的治疗，还有更多的受访者（68.3%）不知道精神疾病经过早期及时、规范的治疗以后，绝大部分症状是可以缓解，甚至是可以治愈的。可见，精神疾病的基本知识普及还需进一步加强。

2. 精神障碍患者居家康复的社会环境

依据社会适应理念，居家康复患者的社区环境，尤其是社区居民对精神障碍患者的态度，对患者的康复起着至关重要的作用。

（1）精神障碍患者居家康复的社会环境

对于精神障碍患者来说，社会环境一般是指社区居民对患者所持有的态度。

调查中，我们把社区居民对患者的态度分为"非常理解并愿意主动帮助他"、"比较理解但不愿主动接触"、"不太关注，没什么特别感觉"、"比较害怕，不想去了解"和"特别害怕，根本不想理睬"等五种类型。调查结果见表3。

表3 社区居民对精神障碍患者的态度

单位：人，%

	频数	百分比
非常理解并愿意主动帮助他	440	34.00
比较理解但不愿主动接触	525	40.57
不太关注，没什么特别感觉	186	14.37
比较害怕，不想去了解	105	8.11
特别害怕，根本不想理睬	38	2.94
合计	1294	100

调查表明，超过70%的人对精神障碍患者表示理解（"非常理解并愿意主动帮助他"和"比较理解但不愿主动接触"），有接近1/3的人愿意主动帮助精神障碍患者，但是仍有接近10%的人对精神障碍患者存在认知偏差（"比较害怕，不想去了解"）。可见，在大部分居民对患者的态度比较好的前提下，仍有部分居民抱有抵触情绪。

社区居民对患者理解、同情、认可进而支持，与远离、害怕、不爱关注、不想了解甚至特别害怕、不愿理睬等不同的态度，对精神障碍患者产生的影响，差别很大。前者友善的态度会产生良好的效果，后者会给患者造成心理压力甚至更大伤害。所以，对居家康复的患者而言，社会环境尚需逐步改善。

（2）社区居民可以接受的与精神障碍患者居住的距离

居民与精神障碍患者的社会距离越近，患者感觉的社会环境就越好，越可能增加社会互动参与的频率，也越有利于患者接纳"自我"，从而使社会支持功能得以实现。调查对象可接受的社会距离，体现了居民的宽容度。

居民愿意接受与患者居住的距离可为五种情况，调查结果如表4所示。

表4 社区居民可接受的与精神障碍患者的社会距离（$N=1294$）

单位：人，%

	频数	百分比
居住同一城市	112	8.66
居住同一街道	103	7.96
居住同一社区	539	41.65
成为邻居	354	27.36
成为朋友	186	14.37
合计	1294	100

有41.65%的人愿意和精神障碍患者生活在同一社区，有27.36%的人愿意与精神障碍患者成为邻居，有14.37%的人愿意与精神障碍患者成为朋友。这总体上体现了居民对精神障碍患者具有较大的宽容度。宽容的社会环境提供了对精神障碍患者群体正确清晰的认知，更容易促进患者的适应反应。

在了解受访地区的基本情况和居家康复的环境因素后，进一步了解精神障碍患者居家康复服务的具体需求很有必要。

3. 居家康复的精神障碍患者对医务社会工作服务的需求调查及分析

经前期调查，仅有14.9%的受访者对医务社会工作有所了解，大部分人对医务社会工作不清楚。鉴于此，在47名患者及其家属中进行了问卷和访谈，目的在于在宣传医务社会工作的同时，了解精神障碍患者及其家属对医务社会工作服务的需求，为项目开展做好针对性的准备工作。

（1）向受访者宣传医务社会工作的同时了解患者具体需求

对医务社会工作服务的实际需求是医务社会工作开展服务的前提。而对医务社会工作较低的认知度，则需要宣传使患者及其家属了解医务社会工作的服务内容、方法及具体要求。我们在访谈的同时宣传医务社会工作，并逐步了解患者的具体需求。

在细致、严密的宣传资料和宣传工作的基础上列出医务社会工作可以提供的服务项目，邀请受访患者按个人所需进行多项选择。"向家属传授各种专业的医疗和护理知识"、"为精神障碍患者进行心理及情绪疏导"和"向精神障碍患者提供生活技能训练"需求最为突出，分别达到了83.0%、83.0%和83.8%。其次，"在社区宣传精神健康知识"也达到了61.7%。此外，超过一半的受访者需要"开展文体娱乐，培养精神障碍患者的兴趣"增加患者的娱乐活动（见表5）。

表5 希望医务社工提供的服务项目（多选）

单位：人，%

	频数	百分比
向家属传授各种专业的医疗和护理知识	39	83.0
为精神障碍患者进行心理及情绪疏导	39	83.0
向精神障碍患者提供生活技能训练	30	83.8
开展文体娱乐，培养精神障碍患者的兴趣	24	51.1
为精神障碍患者提供人际交往技能训练	19	40.4
为精神障碍患者家庭提供经济政策补助信息	20	42.6
加强患者、家属及社区居民之间的沟通	18	38.3
在社区宣传精神健康知识	29	61.7
其他	1	2.1

（2）精神障碍患者居家康复服务的需求分析

一般地讲，每位精神障碍患者都会存在程度不同的缺乏医疗常识和心理疏导的情况，简单的家务技能和自我保护能力也会显得不足，加上社区关怀难以参与其中，居家康复过程中就必然需要社会工作者依据社会适应模式的理念对患者居家康复提供必要的服务。

调查发现，虽然大部分居民对精神障碍患者有较为宽容的态度，部分人甚至愿意为他们提供帮助，但仍然有少部分居民对病患存在程度不同的偏见，不利于精神障碍患者融入社会。另外，至少有38.3%的患者及家属明确表示期望加强他们与社区居民之间的沟通，实际上没有谁愿意拒绝社会的关照。有61.7%的患者及家属也希望在社区宣传精神健康知识，以改变对精神疾病的偏见和歧视。因此，对患者家庭和邻居进行有关精神障碍疾病知识的宣传，使他们对这个疾病有了解，从而改变患者家人和居民对患者的歧视和恐惧心理，使患者得到尽量多的关爱，以实现康复的效果，这正是医务社会工作者的责任。

居家康复是精神障碍患者自身不断地与外部环境通过互动而适应的过程。由于疾病的特殊性，患者心理状况和常人大不一样，心理自我调节能力差甚至很差，因此，有必要针对患者心理健康问题开展心理护理服务。在需求调查中也发现有83.0%的患者及家属希望能够得到心理和情绪疏导服务。在开展心理护理之前，需要准确知晓服务对象的心理状态及需求，在帮助患者维持心理状态的前提下，主动配合医护人员的治疗，有针对性地开展专业服务，增强自信心，逐步恢复社会交往功能，早日康复，回归社会，这应该是医务社会工作者的任务所在。

为了配合医生的治疗工作，精神障碍患者居家康复期间，需要长期服用药物。但是患者往往不能按照医嘱正确地服用药物，甚至自行停药，以致病情加重。因此，在为患者家属提供专业的居家康复训练的同时，加强药物服用指导，甚至监督服药（Haslam et al., 2019），以保证患者居家康复治疗的效果，使患者尽早融入社会，这也是医务社会工作者的任务。

精神障碍患者居家康复过程中，家属是居家照料的直接承担人，耗神费力，长此以往容易产生心理负担，在身心状态长期不佳的情况下，焦虑、抑郁等负面情绪必然造成家属的心理疾患。同时，调查中发现，精神障碍患者家庭大都属于中低收入甚至贫困家庭，长期治疗需花费大量金钱，必然造成经济困难。因此，医务社会工作者为患者家庭提供相应心理疏导服务必不可少，此其一。其二，为患者家庭链接更多的社会资源，使其充分享受优惠政策，可缓解家庭经济困难、解除患者家属的后顾之忧，并直接影响精神障碍患者居家康复的效果，因而具有重要的现实意义。

通过对精神障碍患者居家康复服务现实需求的调查，我们注意到，每一位经过医生治疗过的精神疾病患者，都需要有一个居家康复的阶段，而居家康复不仅需要院外治疗，更需要家庭、社区等多方面社会力量的帮助和支持。怎么样把患者及患者周边可以充分调动的资源链接起来并形成一个有利于患者康复的、和谐的环境，就必然成为医务社会工作的社会责任，在社会适应理念指导下建立一个"三位一体"多功能专业团体服务于精神障碍患者居家康复就成为当前社会的需要。

（二）基于社会适应理念的医务社会工作"三位一体"服务模式

1. "三位一体"专业团队的概念

精神障碍患者的居家康复是一个内部服务环节连续、外在整体统一协调的系统工程。鉴于此，在社会适应理念指导下，团队尝试构建"医务社工＋医护人员＋社区工作者'三位一体'"的专业服务模式。具体来说，就是为了促进精神障碍患者居家康复工作有效进展，以医务社会工作为纽带，把医疗护理工作、社区工作的支持有效链接起来，以患者为中心，为患者营造良好的社会环境，并通过专业的医疗护理服务，促进患者社会适应反应，实现患者康复目的。"三位一体"可以概括为由"医务社会工作"、"医疗机构"和"社区工作"三方面建立起来的综合性专业服务团队。

2. "三位一体"专业团队的功能

（1）医务社会工作在"三位一体"服务模式中的纽带作用

在专业服务过程中，医务社会工作者为精神障碍患者链接相关资源，将患者、家庭、社区整合为一个整体系统，在"纽带"作用下，提供以下三种方式的适应性服务。

第一，在了解患者诉求的前提下，提供个案服务，协助患者重新认识自我，建立信心，恢复社会功能，推动患者达到康复后再社会化的健康效果。

第二，为患者家属建立精神疾病管理互助小组，使患者家属可以在小组内交流学习精神疾病知识，提升家庭照顾效果，为家庭成员提供心理支持和日间照料技能支持。

第三，也是最关键的，在社区内开展精神卫生知识普及活动、精神障碍患者社区融入活动，以消除歧视、营造良好社区氛围，在有效衔接的基础上实现社区关怀与家庭照护，防止精神疾病复发，确保居家康复实际且永久性的效果。

可见，"三位一体"的综合性专业服务中，医务社工起着纽带作用。医务社工运用医务社会工作专业知识与技巧，整合现有的各种相关资源，为精神障碍患者、患者家属、社区居民提供综合性医务社会工作服务，改善患者心理、巩固家庭支持和社区支持，促进患者与社会互动，实现社会适应。

（2）医疗护理机构承担患者离院后治疗和家庭护理服务

"三位一体"综合性服务需要医疗护理机构与医务社会工作者紧密协作。一是为医务社会工作提供患者病情简介，帮助建立精神障碍患者病案，完善相关数据，为开展医务社会工作服务创造基础条件；二是医疗护理机构还要为患者居家康复提供专业的离院后治疗和护理服务，为患者提供情感上的支持；三是为患者家属及社区人员普及精神疾病基本知识，提高社区居民对精神卫生常识的知晓度。

可见，医疗护理机构提供持续性的医疗支持、协助建立患者病案并负责为居民讲授精神健康知识，形成社区内共同关注精神障碍患者的氛围，为精神障碍患者居家康复服务活动的开展奠定基础。

（3）社区工作在"三位一体"综合性服务中的资源保障作用

精神障碍患者的社会环境体现于社区，社区的各种资源对精神障碍患者康复起着重要作用。社区能为患者提供充分的政策、法律和经济等相关资源支持，能营造一个良好的社会氛围，解除患者及其家属的后顾之忧。此外，社区工作还要做好营造社区志愿服务环境、组建社区志愿服务团队、促进患者外部环境建设、整合社区内资源、帮助患者家属做好日间照料、协助患者康复后回归社会等方面的工作，为患者提供良好的社区环境，促进患者康复过程中外部环境的适应，保障医务社会工作的专业服务顺利进行。

总的来说，"三位一体"服务团队就是以医务社会工作专业服务为核心，协同医疗机构的精神卫生专业护理和社区支持，链接医疗、社区和专业服务机构，形成联动，实现分工合作、资源共享，充分进入医务社会工作服务环节，为精神障碍患者提供康复训练、生活帮扶、心理辅导，为患者及家属提供疾病治疗及康复指导，达到患者康复并回归社会的目的。

3. "三位一体"专业团队的服务策略

以患者需求为导向,从社区预防教育、患者康复服务、患者健康管理、社区组织志愿服务、提升医务社工能力等五个方面制定服务策略,有效衔接社区关怀、家庭照护和专业服务机构的介入,以此促进精神障碍患者有效康复。

(1) 社区预防教育策略

社区预防教育的目的在于消除社会公众对精神障碍患者的歧视和排斥现象。造成歧视和排斥的大多数原因是对精神障碍及患者的不了解。在社区开展精神卫生知识普及有助于社区居民了解精神疾病相关知识,消除歧视,改善精神障碍患者居家康复的社会环境,进而提升社区对精神障碍患者的关注,促进患者积极与社会交往互动,实现良好适应。

(2) 患者康复服务策略

针对精神障碍患者居家康复过程中的需求和困难开展个案服务,运用专业服务方法帮助患者接纳、认识自我,保持良好的心理健康。积极链接外部资源,邀请专业医务工作者上门开展专业诊疗,在促进患者生理康复的同时,帮助患者融入社会活动,重塑社会功能和家庭功能。

(3) 患者健康管理策略

积极与精神卫生医疗机构和社区卫生服务中心联系,调查服务对象相关情况,建立患者档案,加强在居家康复过程中的服务性监管。针对患者及其家庭照料者,建立互助小组,使他们相互鼓励、交流,加强并不断完善对照料者的心理支持。

(4) 社区组织志愿服务策略

积极整合链接社会资源,形成社区志愿服务体系,是医务社会工作介入精神障碍患者居家康复服务的重要环节之一。社区或全社会的热心人士积极参与志愿服务工作,是社会的善举,是以"志愿性、无偿性、公益性、组织性"的行为传递爱心、传播文明,为患者提供相关志愿服务,让患者感到对人、对社会的归属感,是做好精神障碍患者居家康复的重要工作内容。

(5) 医务社工能力建设策略

在医务社工服务过程中,必须加强医务社工队伍管理、提升医务社工自身素质，只有这样，才能保证医务社工服务效果。为此，应该通过专题学习、外出参加专业培训等方式，充实每一位医务社工的精神卫生专业知识，提高他们资源整合、扩大服务面、辐射更多人群、拓展多种服务渠道的能力，全面加强医务社工能力建设，以便发挥医务社会工作的核心作用，完善医务社工能力建设策略。

整体来看，在社会适应理念指导下，构建"三位一体"服务模式并制定相应的服务策略，为后续医务社会工作介入精神障碍患者居家康复的实践明确了路径。

（三）"三位一体"服务模式的实施效果

依据"三位一体"专业团队的服务策略，在社区预防教育、患者康复服务、患者健康管理以及社区组织志愿服务等方面实施患者居家康复的具体工作，并取得了一定效果。

1. 以预防教育为先导，融合多元社区活动，改变了民众对精神障碍群体的态度

社区是精神障碍患者居家生活和活动的区域，社区居民对患者的接纳程度影响着居家康复的效果，医务社会工作服务团队在L街道与Q街道针对社区居民、社区工作人员、精神障碍患者及其家属开展了"精神卫生知识宣传教育"、"反歧视精神疾病"和"精神障碍患者社会融入"等一系列精神健康宣传教育活动。

图1的数据表明，经过"精神卫生知识宣传教育"活动（739人次参与），社区居民对精神卫生知识了解程度明显提升，问卷测试中各个方面问题的知晓度均有提升，特别是在我国重点防治的精神疾病上的知晓度，从85.2%提升到93.8%，效果显著。可见，精神健康教育社区活动，不仅对精神卫生知识的普及、对精神健康的重视起着积极的作用，还有利于营造适于精神障碍患者生活环境改善的氛围。

由于科学技术的发展，公众对精神疾病的认识更加理性，在需求调查中，有超过70%的人对精神障碍患者表示理解（见表3），但仍有部分居民对其存在认知偏差，经过"反歧视精神疾病"（375人次参与）、"精神障碍患者社会融入"（1571人次参与）活动后，社区居民对精神障碍患者的接纳程度有了提升（见图2），在问卷中选择"非常理解"和"比较理解"的居民从74%提升到82%，选择"比较害怕"

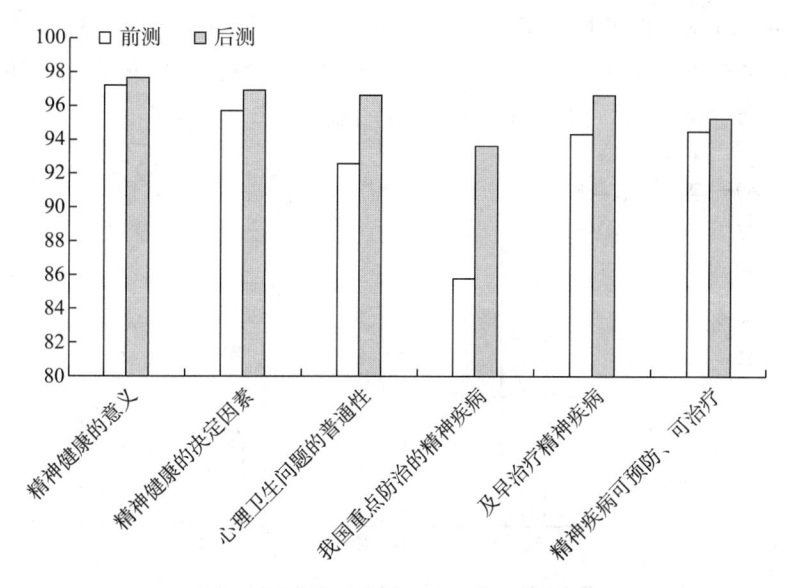

图1 活动前后精神卫生知识了解情况

和"特别害怕"的居民从11%下降到8%。可见，医务社会工作者开展的社区精神健康活动有助于消除社区居民对患者的歧视，纠正他们的认知偏差。

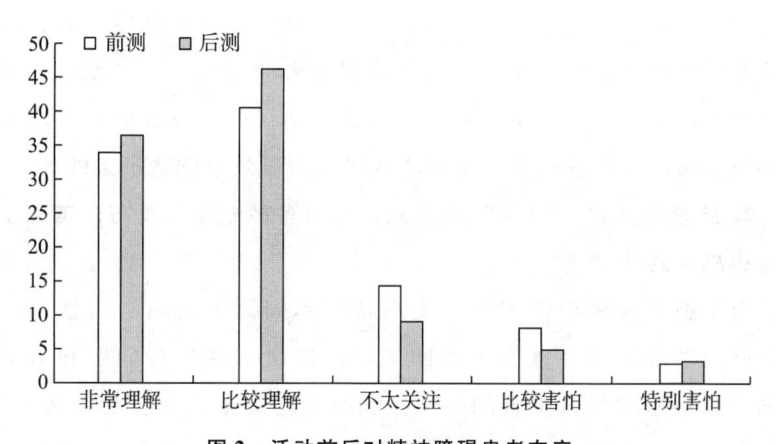

图2 活动前后对精神障碍患者态度

图3的数据显示，经过一系列社区精神健康宣传教育活动（2685人次参与）后，社区居民对医务社会工作的了解程度提升较为明显，问卷中活动前有34%的人对医务社会工作了解（"非常了解"和"比较了解"），活动后提升到了46%，活动前有44%的人表示对医务社会工作不了解（"比较不了解"和"非常不了解"），活动后降低到了

27%。可见，医务社会工作开展社区活动在能够有效改善社区居民对精神障碍患者态度的同时，也对自身起到了积极普及宣传作用，还为后续"三位一体"服务的继续开展打下基础。

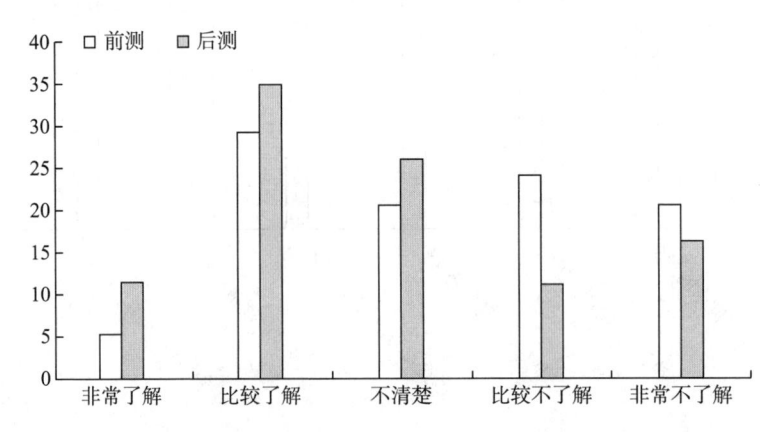

图3 活动前后对医务社会工作了解情况

综上，医务社会工作的社会适应理念强调人和环境是相互联系和相互依存的。在前测中，我们了解到患者面对社会环境压力和社区居民对医务社会工作的认知度又低的现实。在精神障碍患者居家康复实验运作、举办一系列精神健康宣传教育活动、反歧视活动、融合性活动等社区活动后，社区居民对精神障碍患者的态度发生了变化，对医务社会工作介入有了一定认识，为患者营造了一个良好的居家康复社区环境。为此，为进一步促进患者的居家康复效果创造了条件。

2. 康复服务以"增能"为重点，运用多种专业化技巧，确保了精神障碍患者的疗效

由于患者疾病程度不同，表现特征不同，所面临的问题与需求也会随之改变，医务社会工作团队始终以案主的实际问题和需求为导向，以重塑或提升患者的生活技能、家庭关系、社会功能为目的，以院内、家庭、社区为康复活动场所，以"增能"为核心，用个案、小组等多种服务技巧，为精神障碍患者提供服务，并百分之百建立个案服务档案。

就精神障碍患者的家庭功能和社会功能某种程度弱化而不利于疾病管理和康复的客观现实（Anokye，2018），医务社会工作服务团队组织开展了"居家康复家属支持性小组"、"社会能力提升互助小组"、

"运动互助小组"、"良好行为习惯养成互助小组"、"兴趣小组"、"院内小组"和"院外康复小组"等80场460人次的小组活动，目的在于增加精神障碍患者的社会功能、家庭功能，让小组成员相互学习、交流精神疾病知识，鼓励他们参与积极的健康行为，也为家庭照料者提供心理支持，增加他们的照料技能。在加强患者疾病管理的同时，不同程度地提高了精神障碍患者家庭的功能，恢复并提升了患者融入社会的水平。

根据FAD家庭功能评定量表评估方法（分数越低表示家庭功能越强），图4中7名患者经过"居家康复家属支持性小组"（49人次）活动后，家庭功能得分均有所下降，其中唐某在活动中积极配合，效果最为明显，家庭功能分数降低近20分。

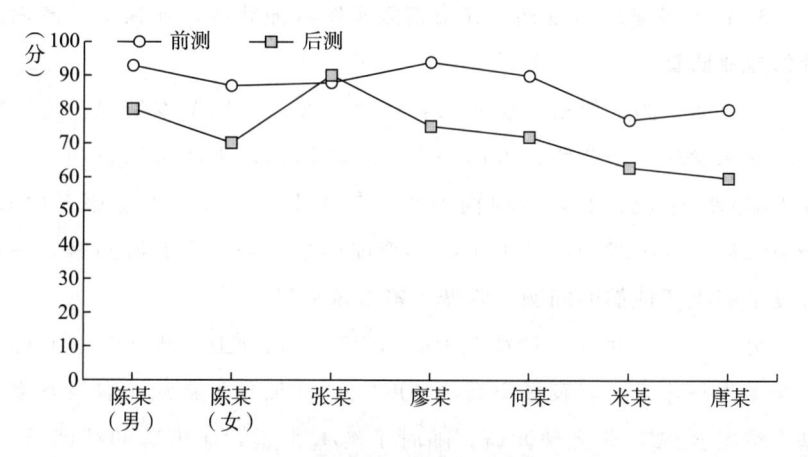

图4 活动前后家庭功能变化情况

图5的数据显示，经过"社会能力提升互助小组"（110人次）、"良好行为习惯养成互助小组"（61人次）活动后，7名患者的社会功能测试得分都有不同程度降低。但值得注意的是张某的分数却从85分上升到了88分，表明其社会功能并未得到良好转变。经查阅服务记录，检视到"张某不配合服务，经常口头承诺"和"小组活动参与程度不高"的记录，因此分数出现提高的情况，这也从另一面反证了服务的必要性。可见，以"增能"为重点的小组活动，能够在不同程度上促进精神障碍患者及其家属之间的交流学习，重塑精神障碍患者的家庭功能和社会功能，提升精神障碍患者的康复水平，达到促进精神障碍患者回归社会的目的。

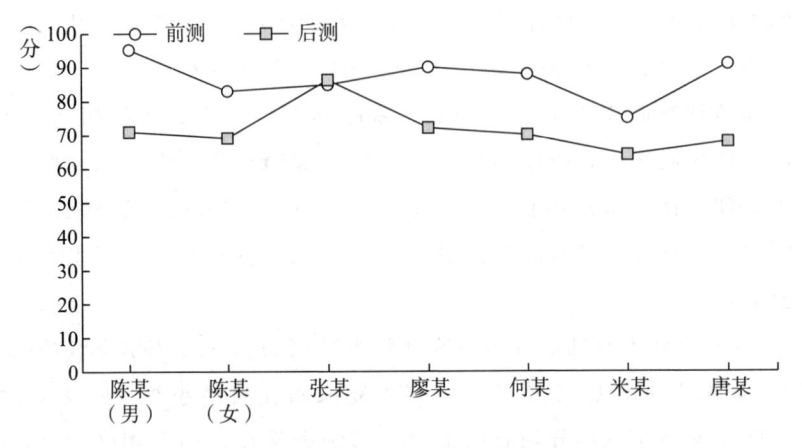

图 5 活动前后社会功能变化情况

3. 以健康管理为基础，评估辖区居民精神健康，加强了对高危患者的专业监管

一方面，为在册精神疾病患者建立档案，掌握基本情况，定期随访。如果发现拒服药物、醉酒滋事、经济拮据、生活难以自理，甚至无人监管等情况，必须及时向由精神卫生中心、社区卫生服务中心、街道综治办等组成的精神卫生综合管理小组报告。多方协同努力一定程度上解决了他们的问题，降低了肇事肇祸风险。

另一方面，通过"精神卫生认知度"、"精神卫生状态"、"对医务社会工作与障碍患者及其家庭接纳度"、"在册精神疾病患者及其家庭基本情况普查"等多种调研，随时了解 L 街道、Q 街道的社区居民、精神障碍患者及其家庭的需求，有的放矢地开展精神卫生健康教育，达到了社区健康管理的效果。

4. 以建设健康社区为目的，倡导志愿服务精神，促进了社会支持系统的联动

精神障碍患者的康复需要全社会共同的关爱和支持，打造健康社区、形成良好社会氛围，至关重要。

"三位一体"医务社会工作团队在为居家康复的精神障碍患者提供服务的同时，为了引导社区居民正确认识精神障碍患者，消除歧视和偏见，还通过人民网、华龙网、重庆晚报等媒体报道，以及自营的微博、微信推送与服务内容相关信息 209 条，制作工作小报 31 期等宣传方式，传播精神健康知识，间接服务 96199 人次。

"三位一体"服务组建了以医务社会工作者为主体的社区志愿者团队，整合和挖掘社区资源，组织开展了形式多样的社区志愿服务活动，为精神障碍患者居家康复提供了方便的服务，形成了有机的社区联动体系。

四 实验效果分析

根据"三位一体"服务模式的实施情况，在服务对象中，选取部分患者、患者家属、社区居民，采用单被实验设计（Single-Case Design）以此评估"三位一体"服务对精神障碍患者居家康复的干预效果。

（一）实验设计

1. 实验对象

选取 L 街道、Q 街道精神障碍患者 13 人（N1 = 13，其中女性 7 人，男性 6 人，患者均是出院 3 年以上的精神分裂症患者，患病等级为二级和三级之间）、患者家属 4 人（N2 = 4，其中女性 2 人，男性 2 人）、社区居民 20 人（N3 = 20，其中女性 10 人，男性 10 人）分别进行单被实验检验。

2. 实验策略

单被实验设计强调被试者行为认知变化的测量，指在实验之前对被试者多次测量，获取稳定基准线之后，施加自变量并重复测量被试者行为认知变化，经过一段时间实验之后撤销实验干预，再次测量被试者行为认知变化情况，看其是否回到基准线水平，以此来推论实验干预的实效。根据单被实验设计的特性以及患者的特殊情况，本研究采取多重基线水平 ABA 的实验策略，其中第一个"A"为基准阶段（用"A1"表示），"B"为干预阶段，第二个"A"为撤销干预阶段（用"A2"表示）。

基准阶段（A1）：在开始"三位一体"干预服务之前，对服务对象在生理状态、心理状态、社会功能三个对应"三位一体"服务方面进行反复测量，以获取一条稳定基线，用以与干预阶段（B）进行对比。此阶段在社会工作服务之前两周进行。

干预阶段（B）：经测量获取基准线之后，正式开始为期一年的医务社会工作服务（自变量）干预过程。在此阶段，除对测量对象施加自变量干预之外，保障其余实验条件与基准阶段相同，同时使用相同的测量指标对被试者进行多次干预阶段测量，获取干预阶段数据。

撤销干预阶段（A2）：此阶段是在医务社会工作开展服务结束之后，使用相同测量指标对被试者进行2周的后测，获取撤销干预后的测量数据，最终通过对比三个阶段数据变化情况检验"三位一体"服务实践效果。

3. 测量指标

本研究采用定量研究方法，针对"三位一体"服务模式中"医务社工+医护人员+社区工作者"三大服务提供主体所涉及的精神障碍患者、患者家属以及社区居民三大群体，由于不同群体所获服务内容和侧重点不同，因此需要采取不同量表在基准阶段、干预阶段、撤销干预阶段对被试者进行行为认知评定。对精神障碍患者采用阳性和阴性症状量表（PANSS）、焦虑自评量表（SAS）、抑郁自评量表（SDS）和社会功能缺陷量表（SDSS），对患者家属采用焦虑自评量表（SAS）、抑郁自评量表（SDS）和家庭功能评定量表（FAD），对社区居民采用社会环境评定自建量表。

（二）"三位一体"服务模式对社区居民的效果分析

患者居家的社区环境直接影响其康复的效果，社区居民对精神障碍患者的接纳程度是直接反映社区环境是否和谐的重要标志。因此，对社区居民开展"三位一体"医务社会工作服务，通过自建量表测量社区居民对精神障碍患者的接纳态度，从而了解社会环境好坏对居家康复精神障碍患者的影响。根据实验设计，在开展服务前，选取20名社区居民，通过自建量表测量出在基准阶段（A1）他们对精神障碍患者的态度的平均分值，在为期一年的服务结束后测量出干预阶段（B）的平均分值，撤销服务后测量出撤销干预阶段（A2）的平均分，从而完成本次实验。

根据图6，在"三位一体"服务干预下，社区居民对精神障碍患者的态度有明显变化。在开始服务之前，20位被试社区居民平均分值的基准线为43.6分,经过为期一年的服务干预阶段,社区居民的平均分值下降到33.8分,在服务结束撤销干预后的一月内,其平均分值又回升到34.0分。这一结果也与前后测检验数据相符合。结果表明,在"三位一体"服务下,社区居民由服务之前的不认可精神障碍患者变为较为认可精神障碍患者。精神卫生知识的普及宣传,结合多元社区活动,可以让社区居民更加深入地了解精神卫生知识,从而提高他们对精神障碍患者群体的接纳程度和认同感,改善了患者居家康复的社会环境,提升了患者的社会适应能力,促进了康复。

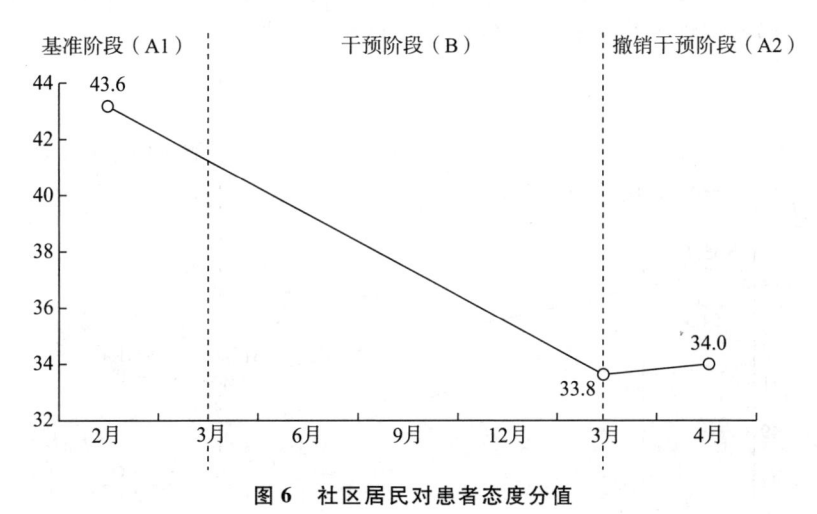

图6　社区居民对患者态度分值

说明:社区居民对患者态度量表为自编量表,标准分界值为35分,>35分为"不认可",30~35分为"较为认可",<30分为"认可"。

(三)"三位一体"服务模式对患者家属的效果分析

家属是精神障碍患者居家康复的第一照料者,在患者康复中起着十分重要的作用。由于疾病恢复缓慢且容易复发,需要花费大量的时间和金钱,因而给家庭造成经济负担的同时,也使家属普遍产生焦虑、抑郁等负面情绪。为检验"三位一体"服务对患者家属的干预效果,对4名患者家属采用焦虑自评量表(SAS)、抑郁自评量表(SDS)和家庭功能评定量表(FAD)来了解在服务前后的变化,以检验"三位一体"服务对患者家属的有效性。

1. "三位一体"服务对患者家属焦虑、抑郁情绪的效果分析

选取4名患者家属测量出基准阶段(A1)他们的焦虑和抑郁的平

均分分别为 54.3 分和 55.7 分，干预阶段（B）焦虑和抑郁的平均分分别为 47.2 分和 51.0 分，撤销干预阶段（A2）焦虑和抑郁的平均分分别为 47.2 分和 51.4 分。

结果显示，4 名家属在开始服务之前基准阶段（A1）的焦虑和抑郁平均分均在标准分值以上，说明患者家属均存在一定的焦虑和抑郁的负面情绪，经过 12 个月的干预服务，在干预阶段（B），其平均分值降到了标准分以下，在撤销干预阶段（A2），其焦虑和抑郁平均分值无明显变化（见图 7）。可以看出，"三位一体"服务对精神障碍患者家属的抑郁和焦虑负面情绪有一定的缓解作用。

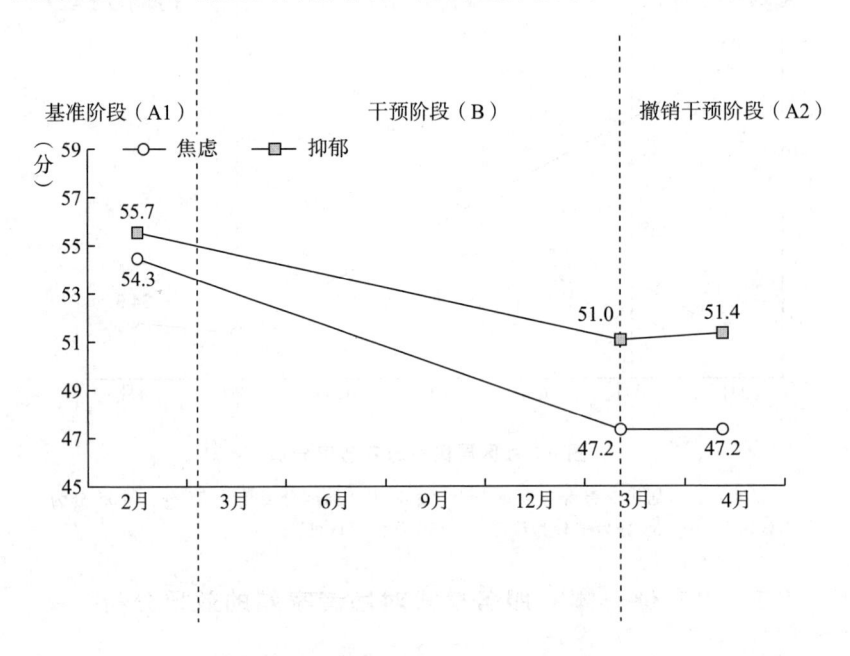

图 7　患者家属焦虑和抑郁情绪量表分值

说明：(1) 焦虑自评量表（SAS）由 William W. K. Zung 编制，SAS 量表有较好的稳定性，是反映焦虑症状的重要测量工具。按照中国常模结果，SAS 标准分的分界值为 50 分，其中 50~59 分为轻度焦虑，60~69 分为中度焦虑，70 分以上为重度焦虑。(2) 抑郁自评量表（SDS）由 William W. K. Zung 开发，是较早引入国内的情绪自评量表，包括 20 个项目，每个项目由七级评分构成。按照中国常模结果，SDS 标准分的分界值为 53 分，其中 53~62 分为轻度抑郁，63~72 分为中度抑郁，73 分以上为重度抑郁。

2. "三位一体"服务对患者家属家庭功能重塑的效果分析

患者家属家庭功能的重塑有利于改善患者居家康复的家庭支持，

促进康复效果。选取家庭功能评定量表（FAD）问题解决、沟通、角色、情感介入、情感反应、行为控制、总的功能这七个维度进行测量，可以较为准确地了解干预效果。

测量结果显示，小组成员 B 的分数最低，家庭功能较为完善，其他小组成员的家庭功能较弱（见表6）。可以看出，"三位一体"服务的患者家属互助小组活动中，小组成员得分在开展服务前基准阶段的基础上一定程度上都有所下降，家庭功能均得到提高。可以推测出，"三位一体"服务对精神障碍患者及其家属产生了影响，家庭功能整体提升，在问题解决、沟通、角色、情感介入、情感反应、行为控制等方面起着不小的作用。

表6 患者家属家庭功能测量情况

单位：分

被试者	干预阶段	问题解决	沟通	角色	情感介入	情感反应	行为控制	总的功能	总分数
A	基线阶段	12	15	11	12	10	16	20	96
	干预阶段	9	11	7	9	8	11	15	70
	撤销干预阶段	9	11	8	8	9	11	15	71
B	基线阶段	6	9	11	7	12	8	8	61
	干预阶段	4	6	10	5	9	6	6	46
	撤销干预阶段	5	5	9	6	9	7	6	47
C	基线阶段	9	14	13	12	11	16	17	92
	干预阶段	7	11	9	10	9	12	14	72
	撤销干预阶段	8	10	10	10	9	12	14	73
D	基线阶段	11	13	11	12	10	16	18	91
	干预阶段	10	8	7	7	9	12	14	68
	撤销干预阶段	10	9	7	9	8	12	14	69

注：在家庭功能评定量表（FAD）中问题选项由低到高分为五个级别，并依次赋值为1分、2分、3分、4分、5分，分数越低表示对这一项目的认可度越高。1分代表健康，4分代表不健康，每个量表各条目得分的平均数即为该量表的得分，评分范围为1~4分。

以下的案例也说明了医务社会工作服务对缓解患者家属焦虑、抑郁等负面情绪和提升自信等有良好效果。

案主黄某，女性，51岁，精神障碍患者的监护人。

自述:"由于害怕家人突然发作,晚上不敢睡得太死,长期造成失眠焦虑。""不敢和外界联系,害怕别人瞧不起。""不知道应该怎么照顾患者。"

医务社工评估:结合国际通用抑郁、焦虑、自信等量表测试的数据和访谈记录,我们认为,案主精神压力过大,长期失眠,有严重的焦虑、抑郁情绪,不能享受正常生活。

效果:案主在参加了"严重精神分裂症患者家属支持小组"、"兴趣小组"和"家属培训"等活动后,在面对严重患者和照顾患者上,减少了许多精神压力,使长期以来累积的负面情绪得到疏导,失眠状况也得以缓解。她感激地说:"自从参加活动以来,不仅两位患者的情况有所好转,自己压力也减轻了不少,现在可以安安稳稳地睡觉了……"一年后,对案主再次进行了测评,抑郁分数从69分降到58分,由最初的重度抑郁转变为轻度抑郁;焦虑分数从51分降低到41分,由重度焦虑变为正常;自信分数从20分提升到27分,自信度也上升了一个等级(见图8)。

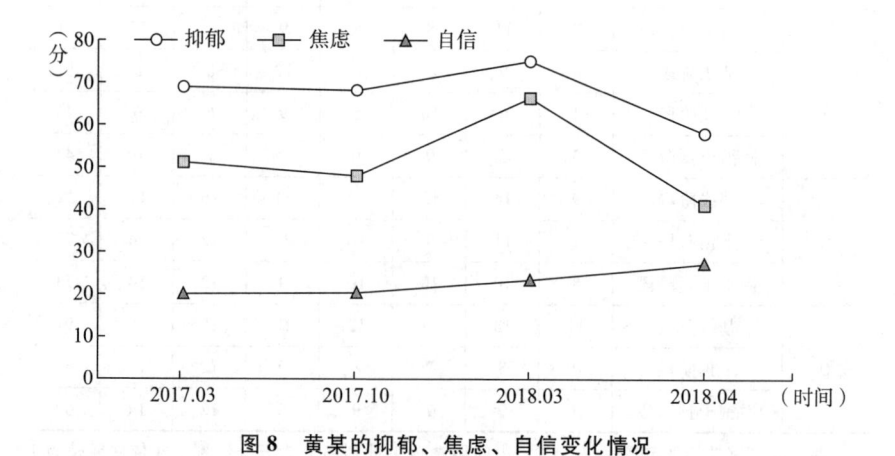

图8 黄某的抑郁、焦虑、自信变化情况

总之,在长时间的看护生活中,家属承受着歧视、污名等压力,常常会有无助、自卑等不良情绪滋生,严重者还会导致焦虑、抑郁等心理疾病。在"三位一体"服务中,通过支持、互助、协作、照料、技能等多种培训,家属心理健康问题得到缓解,从而有助于患者的康复。

(四)"三位一体"服务模式对精神障碍患者的效果分析

"三位一体"服务从患者生理、心理和社会功能恢复三方面开展工作,并使患者这三方面的功能获得一定改善。

1. "三位一体"服务促进精神障碍患者生理症状改善

根据实验设计,运用阳性和阴性症状量表(PANSS)分别测量出13名精神障碍患者在基准阶段(A1)、干预阶段(B)、撤销干预阶段(A2)的阴性症状、阳性症状和一般精神病理症状平均分,完成本次实验。

结果显示,随着"三位一体"服务的推进,患者阴性症状得分、阳性症状得分和一般精神病理症状得分均呈逐渐下降趋势,在撤销干预后PANSS得分均有轻微回弹。经过一年的服务干预,患者阴性症状得分由基准阶段的18.4分降至干预阶段的13.9分,撤销干预后得分又上涨至14.0分;阳性症状得分由12.5分降至干预阶段的10.1分,撤销干预后变为10.2分;一般性症状得分由25.3分降至干预阶段的16.8分,撤销干预后变为17.0分(见图9)。由此可以看出,"三位一体"服务对缓解精神障碍患者的精神分裂症是有效果的。

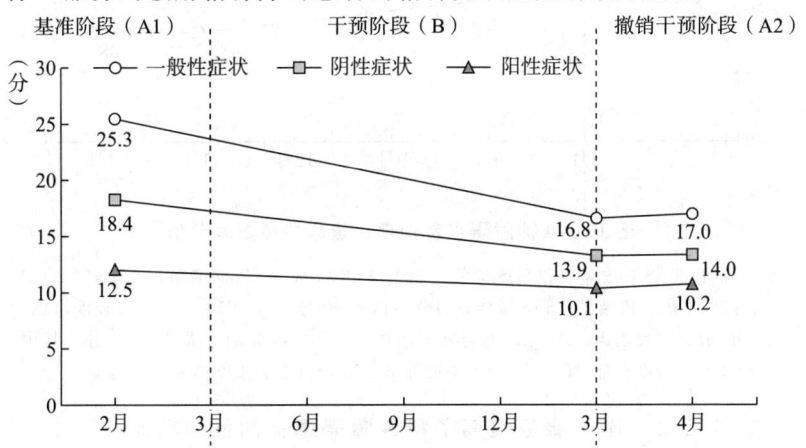

图9 患者阳性和阴性症状量表(PANSS)分值

说明:阳性和阴性症状量表(PANSS)是评定精神分裂症状严重程度而设计的标准化的评定量表,由简明精神病量表和精神病理评定量表合并修改而成,主要用于评定精神症状的有无及严重程度,PANSS量表的每个项目都有定义和具体的七级操作性评分标准。其按精神病理水平递增的七级评分为:1分为无;2分为很轻;3分为轻度;4分为中度;5分为偏重;6分为重度;7分为极重度。

2. "三位一体"服务促进精神障碍患者保持良好心理状态

根据实验设计，运用 SAS 焦虑量表和 SDS 抑郁量表测量出 13 名精神障碍患者在基准阶段（A1）、干预阶段（B）、撤销干预阶段（A2）的抑郁、焦虑平均分，完成本次实验。

根据测量数据，精神障碍患者在基准阶段（A1）的抑郁和焦虑平均分分别为 59.8 分和 52.7 分，均在标准分以上，属于轻度抑郁和轻度焦虑。在干预阶段（B），患者抑郁分值降为 53.3 分，接近 SDS 标准分 53 分，趋于正常水平；焦虑分值降为 48.4 分，低于 SAS 标准分 50 分，属于正常水平。在撤销干预阶段（A2），焦虑和抑郁分值有轻微变化（见图 10）。由此可以看出，"三位一体"服务可以有效对患者进行心理干预，缓解患者的抑郁和焦虑情绪，使其保持良好心理状态。

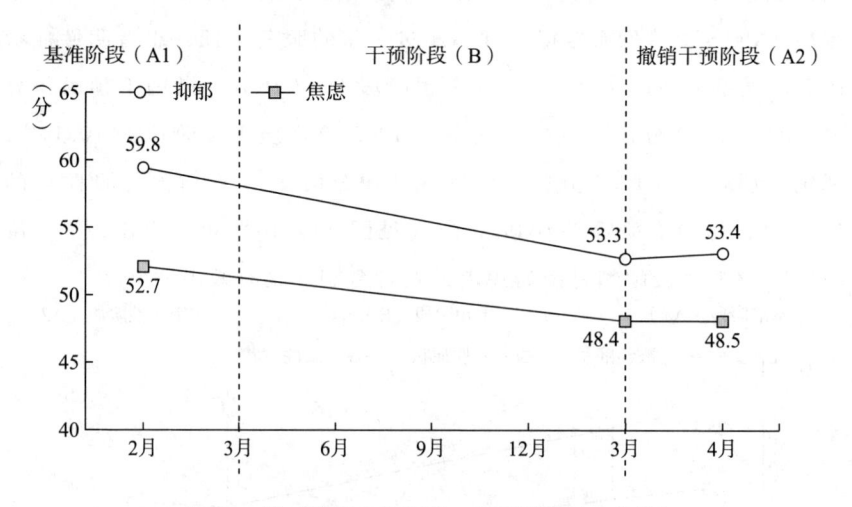

图 10　精神障碍患者抑郁、焦虑情绪量表分值

说明：SAS 焦虑量表和 SDS 抑郁量表由 William W. K. Zung 编制，有较好的稳定性，按照中国常模结果，SAS 标准分的分界值为 50 分，其中 50~59 分为轻度焦虑，60~69 分为中度焦虑，70 分以上为重度焦虑；SDS 标准分的分界值为 53 分，其中 53~62 分为轻度抑郁，63~72 分为中度抑郁，73 分以上为重度抑郁。

3. "三位一体"服务提高了精神障碍患者的社会功能

根据实验设计，运用社会功能缺陷筛选量表（SDSS）测量出 13 名精神障碍患者基准阶段（A1）、干预阶段（B）、撤销干预阶段（A2）SDSS 的平均分，完成本次实验。

结果显示，经过医务社工"三位一体"团队一年的服务干预，患者的社会功能缺陷分值显著下降，整体 SDSS 平均值从 4.8 分降到 2.1

分,趋近于正常水平(见图11)。选取一名患者的实例,来印证"三位一体"服务介入精神障碍患者的个案效果。

基准阶段(A1) 干预阶段(B) 撤销干预阶段(A2)

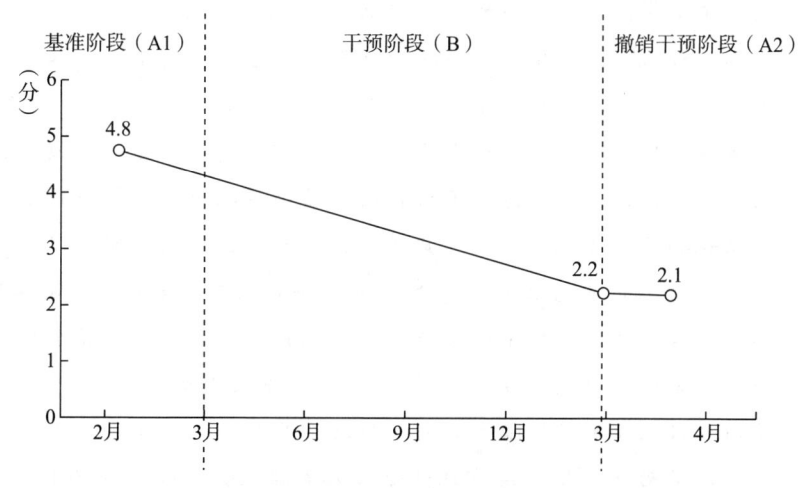

4.8 — 2.2 — 2.1

2月 3月 6月 9月 12月 3月 4月

图 11 精神障碍患者 SDSS 量表分值

说明:社会功能缺陷筛选量表(SDSS),由我国十二地区精神疾病流行学会协作调查组根据功能缺陷评定量表(DAS)主要部分修订,主要用于评定精神病人的社会功能缺陷程度。每项的评分为 0~2 分:0 分为无异常或仅有不引起抱怨或问题的极轻微缺陷;1 分为确有功能缺陷;2 分为严重的功能缺陷。总分≥2 分者,为有社会功能缺陷。

案主,诚诚,男,35 岁,患精神分裂症 18 年,先后 2 次住院。2000 年,大学毕业后考公务员,在 4000 名考生中成绩排第 27 名,并进入面试。因面试没有通过,受挫之后精神状态一直不太好,就医后,被确诊为精神分裂症(精神残疾 2 级),经住院治疗,目前居家康复中。

诚诚自我感觉左眼固定在眼眶里、一动不动、面部表情僵化,有偶发幻听现象。但是,自认为没有精神疾病,抗拒服药;案主埋怨父母没有照顾好自己,才把自己害成这样。案主的母亲也埋怨丈夫不照顾、不关心孩子,家庭关系不和谐。

医务社工评估:一是案主存在明显的疾病特征,案主与母亲因为案主曾经的光辉成绩而盲目自信,又因身患疾病后极大反差而郁结于心;二是案主家庭成员关系不和谐。

效果:医务社工运用个案服务、小组服务的方法技巧,邀请诚诚一家人陆续参加了约 3 个月的"良好行为习惯养成互助小组——戒烟"、"兴趣小组"等专业服务活动，经过一年的服务，对案主进行后测，效果显著。

案主方面：诚诚的抑郁分数从58分降低到32分，焦虑分数从54分降低到31分，社会功能分数从9分降低到2分，焦虑情绪、抑郁情绪、社会功能明显改善（见图12）。吸烟量减少一半，从每周100支下降并控制为每周50支，参与家庭、社会活动意识与能力增强，虽然不愿意承认自己是精神疾病患者，但是能够正确认识病症表现，疾病管理意识增强；比较固化的左眼，灵活了许多，给人的感觉温和了许多。诚诚妈妈刘某表示："自从参加活动以来，诚诚发生了很大的改变，以前来参加活动，需要给他钱，但是现在他愿意主动来参加活动，每次活动都是第一个到，有时候我们没有时间陪他来时，他还会生气，哪怕是一个人也要来参加活动。""从来没有见过他在家里做过饭，每天在家里无所事事，但是参与厨艺活动后，竟然主动切菜，没有抗拒，也会打扫活动场地，做清洁，为其他人倒水等，这些事情都是我以前不敢想的，很意外，诚诚会有这些改变。"

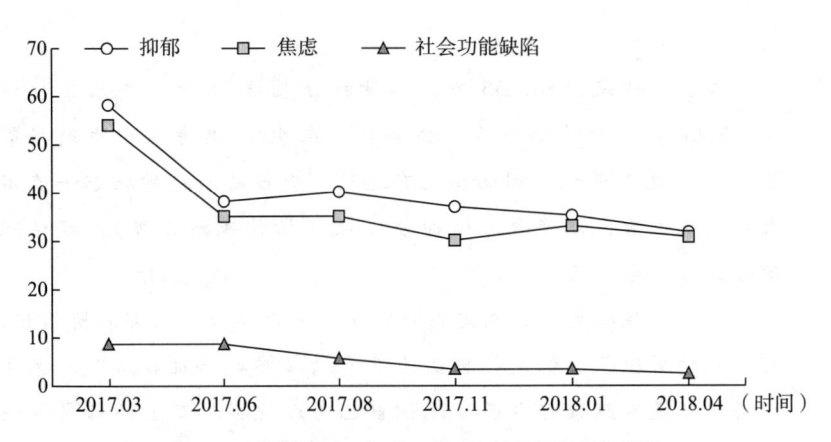

图12 诚诚抑郁、焦虑、社会功能缺陷变化情况

上述个案表明，精神障碍患者对社会处境敏感，医务社会工作帮助患者建立非正式或正式社会支持系统，协助患者认识自我、接纳自我，缓解抑郁、焦虑情绪，保持心理健康，同时做好患者与家属、与医疗机构之间的沟通，的确直接有助于患者康复。

五　研究发现与启示

本研究在"三位一体"医务社会工作服务介入精神障碍患者居家康复实验性探索中,对罗伊"适应理论"有一定认识和拓展,并提出社会适应理念,在实践、运作乃至推广方面也都有所发现与启示。

(一) 社会适应理念是精神障碍患者居家康复的治本理念

在罗伊"适应理论"基础上,依据精神障碍患者居家康复干预实验,本研究提出了社会适应理念,目的在于强调精神障碍患者的社会环境对患者康复重要性的根本意义。而且这一社会适应理念完全符合医务社会工作介入精神障碍患者居家康复工作的实际需要。

1. 社会适应理念是罗伊"适应理论"的再发展

在医学和护理界具有普遍意义的罗伊"适应理论",对于本研究最为重要的启迪在于其关键概念,即由人、健康、环境、护理部分组成,突出了"人在与环境互动中改变着环境""人也需要以相应行为去适应环境",并强调"健康的适应就是在面对环境的不断变化时,始终能够做出适应的反应"。适应理论建立在认为众多疾病的致病原因,大都是生物学或生物性的,部分是遗传性的基础上。但是,精神障碍患者的病因并不尽然,除了生物性之外,更多还是由于复杂的社会环境因素。因此,在精神障碍患者治疗和康复的完整过程中,仅仅强调患者积极的"适应反应"并不十分恰当,如果忽视了精神障碍患者所处的整体社会环境,则只能治标而难以治本。

2. 社会适应理念适宜于精神障碍患者的具体特点

社会环境条件通常是精神疾病患者呈现"高复发率"的重要因素,虽然是"客观"原因,但却是直接原因。因而,当医务社会工作者站在"整体的社会条件"角度面对精神障碍患者时,应当能够想到且可以做到的是,"提供"或"创造"一个能使精神障碍患者愿意接受且有利于其康复的"社会"环境,而不是简单地要求患者对于现有环境被动适应。只有在这种由医务社会工作者"创造"出来的能够让精神障碍患者感觉良好的、可以适应的生活环境中,加以必要的药物治疗,才能帮助和促进患者尽早康复或者减少致残率、降低风险率并最终回归社会。

3. 社会适应理念强调改变外部环境条件以适应患者为前提

本研究认为，精神障碍患者处于一个整体适应系统之中，患者作为居家康复工作对象，医务社会工作、患者家庭及所在社区环境都是实现其居家康复的外部原因。医务社会工作的责任就是促进各种外部条件的改善，以满足患者适应性需求，使之能以良好的身心状态适应环境，从而达到康复效果。医务社会工作服务对于环境条件的改善，是精神障碍患者居家康复工作的"应尽之责"，医务社会工作者的努力，即改变环境条件，能让患者以良好身心状态适应外部环境，成就"可尽之责"。

（二）"三位一体"医务社会工作服务是社会适应理念的实践模式

从罗伊"适应理论"出发构建"三位一体"的初期思路，在医务社会工作服务实践中，逐步完善社会适应理念，进而建立"三位一体"服务模式。可以说"三位一体"医务社会工作服务是社会适应理念的实践模式。

1. "三位一体"与社会适应理念的内在联系

首先，"三位一体"与社会适应理念的目标是一致的。"三位一体"医务社会工作的"健康服务"目标应被理解为与传统的生物治疗模式形成有效互补，并通过社会工作专业独特的人文气息工作方法，即产生于社会适应理念而促成的、充分强调为精神障碍患者提供环境改变条件、形成社会支持，从而满足患者居家康复需要的共同目标。

其次，"三位一体"与社会适应理念的观念是相同的。"三位一体"模式秉持医务社会工作方法的"平等接纳服务"观念，并在行动中一以贯之。人们通常对关心患者和给予患者同情心能够理解，但对平等接纳却不能正视，精神障碍患者在接受治疗时，医生与患者是趋于服从与被服从的关系，医生并未将患者放在平等地位，这种观念不利于患者心理健康。遵循社会适应理念，医务社会工作促使环境改变，以"平等接纳"的服务态度，充分尊重服务对象各项权利，理解服务对象个人经历和社会背景，承认服务对象作为一个人的价值及其发展潜力和改变的能力，真诚对待服务对象，让患者真实感到被尊重和被接纳，从而体现了服务观念的相同性。

2. "三位一体"的"多元优势服务"将社会适应理念落到实处

"医务社工＋医护人员＋社区工作者'三位一体'"的专业服务模式，旨在通过医务社会工作"多元优势服务"形成各方面合力，有针对性地为精神障碍患者"创造"居家康复适宜环境。

首先，医务社会工作的服务对象和工作条件是"多元"结构的，在面对患者、患者家属、医生、社区居民的同时，还必然有赖于医院、社区组织和政府部门等各方面的协作与支持。医务社会工作者除了具备专业的社会工作技能外，还必须具备相应的基本医学基础理论知识，尤其是具备一定的管理能力，只有这样，才能充分发挥"多元优势服务"、努力创造"适应患者的环境"，也才能落实社会适应理念，完成精神障碍患者居家康复的工作。

其次，"三位一体"专业服务模式是基于社会适应理念在实践层面的具体落实。研究团队运用健康管理、社区教育服务、专业化服务、促进志愿服务和康复服务等方式，对精神障碍患者居家康复环境进行了具有推动力的干预性影响与改变。本文通过对社区居民、精神障碍患者及其家属的单被实验，呈现了对精神障碍患者居家康复干预的实际效果。一是提升了社区居民对精神卫生知识的深入了解程度，有效地改变了社区居民对精神障碍患者回归的理解和接纳度；二是通过患者家属互助小组和社区活动，尤其是链接相关社会资源，减轻了患者家庭经济负担和缓解了家属的焦虑、抑郁情绪，家庭功能由此得以逐步重塑；三是通过以"增能"为重点的有针对性的个案服务，提升了精神障碍患者的生活自主能力及社会交往能力，进而实现了生理、心理和社会功能的逐步恢复。

可见，基于社会适应理念的"三位一体"模式，在实践中使环境的改变迎合了患者的康复适应要求，并取得了良好的效果。

（三）精神障碍患者居家康复服务的社会启示

在进行医务社会工作介入精神障碍患者居家康复服务的实验性探索中，我们认识到精神障碍患者居家康复还涉及许多其他问题。

1. 精神障碍患者居家康复服务工作的社会问题

精神障碍患者居家康复工作并不是单纯的疾病治疗问题，实际上在相当程度上是一个社会问题，需要"综合管理"方能见效。

首先，精神障碍患者被严重污名化。精神障碍患者群体则因污名而备受歧视，精神障碍患者乃至家属也由此而时常处于被异样眼光看待的困境之中。

其次，对精神障碍患者普遍实施"控制"手段。医院康复护理工作者在家庭或社区机构为精神障碍患者所提供的居家康复服务，多以"控制"为主，"康复"为辅，即居家康复的精神障碍患者被要求在有限范围或规定场所内活动，以避免影响周边社会生活秩序。但精神障碍患者这一特殊人群毕竟与其他有法规条款约束行为者不同。或许，在某些经过合法程序被确认具有攻击性的个案上实施"控制"手段是必要的，不过事实上特定个案却不意味着适用于精神障碍患者整体。以"控制"为主，看似简单易行，实际上在"精神障碍患者"居家康复中难以奏效，更可能由于社会偏见或"标签"效应的存在，精神疾病患者离开医院后的社会融入过程因再次遭遇歧视而产生相反的作用，造成新的心理健康问题而加重病情，从而有可能阻断实现精神疾病患者真正回归社会的途径。

再次，对精神障碍患者"重治疗、轻预防"仍然是普遍的社会现象。

总之，对精神障碍患者的各种态度和不同看法，在相当程度上，反映了社会认知的差异，相关的专业认知也往往与不同专业对于精神疾病的前因后果的不同理解而产生治疗理念差异，而这种差异导致的结果是不同的，参与方都会按照各自的专业要求和理解自行其是，缺乏精神障碍患者居家康复服务统筹协调，已经是当前精神障碍患者服务面临的社会问题。加之，精神卫生作为世界性人类健康难题，对精神疾患的不当认知，使精神障碍患者居家康复已经远远不是单纯的疾病治疗问题。

2. 倡导"三位一体"专业服务模式，实现治疗与预防并重

本研究在医务社会工作介入精神障碍患者居家康复服务过程中提出社会适应理念和实施"医务社工+医护人员+社区工作者'三位一体'"专业服务模式，倡导治疗与预防并重，摈除对精神障碍患者的社会偏见及相应的以"控制"为主的传统方式，一个重要原因与行动初衷即秉持"助人自助""促进全人健康"职业伦理和资源共享、凝聚共识的既定目标，着眼于多方协调和整体推进，促使精神障碍患者居家康复服务步入良性轨道并形成长效机制。为此，必须首先重视和增强医务社会工作服务团队自身的"适应"和协作能力，合理链接并有效利用相关资源，创造适宜条件改变社会工作者单打独斗的被动局面，在充分考虑精神障碍患者疾病状况基础上，强化与家庭、邻里、医疗机构和社区的紧密联系，协同构建治疗和预防体系。

3. 凝聚共识合理构建精神障碍患者居家康复服务协作体系

本研究中，我们还认识到，把精神障碍患者居家康复工作视为公共卫生和社会问题并作为构建和谐、文明社区的一项重要内容，且使之成为全社会的共识，居家康复才能有一定成效。

为此，我们有必要落实国家对此项工作提出的"综合管理"的具体要求。在工作实践中应该以政府为主导、医务社会工作机构为主体，协同社区、医院及相关部门联动配合，加大精神健康、精神疾病卫生知识的宣讲普及力度，引导社区居民对精神障碍和心理行为问题有更多的认知和了解，消除对精神障碍患者的偏见与歧视并主动施以援手，形成合力，为精神障碍患者提供社会关系调整、社区融入、日常交往能力的提高以及社会功能的恢复等的全面支持，进而实质性地提升精神障碍患者居家康复的整体效果。

显然，落实综合管理相关措施涉及面甚广，尽管医务社会工作服务作为其间的关键环节，但也绝无可能以一己之力便能支撑，必须依靠众多方面的协同配合。

（四）社会适应理念应用范围的扩展

社会适应理念是正确、有效解决客观环境条件与正常生活难以自理患者之间产生矛盾的医务社会工作服务理念，不仅适用于精神障碍患者居家康复服务工作，而且应该能适宜相关病患、场所甚至公共卫生事业。

1. 社会适应理念可以为更多的病患服务

随着社会发展、对弱势病患无微不至关怀的增加，积极改善环境以适应病患必然要求医务社会工作把社会适应理念作为必要选择。社会适应理念的医务社会工作，可以面对许多病患服务，例如晚期癌症、重度失能患者等。

2. 社会适应理念适宜家庭、社区及医院的服务

产生于精神障碍患者居家康复实践研究的社会适应理念，事实上也适宜在家庭中、社区内、医院里所有为高度无法自理的病患提供服务。以"养老送终"为例，临终关怀服务对客观环境的要求可以说是没有"最高标准"的，以社会适应理念为指导，则可能最大限度地满足主客观要求。

3. 充分发挥社会适应理念作用，发展公共卫生事业

在新时代社会治理理念指导下和重视文明社区建设活动中，一再强调社会环境重要的社会适应理念不仅仅能使精神障碍患者以及各种难以自理的患者恢复健康，更可以促进公共卫生事业的发展。从社会学的角度看，从社会适应理念出发，国家或政府主动、积极地发展、完善公共卫生事业，社会环境得以良性发展，作为社会主体的人们都能正常地生活在客观社会环境之中则必然能实现全民的健康发展。

参考文献

蔡超恒（2012）："社区精神康复与社会工作介入"，《大观周刊》，第35期，第78~78页。

丁振明、张一奇（2011）："社会工作介入精神病院康复模式的探索"，《福建医科大学学报》（社会科学版），第12期，第26~30页。

董云芳（2006）："社区融纳型精神康复服务模式探析"，《北京科技大学学报》（社会科学版），第22期，第8~12页。

高万红、陆丽娜（2017）："精神科社会工作实践研究——以昆明y医院为例"，《浙江工商大学学报》，第4期，第109~117页。

靳雪梅（2010）："社会学视角下的精神疾病分析"，《"新一轮西部大开发与贵州社会发展"学术研讨会暨贵州省社会学学会2010年学术年会论文集》。

鞠珍喜、李东方（2017）："社工综合性干预对住院慢性精神分裂症患者疗效的影响"，《中国民康医学》，第14期，第116~118页。

李滨、梅真、钟宇、聂雪梅（2018）："精神障碍患者居家康复医务社会工作服务研究"，《中国卫生事业管理》，第7期，第87~90页。

廖春平、李学武、曾姣瑛（2012）："住院精神分裂症患者自杀未遂行为临床特征对照研究"，《精神医学杂志》第5期，第336~338页。

林春燕、陈亚林（2017）："社会工作小组介入精神分裂症患者社区康复的效果研究"，《中国民康医学》，第11期，第49~51页。

刘继同（2012）："改革开放30年以来中国医务社会工作的历史回顾、现状与前瞻"，《社会工作》，第2期，第17~24页。

刘建明、黄双火、袁洁、周东胜、杨月友（2013）："社工介入对门诊精神分裂症患者社会功能及临床症状的影响"，《四川精神卫生》，第4期，第306~

308页。

梅真、李滨、朱学文、聂雪梅（2018）："医务社会工作介入精神障碍患者居家康复的影响研究"，《社会与公益》，第9期，第29～31页。

庞吉成、刘春文（2017）："社工介入对家庭病床复退军人精神分裂症患者康复作用研究"，《中国民康医学》，第2期，第20～23页。

秦燕（1997）：《医务社会工作》，台北：巨流图书公司。

邱永宏（2018）："重性精神疾病患者行居家康复护理的效果分析"，《临床医学工程》，第12期，第1703～1704页。

王思斌（2001）："试论我国社会工作的本土化"，《浙江学刊》，第2期，第55～60页。

熊恩富（2010）：《康复医学基础》，人民军医出版社。

徐一峰（2010）：《社会精神医学》，上海科技教育出版社。

杨可欣（2012）："社区精神康复与社会工作介入——对杭州朝晖工疗站的个案调查"，《北京城市学院学报》，第6期，第43～48页。

张旻（2016）："浅谈精神病患者对社会治安的影响——以上海为例"，《法制与社会》，第8期，第186～187页。

中华人民共和国国家卫生和计划生育委员会（2015）："《全国精神卫生工作规划（2015－2020年）》解读"，《中国实用乡村医生杂志》，第14期，第5～7页。

Anokye, Reindolf (2018). The Needs of Family Caregivers of People Living with Mental Illness: A Social Workers Assessment, *Practice* 30 (5).

Haslam, Lauren, David M. Gardner, Andrea Lynn Murphy. (2019). A Retrospective Analysis of Patient Care Activities in a Community Pharmacy Mental Illness and Addictions Program, *Research in Social and Administrative Pharmacy*.

Hawkins, M. J., & M. Raber (1993). Mental Health Care Reform: Implications for Social Work, *Hospital & Community Psychiatry* 44 (11): 1045 –1046.

Hudson, Christopher G. (2019). Deinstitutionalization of Mental Hospitals and Rates of Psychiatric Disability: An International Study, *Health and Place* 56 (2): 70 –79.

Rapp, Charles A. (1999). The Strengths Model: Case Management with People Suffering from Severe and Persistent Mental Illness, *Administration & Policy in Mental Health* 26 (6): 443 –444.

Roy, Callista. (1976). The Roy Adaptation Model Comment, *Nursing Outlook* 24 (11): 690 –691.

Roy, Callista (2008). *The Roy Adaptation Model (3rd Edition)*. New York: Pearson.

World Health Organization (2015). *Mental Health Atlas 2014*. Geneva: World Health Organization.

村庄边界与在地伙伴网络的建构

——以城中村社区营造过程为例*

魏爱棠**

摘　要　本文运用行动研究的方法，以社工协助一个社区关系冲突严重的城中村社区解决青年村民漠视公共事务、代际关系紧张问题的过程为例，来探索社工在城中村社区建构在地伙伴网络的实务策略。实践证明，"村庄边界"理论的实务操作化能够成为社工增进城中村社区整合的有效工具。社工进入城中村开展工作，应优先与代表社区行政边界的街道社区办和社区居委会结成核心在地伙伴关系，充分发挥社区居委会成员在地社会关系圈的优势，跨越相对封闭的社会边界，并在文化边界的基础上建构多元参与的在地伙伴网络。社工在城中村社区工作的介入重点应是针对村庄边界关联处的辅导整合。透过推动参与者导向的营造实践与过程辅导，来促进社区内多元的在地伙伴关系网络之间的相互理解与关系整合，从而达到培育社区能力、解决社区问题的目标。

关键词　村庄边界　城中村　社区营造　在地伙伴网络

---

*　本文系教育部人文社科规划项目"赋权视角下的城中村社区认同重构：城中村社区博物馆的行动研究"（项目编号：15YJA840017）、中央高校科研业务费项目"城中村流动人口与原住村民认同关系的人类学研究"（项目编号：20720151185）的资助成果，并受厦门市湖里区殿前街道项目资助。感谢加拿大不列颠哥伦比亚大学社会工作学院殷妙仲教授的指导，文责自负。

**　魏爱棠，厦门大学社会学与人类学院社会工作系教授，E-mail：swat2001@xmu.edu.cn。

一 "村庄边界"在社区营造实践中的操作化迷思

"社区营造"（community building），作为一种创新性的社区发展实践模式，在最近 20 年中受到了越来越多的关注。随着海峡两岸社区交流的深入，近年来许多大陆的社区也开始尝试运用社区营造的方法来创新社区建设的工作手法。虽然目前谈起"社区营造"往往言必称台湾的"社区总体营造"，然而实际上，"社区营造"的概念深植于社区发展的理论传统，最初源于欧美社区发展工作者对传统的问题/需求为本社区问题解决方案的批判反思。特别是在欧美政府投入大量资金依赖专业机构介入解决工业转型老旧社区问题却没能得到预期的效果之后，20 世纪六七十年代，越来越多的社会科学家和社区实践者开始投入反思社区问题，并寻找新的解决社区问题的方法与技术。1980~1990 年，一些非营利组织开始系统地运用"社区培力"（community empowerment）的方法来处理衰败社区的问题。克拉兹曼与麦克奈特（Kretzman & McKnight, 1993）首先从理论上完整地阐述了在地方层面营造社区的方法技术，提出了一套与传统缺陷模式截然相反的社区问题解决方案，由此奠定了社区营造理论的基础。他们批判传统的社会问题解决模式，只关注社区居民的问题和需求，过分依赖正式服务机构和外来专家来解决社区问题，把社区居民变成了服务项目的消费者而不是生产者，使他们依赖于服务项目而忽略了自己解决问题的能力与优势。因此，他们提出社区营造必须把焦点放在做"社区"上，而不仅仅是做项目；应以社区资产/优势为本，重视社区自身关系网络的力量，强调透过居民参与来提升社区能力，实现自内而外发展社区和解决社区问题（Kreztman & McKnight, 1993）。

不同于传统的社区实践，社区营造模式不再把社区仅仅当作一个问题解决的场景、工作对象或是被动的社区服务使用者。社区被视为一个在地方基础上，所有的居民与组织共同投入的多维度的、充满动力的整体（Mizrahi & Davis, 2008）。换言之，社区在此不只是一个静态的空间结构，也是一个在地方互动实践基础上持续变化发展的社会关系网络。因此，社区营造的过程本质上就是寻求与地方多元关系网络的协同合作与共同投入的过程。透过认识存在于这个地方的关系网络与居民想法，运用不同的策略，将所有参与者的甚至整个系统的能力整合起来，逐渐在彼此之间、在人与环境之间建立起更加紧密的社会联系，变成一个能够为个人和家庭提供支持的、真正意义上的"共同体"（Weil，1996）。这就是所谓"做社区"的过程。

很显然，"社区"概念认识重点的转变，构成了社区发展实践创新的基础。在社区营造模式实践中，"社区"的概念同时包含了多个层面的意义。一方面，它明确"社区"是一个与地理相关的、有边界范围的空间，实践者需要以地方为本，重视在地的资源与优势（Mizrahi & Davis，2008）。另一方面，它又特别强调关系建设，要求从地方现有的社区关系网络出发，透过创造社区的意义认同与目标，来构建共同参与的在地伙伴网络（Hyland & Bennett，2005）。因此，如何在理论上界定社区的概念边界，就决定了我们在实务中如何"看社区"和如何"做社区"。

虽然基于社工作为政府福利输送体系组成部分的性质，社工参与社区发展实践的服务边界必然与政府福利资源分配所依托的行政管理边界相契合，但是，在具体的地方实践层面，由于社区发展实践从来与当地社会文化背景紧密相联，不同的制度文化背景对实际场景中概念技术的操作具有深刻的影响。比如欧美和中国台湾地区的社区营造几乎都是以村落、城镇或都市邻里来操作社区概念的，这类社区或者以历史、仪式象征认同来维系，或是与特定选区范围内的社区组织网络相关联。而中国目前的村落研究已经表明，中国城中村的社区界定远比欧美及中国台湾地区社区营造中的社区概念操作化复杂得多。

一方面，人类学家揭示出中国的村落派生于明清时期的里社，村庙一般都是由里社或铺境演化而来，往往保留着里社的名称，村庙的仪式实践充分展现了村庄的边界定义和村庄认同与区分的重要机制（郑振满，1995；Feuchtwang，1996；王铭铭，2001）。即便经过大规模的"社队合并"，原先以社庙为基础的各个聚落之间的行政边界一变再变，被整并的自然村逐渐在行政上被整合为一体，但当地村民的社区认同依然是强调以"社"为边界来划分地域与人群的（周大鸣，2014）。

另一方面，许多社会学家却从地理空间、基层管理、社会网络与经济活动等不同方面把中国的村庄边界区分为自然边界、行政边界、社会边界、文化边界与经济边界，并将其分别对应于土地、村委员组织、村籍或基于血缘、地缘关系的社会关系圈子、象征认同以及集体经济组织（折晓叶，1996；贺雪峰，2003；李培林，2004），提出了"村庄边界多元化"的概念（折晓叶，1996）。特别是李培林（2004）指出，城镇化的发展导致城中村的边界构成出现了区别于传统村落的显著差异。传统村落的这五种边界是重合的，但是，城中村的村庄边界是分化的。并且，不同的边界开放度显著不同。其中开放度最高的是经济边界，而封闭度最高的则是社会文化边界。

可见，城中村社区是中国城市社区中一个非常独特的类型。虽然这类社区，尤其是地处城市核心地带的城中村，在地理上和经济上已经与城市高度融合，目前政府在政策趋向上也越来越有意识地促使其形成与一般城市社区一致的行政管理制度结构。但是，它又存在与城市社区根本不同的元素。工业化与城市化的结果使城中村社区往往拥有一般城市社区无可比拟的、丰富的公共经济资源，民间自组织在社区治理中拥有独特的影响力，传统宗族和村落的权力运作方式仍在社区中发挥着不容忽视的作用。但是，在相当程度上又强化了城中村家长制色彩的拟家族化治理模式，造成了城中村利益关联性社会资本畸形发展和城中村社区关系的利益化（蓝宇蕴，2005）。因此，也造成城中村青年群体的弱势地位、城中村社区信任关系缺失、凝聚力日益涣散、社区缺乏公共服务供给的能力、居民缺乏社区认同感与参与社区的动力（吴晓燕、关庆华，2015；鲁翠花，2012）。

然而，目前在城中村社区的社会工作基本上都是在政府购买服务的框架下，针对特殊人群的个人及家庭需求提供直接的社区服务，极少关注城中村的社区关系问题。社工的服务很少关注到城中村社区独特的社会文化特征与既存的治理模式，更缺少对城中村社区社会资本的动员与运用。社工在城中村的服务如何"接地气"，始终是一个难以解决的问题。社工若是仅仅把社区当作一个工作的场景，自外而内地在社区中实施专业的策略性框架，则这样的服务一旦失去了购买服务的资源，是很难在社区中可持续的。事实上，只有可持续的服务才能真正实现服务对象在社区处境的改变。因此，社工的服务不能仅仅采取临床的取向来聚焦服务对象个人及家庭需求的满足，更需要考虑如何去引导社区的策略选择，建构社区伙伴，为社工服务的可持续发展创造社区资源的基础。但是，目前中国社工的实务或是研究，都忽视了对社区伙伴关系网络建构议题的探索，缺少对社区关系改变的关注。

随着党的十九届四中全会"建设社会治理共同体"战略目标的提出，如何发挥社会工作在建设社会治理共同体中的作用也愈来愈成为社会的焦点。正如王思斌（2020）所言，社会工作进入基层社区，通过促进居民参与，建构共同体精神，能够促进社会治理共同体的形成与发展。但是，在实务上，囿于临床取向的限制，社会工作普遍的关注仍局限在人群需求的服务上。居民参与和共同体建构的议题反而更多地成为社会学与规划学等学科的独胬。社会工作从睦邻组织运动时代就积累的社区工作实务优势，在中国城市社区建设与社区治理实务中，却似乎早已渺无踪迹。尽管中国社会工作研究早已认识到社区支持网络的建立和强化、社区凝聚力的增强是社区建设的核心，应重视研究从哪些层面和何种程度上去增强社区成员之间的支持性社会联系和他们的社区意识（王思斌，2000），但是，在实务上，社会工作界对这类社区工作层面的议题却一直鲜有关注。

因此，本文希望从发展的角度切入城中村社区问题，运用社区营造实践模式，来探讨社工如何在城中村建构在地的社区伙伴网络和推动社区关系的改变；如何运用"村庄边界"概念的实务操作化，来指导社工在城中村的社区关系建设实践，促进城中村居民的关系整合，共同参与解决社区问题。

二　研究方法

本研究的实践场景是一个因工业区建设在20世纪90年代初被征收了土地的城中村——M社区。这个城中村社区居委会辖4个居民小组，其中包括3个自然村落和1个综合开发区。全社区目前村籍人口470户，1265人，常住人口超过10000人。经过30年的工业化与城市化，M社区已经完全被城市所包围，并成为市区一个重要的交通枢纽。与许多城中村一样，房屋出租构成了M社区主要的经济来源。M社区村民已经完全实现了非农化就业，很多人自己做生意，或者是到市区工作。但是，相对老一辈拼搏创业、关心村庄，年轻一辈的村民则较为安于现状、淡漠公共事务。年轻村民与父辈村民之间的生活方式差异很大，代际关系紧张。父辈们对年轻村民啃老享乐、不知珍惜的批评相当普遍。特别是社区中发生有个别年轻村民因生活不端造成家财荡尽的事件后，父辈村民中弥漫着传承危机的焦虑。随着城市化的发展，很多年轻村民越来越习惯于城市的生活方式，活动范围越来越超出社区。他们无心参与村庄传统的庆典活动，传统习俗日渐淡化。不少人甚至把房屋包给二房东，举家搬离村庄到市区居住。围绕社区集体资产分配和村民选举，社区中的利益争斗愈演愈烈。2016年，M社区书记HZ提出，他们希望做村史、建个村庄博物馆，让年轻人能够铭记村庄脱贫致富的发展历史，传承拼搏精神，改变年轻村民普遍存在的不思进取、漠视公共事务的状况。这个建议得到了街道办的支持。对于社区居委会来说，首要的目标是完成村史，传承村庄文化，教育年轻人。而街道办则希望借此筹备建设村庄博物馆，总结村改居社区创新治理经验，以建立示范。2016年底，厦大社工师生团队被社区居委会邀请参与协助完成这个社区治理的探索性实验。基于对发展取向城中村社区工作的研究兴趣，我们投入到了这个试验性探索中，并形成了一个共识目标：以做村史和筹建村庄博物馆为行动媒介，重点改善城中村的代际关系，增强城中村多元主体之间的协同合作。

　　本研究采用行动研究的方法，全部资料来自社区营造第一阶段试点行动过程的项目资料、研究日志以及过程的一些非正式访谈记录。行动研究是一种在教育、社会工作、健康促进等领域广泛运用的研究方法，它强调实践者，即研究者通过将研究和行动连接起来，把发现的知识直接用于实践，以提高实践者改变行动质量的研究方法（陈向明，1999）。行动研究关注实务问题，注重理论与实践的彼此连接和研究与实践的相互整合，强调在研究实践过程中发展参与者合作伙伴关系，重视参与者之间的对话与发展性行动，把研究过程当作一个计划、行动与总结反思的螺旋发展循环（Reason & Bradbury，2011）。

　　在本研究中，社工团队既是社区营造项目的实践主体也是研究主体。本研究的理论起点是基于"村庄边界"的概念认识，来分析评估城中村社区"现存社区关系"的结构与开放程度，并在此基础上建立在地伙伴网络构建初步的行动计划。本研究的伙伴网络建设大致包括了三个阶段的实务行动：第一阶段是厦大社工团队与街道、社区居委会协同，构建社区营造项目的核心伙伴网络；第二阶段是以口述史对话平台建设为基础，构建社区多元主体的对话协商平台；第三阶段是以社区自助性服务为发展目标的多元协同网络建设。通过这三阶段与在地伙伴共同行动的过程，社工团队逐步在实践过程中应用和验证社区研究的理论知识，观察评估行动结果。透过持续反思总结实践中的问题、经验与智慧，来一步步厘清社区营造实践情境与知识实践的关系。可以说，本研究是社工尝试将中国社区研究的"村庄边界"理论应用于城中村社区发展实践的操作化探索。我们将"村庄边界"理论融于社工的社区营造实务过程，借助每个阶段实务过程计划－行动－反思的螺旋推进循环，逐步实现社区营造实践目标的推进和研究问题的深入。我们通过这样的实务探索，旨在回答社工在城中村社区的实务场景中，应如何与社区建立关系，来推动在地伙伴网络的建构和促进居民参与，从而逐步实现社区关系的改变与社区服务的发展。

三 "村庄边界"实践与"在地伙伴"网络的建构

（一）坚挺的行政边界与熟人社会的在地伙伴

社工团队是以城中村社区建设探索性研究项目合作的方式，在街道办和社区居委会的支持下进入 L 社区开始社区营造的项目实践。街道社区办与 L 社区居委会成为社工团队最初的在地合作伙伴。对于社区营造实践从哪里开始的问题，目前国际上相关研究的基本的共识是"从人而非项目开始"（start with people not project），采取"在地为本自下而上"（bottom-up locally based）的策略，重视在地的社区关系网络（Simpson et al.，2003）。但是，在实际的操作中，这个"在地为本"在欧美社会以及今天的中国台湾往往都是依托于在地发达的非营利组织网络及其强大的公民参与动员基础。正如费孝通先生所言，西方文化中的"社区"是"团体格局"，社会组织的关系网络构成了"社区"的基本结构（费孝通，1998：24~29）。而中国社区传统的结构是"差序格局"，从文化上看，中国社区的关系网络是以"个人"为中心的，而不是像西方那样以"组织"为中心的。这种关系网络的动员必须建立在熟人社会的基础上。而作为外来专家的社工团队，对于社区居民来说，只不过是一群"陌生人"。因此，社工不可能具备直接动员社区关系网络参与社区营造的能力。那么，在地的"熟人"就成为社工进入社区开始工作必须寻找的合作伙伴。

社会学家的研究已经表明，尽管在工业化与城市化的持续影响下，城中村的村庄边界不断分化并变得越来越模糊，但是，村庄的行政边界却始终坚挺，甚至越来越呈现逐步替代传统村落的趋势，成为一个建构中的村庄共同体（折晓叶，1996；贺雪峰，2003：30；李培林，2004）。并且，在中国目前的社会管理体系下，无论是村庄的自然边界或土地边界，还是被认定为社会边界的村籍身份，实际上都是由村庄的行政边界决定的。因此，行政边界所代表的村委会或社区居委会必然是中国社区中最重要的组织。事实上，现有的社区建设政策也早已明确地规定了社区居委会党组织在社区组织体系中的核心地位（中华人民共和国民政部，2009；中华人民共和国国务院，2017）。换言之，在中国社区中，社区居委会就是社区组织关系网络的聚合点。中国的制度结构决定了社区居委会必然是最容易带动社区关系网络动起来的引擎。因此，社区居委会应该是社工进入社区工作最合适的在地伙伴。

基于上述分析，社工团队认为选择社区居委会作为社区营造实践优先合作的在地伙伴，应是社工进入社区工作的优先策略。从另一方面来说，社区营造本质上也是一种自上而下的社区干预（Wekker，2017：3），借助于资助项目的街道社区办与社区居委会既有的关系网络进入社区，也较容易与社区居委会建立相对平等的伙伴关系。

（二）在地人经验与社区关系网络的冲突回避

事实证明，借助这一计划策略进入社区，确实使社工团队很容易就接触到社区的关系网络和社区需求的相关方。L社区居委会包括3个社（自然村落），其社区居委会与党总支委员会构成基本上也是按照相应的比例来分配权力。从社区居委会的权力结构来看，实际上，以文化边界维持的自然村落仍是城中村社区权力关系运作的基础。即便在目前行政边界强势整合的背景下，自然村落的文化边界仍是城中村社区关系整合中不可逾越的分际。社区书记来自其中最大的一个村落 A 社，由于其在过去 20 年中领导社区成功完成了村庄规划和集体资产建设，在社区中有很高的威望。社区主任则来自另一个稍小的村落 B 社，他是由村民直接选举产生的。最小村落 C 社的代表与 A 社的另一位代表则分别担任副书记。

但是，很明显，这个社区营造的想法主要来自社区书记 HZ。当然，这确实在相当程度上反映了当地村民关心的问题。他说，

> 大约在 2003 年，社区党员、老人协会和群众代表一起来社区开会学习"三个代表"的时候，有个村民谈起了他和儿子的对话。爸爸教育儿子说："如果你不好好读书，长大了靠什么？"儿子回应父亲说："没关系，咱家有房租呢。"当这位父亲把这话题带到会上后，引起了村民对这个问题非常热烈的共鸣与讨论。当时他们就在想，现在生活虽然好了，但我们的下一代丧失了拼搏精神该怎么办？因此他们一直希望有些行动去改变。（2016 年 4 月 27 日，田野访谈记录）

从与社区书记的会谈中，我们初步评估关注这个社区营造项目的相关方除了社区居委会以外，主要是 M 社区的父辈，其代表的社区组织包括村党支部与老人协会，年轻村民是他们的目标改变对象。然而，在随后的行动与策略讨论过程中，我们发现社区书记并没有动员社区居委会内不同自然村落的代表来共同协商如何开展社区营造，而是直接将任务转交给了同样来自 A 社的副书记 XQ。虽然在涉及集体资产经营之类问题时，城中村社区经常会召集不同利益背景的代表共同参与协商讨论，但是，对于社区营造这类的项目，社区居委会在实践中的认知，只是把它当作一种服务管理工作，并不认为有必要在不同自然村落的权力代表中达成共识后再开展行动。

另外，在我们一般的印象中，社区居委会主导的社工项目一般都要求服务空间覆盖整个社区居委会辖区。然而，当我们与社区书记 HZ 及街道社区办主任 XP 一起讨论项目实施范围时，我们发现书记并没有坚持要同时面向 3 个村落开展村史资料搜集，而是提出可以先尝试从最容易动员的 A 社开始试点，然后逐步扩大，并且这个建议得到了熟悉社区情况的街道社区办主任 XP 的支持。开始时我们分析，这个

策略提出的根据是社区书记 HZ 来自 A 社，他拥有较强的熟人关系网络来调动 A 社的关系。实际上，并非如此简单。虽然从 M 社区居委会构成体现了 3 个自然村落之间大致的权力平衡，但是，不同自然村落对社区问题的关注与解决方案并不似表面呈现的那么一致。另一个来自 C 社的副书记 SJ 告诉我们，这个文化传承问题的背后其实是大家对城中村改造政策下村庄未来的焦虑。

> 2003 年"三个代表"学习过程 JC 提出这个问题时，大家都很有感触。其实，从那个时候起，我们社区就已经在行动了。比如做物业管理培训、插花培训、烹饪培训，主要是给村民（提供）一些技能培训。还有，就是订村规民约，奖励读书。……做村史教育下一代，其实是 A 社很早就有的想法。因为他们社比较有传统，而我们没有。我们社也有一些创业的，但影响没他们大。（2016 年 5 月 15 日，田野日志）

因此可以说，A 社才是真正希望用做村史这种社区营造路径来解决项目焦点问题的村庄，而 B 社目前更关注的是集体资产经营分配的利益平衡问题，C 社因为村庄特别小且基本上已经与工业区融为一体了，在 M 社区的影响力相对较弱。可以说，虽然项目的焦点问题在相当程度上体现了 3 个自然村落共同的关注点，但它们对这一问题投入的优先态度实际上是存在一定差异的，甚至说短期内并不易达成共识来开展这类具体行动。书记 HZ 之所以提出这个行动策略，其实是基于其作为在地人对当地社区关系网络的深刻了解，以及前期推动 L 社区完成村庄改造的成功经验。以他的话来说，"当年我们成功完成全社区的村庄改造也是从 A 社开始的，后来他们看到我们做的成果，有比较就跟上来了"（2016 年 12 月 4 日，田野日志）。因此，第一阶段的社区营造就确定了绕开社区关系网络中潜在的利益冲突，从最容易动员的社区关系网络开始行动的策略。从初期的合作中，我们发现，书记 HZ 和副书记 XQ 等在地人的经验能够帮助社工团队准确地回避社区潜在的冲突，并能够清楚地帮助社工团队梳理分析可以进一步整合合作的社区关系网络资源。社区营造项目的服务边界也顺利地在社区居委会的协助下从行政边界范围聚焦到文化边界所定义的自然村落。

在地人的经验构成了社区营造推进中最可靠的社会资本。社工团队与社区居委会在地人建立的相互信任伙伴关系，有助于社工建立与社区的正面联系。

（三）服务逻辑的惯性依赖与以人为本的共识对话

随着社工团队与社区居委会项目协同关系的发展，社工团队很快将 A 社的老人协会与 A 社党支部整合进了社区营造的在地伙伴网络。然而，在项目推进行动中，社工团队意外地发现这个社区发展项目已经完全被转变为一个服务项目。所有的参与者都强调他们会配合我们完成这个项目，但是他们文化程度不高，不会写作。所以，做村史和村庄博物馆他们可以帮忙找人做访谈，但是其他的事都帮不了忙。社区副书记 XQ 说，"M 社区是村改居社区，缺的就是会写的人，所以，你们社工团队正好能帮我们完成这个写作"（2017 年 4 月 12 日，田野日志）。老人协会很热情地引导社工团队参与村庄正在开展的各种事务，帮助社工团队了解村庄，以便社工团队能够尽早完成他们想要的村史。从一方面看，我们成功地扩大了村庄的整合范围，比如老人协会以前所未有的积极态度配合社区居委会来推进项目。然而，从另一方面看，我们并没有真正达到增强社区的目的。因为在社区居民看来，我们并非与他们一起工作的伙伴，而是为他们解决问题的专家。而这一点恰恰是社区营造模式与传统社区服务模式的根本区别。

为何出现这样的转变？社工团队反思实践过程，提出四个方面的原因。首先是缺陷思维的影响。无论社区居民还是居委会都表现出内在的参与动机，但是阻碍其真正参与的根本原因在于他们只看到自己的缺陷。并且，他们在长期与其他人群或其他社区居委会互动中的负面经验强化了他们对自己的负面印象。早期政府组织做村史的过往经验，也让他们认为做村史就是做文字，而文字从来不是咱们农民擅长的东西。其次，外包服务项目形成的惯性依赖。目前社区购买社工服务项目几乎都是采取需求为本的社区服务模式，社区居民一向扮演服务使用者的角色，社区居委会协助社工链接社区资源网络，直接服务的提供者始终是作为项目承接方的社工及其所属的社工服务机构。长期的服务逻辑已经使社区居民与社区居委会习惯了把解决社区问题的权力交给承接购买服务项目的外来社工，他们并不认为自己有能力或有责任参与社区服务的过程。再次，社工团队自身角色思维的局限。实际上，社工团队在做村史的过程中同样陷入缺陷为本的服务逻辑泥潭。面对社区居民与社区居委会表达的问题与无力感，社工团队本能的反应是关注问题和需求，很自然地认可他们无力参与问题解决，并积极运用自己擅长的访谈与文字能力来帮助社区搜集资料、撰写文本。然而，这种过度主动的投入实际造成了的角色替代，使社工不知不觉地将自己变成了服务者。最后，项目完成的冲动。在项目开展过程中，无论是街道办、居委会还是社工团队都急于展现成效。对于街道办和居委会来说，行政评比的压力使他们不可避免地存在着政绩冲动，希望尽快完成项目以展示成果。对于社工团队来说，也期待能够尽快看到可见的成果，至少能够对资助方有所交代。

然而，从社工团队与社区居民、老人协会的互动中，我们了解到社区居民对做村史与村庄博物馆建设的期待是存在矛盾心理的。一方面，他们希望记录村庄的发展，展现创业历史。另一方面，他们又质疑记述的村史会有人看吗，建设的村庄博物馆是否可能变成对村民徒具虚名的政绩陈列馆。我们意识到社区居民并没有做好准备去完成一个物化的村庄博物馆，街道办与社区居委会展现出的硬件建设步伐反而给村民与外来租户带来一种压迫感。我们了解社区居民确实支持做村史和村史教育的行动，但是他们潜在地意识到现有做村史的方式却可能无法被他们日常习惯的经验理解方式所接受。此外，我们营造项目预期改变的对象是年轻村民，可是以目前的工作方式却难以接触到青年村民群体，博物馆的方式甚至被认为并不受青年村民欢迎，但年轻人没有参与怎么可能体现项目的改变成效？

因此，社工团队重新与在地合作伙伴社区居委会、街道社区办协商社区营造的策略目标。

第二阶段社区营造计划策略的讨论集中在两个方面的问题：一是确认我们做村史与村庄博物馆的首要目标到底是什么，我们的成果最终要给谁看；二是如何能够把年轻人真正带进社区营造项目，如何能够以村民习惯的方式来展示和传播村史。最终我们三方伙伴达成了价值目标的共识：目前城中村发展最需要的是年轻人的改变。街道最希望能够探索影响城中村年轻人改变的经验，摆脱城中村治理困境；社区居委会最需要看到的是年轻人改变的成果。当我们确立了"人"是改变的中心目标这一共同价值之后,由街道社区办、社工团队和社区居委会构成的社区营造参与者很快明确了另一个策略性价值:做村史其实是手段,我们的目标是用做这件事的过程将村民的情感认同重新凝聚起来。在这次计划中,我们商定用年轻村民参与采访父辈建设家园经验的方式来做村史,资料整理仍由社工团队负责,但只是作为辅助性材料。另外,社区居委会决定与社工团队一起围绕做村史组织以 A 社年轻村民为目标的活动,包括青少年的课外活动与青年村民村史采集小组。在这一阶段,具有 A 社村民身份的副书记 XQ 和 XS 成为社区营造行动的主要执行者,尤其是年轻村民 XS 的加入也就成为这个营造项目在地伙伴网络构建中一个重大的转折。

(四) 城中村社会边界与乡土认同基础上的营造行动

在年轻村民组织的过程中,我们分别依靠社区的 XQ 副书记和 XS 以及老人协会,采取不同的策略来尝试推进。一方面,依托社区居委会传统的工作计划,借助社区居委会的青少年教育活动组织平台,引进厦大新闻系学生志愿者团队,协助社区举办以村庄发展为主题的青少年摄影小组培训,旨在促进参与者发现村史,培育青少年志愿者。另一方面,依靠青年村民 XS 来动员他所熟悉的村庄篮球队伙伴以及朋友,来参与访谈村庄改造与老人协会的主要参与者,以周末话仙"说故事"的方式定期一起聚会、泡茶、聊天。这个活动的主要目的是传承村庄发展经验,促进青年村民与父辈对话分享,发现培育青年志愿者。实际上,这两项活动包含了两种不同的营造策略。前者是正式的社会组织网络以传统的组织动员与教育的路径来做村史访谈与教育。在这种组织动员路径中,社区居委会是社区营造工作的主体,借助于正式资源网络来获取社区外资源支持,开展针对年轻人的教育性与发展性活动,促进村庄年轻人参与。由于社区居委会组织平台传统上是以户籍人口为工作对象,所以其参与者的社会边界基本上是以村籍来区分的。后者则是多元参与、平等协作的社区组织形式,XS 作为社区居委会的代表,依靠的是社区中的 A 社党支部、自组织老人协会以及非正式的地缘交往关系圈,以当地人日常生活习惯的方式来开展村史访谈与教育。

相比这两类行动最初的参与对象选择过程,前一项活动的参与是通过主动报名进入项目，后一项活动的参与其实不过是碍于朋友面子的被动参与，从根本上说是一种另类动员。然而，在参与过程中，两类行动的参与者的态度出现了令人意外的、截然相反的变化。社区居委会组织的暑期教育性小组的参与者最初包括了年龄为 13～30 岁的青少年，共 15 人。但是，由于组员年龄差距较大，参与动机差异较大，青少年兴趣主要集中在技术学习上，而成年参与者更关注村庄发展的影像学习主题。在目标协商中，社区居委会与占少数成年的参与者实际主导了小组决策的过程。青少年参与者虽然投入了小组任务的分工合作，但是因为缺乏足够的投入时间，随着影像采访活动的进行，小组成员流失缺席现象不断出现。因此，在完成培训之后，随着学期开始，大部分青少年组员都把注意力转移到学习上，不再愿意参与任何志愿性活动，唯独剩下两名成年青年村民表示有兴趣继续参与社区居委会组织的村史活动。后来这两位青年村民加入了另一个青年村民村史采集小组。

这个青年村史采集小组的主要活动是社区居委会与 A 社党支部、老人协会协同组织的定期分享对话活动。而这个活动最初只是通过 XS 的个人关系圈招聘了 4 个 A 社篮球队的伙伴参与父辈访谈分享，后来慢慢增加到约 10 个青年村民。开始的时候，青年人私下不断抱怨父辈老调重弹、以势压人，对抗权威情绪明显。随着更多元的父辈加入对话、父辈早期创业过程更多细节和感受的揭露、经验的分享，青年村民开始逐步真正融入对话、分享回忆，慢慢地重新建立起对父辈的赞赏与感恩。与此同时，青年村民也终于有机会让父辈倾听他们的想法，第一次感受到不是被教训。这一群青年村民与父辈之间的紧张关系逐渐改善，青年村民对村庄的乡土情感开始被父辈深刻的乡土认同激发出来。当以村庄建设为主题的两代人分享对话活动结束时，村庄中出现了两个明显的关系改变。一是这一群青年人开始自发地聚集起来讨论村庄发展问题，思考自己可以做什么，之后他们建立了 A 社青年志愿队。二是逐步被整合进社区营造在地伙伴网络的相关方，包括青年志愿队与 A 社老人协会、A 社党支部以及社区居委会之间的互动与信任关系明显改善，自觉行动的动力和能力显著增强。

（五）文化边界与城中村社区关系的多元整合

在两代人村史分享对话之后，这些参与的青年村民开始自发地讨论村庄问题。我们发现青年村民并不是不关心村庄发展，而是在目前的社区关系中他们缺乏真正参与的机会与权利，他们的想法和要求总是很容易被父辈否定或忽视。这些青年村民认为村庄认同解体的根本原因是城中村发展后村民之间日常生活交往密度大大降低，围绕利益的分配与争夺成为村庄交往最重要的内容，村民之间的人情关系严重弱化，甚至年轻一辈之间都彼此不相识。而本应最能凝聚人心的村庙庆典，除了始终不变的歌仔戏，就是妇女腰鼓队和老人太极拳队的表演，毫无年轻人喜欢的活动，导致参与人数逐年减少。在社工团队的支持下，这些青年村民商议确定了改变的优先行动策略——创造更多的机会促进同村人之间互动交往，增进彼此的关系与村庄情感。在具体策略上，他们首先提出协助老人协会依托村庙仪式庆典来促进村庄关系整合；其次，以青年村民家庭关注的孩子需求为中心，促进青年村民家庭之间的互动交往。他们从自己的优势出发提出可以办篮球培训、组织儿童活动等。

但是，因为村庙庆典长期由老人协会主持，早已形成固定的模式，年轻人很难说服老人协会改变组织方式。因此，社工团队利用其与老人协会在前期互动中形成的信任关系，帮助年轻人争取老人协会同意让他们尝试在村庙庆典中增加一个节目。同时，协助这些热心的青年村民提前与老人协会共同计划要开展的活动，并提前协助老人协会组织庆典活动，增强老人协会在分享社会空间过程中感受到的合作控制感。在村庄仪式庆典中，这些青年村民主动利用各自的圈子动员 15 个 A 社青年村民参与协助村庙庆典的秩序维护与抬辇巡境仪式。同时，他们组织了 6 个年轻人共同捐助庆典中的"热闹"活动。在不增加村庙庆典预算的基础上，增加年轻人喜欢的元素，使 A 社村庙庆典第一次有了舞龙舞狮表演，吸引了很多过去从来不在村庙活动露脸的年轻人的关注。并且，初步解决了老人协会在组织村庙庆典中长期困扰的缺乏年轻人参与的问题，大大减轻了老人协会老人们在庆典组织过程中的压力，庆典规模的突破更使老人协会感到自豪。因为对老人协会来说，村庙庆典的热闹程度象征着村庄的繁荣程度，庆典热闹程度的提升意味着村庄在这一区域村庄竞争中声望的提升。之后老人协会与青年村民的互动结果表明，老人与青年村民之间的信任关系显著改善，老人协会开始愿意分享更多的村庙庆典控制权给青年志愿队。

在同年第二次的村庄庆典中，8个青年村民集资请了更大规模的舞龙舞狮队伍和电音三太子表演，约有30个年轻人志愿投入组织过程，村庙庆典的规模达到空前。青年志愿队利用这个机会第一次把A社全村100多名青年村民整合到一个微信群，建立起青年村民的微信沟通平台。这也是青年村民第一次完全被组织起来关注村庄公共事务。过去因为选举和利益分配等各种矛盾，A社青年村民之间也是矛盾重重。据说曾有热心青年尝试建立青年村民微信群，结果维持不过两小时就分崩离析了。经过三年的持续组织和活动翻新，在2019年元宵节的村庙庆典中，A社历史上第一次出现了102户青年村民自愿凑份子捐助并参与组织的村庙庆典活动，完全改变了过去村民一般只是上香、捐添油钱、参与巡境仪式，根本不关心如何组织村庙庆典活动的状况。我们发现，随着A社村庙庆典组织方式的改变，邻近B社的村庙庆典组织方式也悄然发生着改变。村民解释，"我们闽南人从来都是输阵不输人，他们当然要跟着改变"。

与此同时，街道社区办开始组织公益创投比赛，推动各个社区组织项目参与评比，并提供2万元的经费支持。社工团队鼓励这群走出来参与公共事务的年轻人参与比赛。他们开始协商成立一个A社青年志愿队，以青年志愿队组织的名义来参加街道的比赛，争取他们需要的经费。他们在社区居委会支持下登记成立了A社爱家园青年志愿队。社工团队帮助他们把讨论决定的计划整理成文本和PPT，协助他们参与街道项目汇报。这些之前从来没在公众面前说过话、认为自己受教育程度不高的青年村民第一次亮相演讲。尽管过程磕磕巴巴、战战兢兢，但是，他们的项目仍旧获得了评委的肯定，获得了2万元的经费支持。这极大地激励了青年志愿队骨干的信心。

然后，他们开始主动寻求老人协会和社区居委会的支持，希望他们能够补充赞助他们组织A社儿童青少年篮球队和系列儿童亲子活动的经费。因为有前期合作的信任基础，老人协会提供了超乎他们预期的1.3万元经费赞助，社区居委会也愿意赞助他们一些矿泉水。他们投入了所有的经费，针对3~10岁幼童开展了系列亲子互动活动，同时，又聘请了专业篮球教练，购买器材、服装，动员A社所有家庭中的8~15岁的儿童青少年参加篮球训练。他们自己充当教练助理，协助教练开展篮球训练。这个篮球训练营一开始就成功地组织了48个孩子持续参与，几乎涵括了 A 社全部的适龄男童和少数女童。目前已经持续办理了三年，从暑期扩展到日常训练，营员扩大到 60 余人，后续经费全部由参与家长自筹，组织起了一支儿童篮球队和一支青少年篮球队。在幼童服务方面，他们发现专门组织的低龄幼童亲子互动活动的参与范围较为有限，每次不过十多个家庭。而且，实际上许多有幼童的青年家庭往往较大的孩子参加篮球训练营，很多较小的孩子也希望参与大孩子的活动。因此，他们决定把幼童服务与青少年活动连接起来，以家庭为单位来组织辅助性的亲子活动，扩大家长之间的互动。在此基础上，为了保证公开透明的管理、维持服务活动，他们建立起单项活动核销清算制度，推举出两位妈妈志愿者作为财务，负责向参与家庭筹募资金及核销清算。从某种程度上说，以这个青年志愿队为核心的一个青年家庭自助服务的社区组织已经初具雏形。

依托家长自助服务与村庙庆典的组织影响，青年志愿队逐渐凝聚起 A 社青年村民并形成了社区认同，扩大了社区志愿者参与的基础。由于社工团队支持培力的青年志愿队领袖 XS 本身也是社区居委会社区建设工作的协调人，青年志愿队的发展因此也能够得到社区居委会的信任。在社区组织协作上，青年志愿队实际上扮演了社区居委会无法扮演的润滑剂的角色。尽管许多青年村民甚至包括青年志愿队的个别骨干对社区居委会并不完全认同，但是，因为他们对青年志愿队共同参与目标的认同，也会积极响应居委会的号召。在当地发生台风灾害时，他们协助社区居委会组织青年村民参与了环境清理的重建工作，支持社区居委会的村庄博物馆建设工作。青年志愿队也组织青年村民和青少年篮球队的孩子参与村庙庆典的组织工作，尝试实现多元化的参与，使村庙庆典呈现前所未有的团结繁荣的景象，极大地缓解了老人协会与青年村民之间的疏离与矛盾，增强了老人协会对社区居委会的信任。在这一系列成功社区营造行动的激励下，老人协会的参与也逐步从做村史教育扩大到探索开展老人社区养老的自助性服务。老人协会开始转变对社区居委会居家养老政策的抵触态度，在社工团队的协助下，主动接触街道社区办、社区居委会以及社区中的医院、诊所等相关方，探讨老人协会办理自助性养老服务的行动方案，并资助青年村民前往台湾参访学习社区营造和老人福利服务。社区居委会也开始整合相关方，以办理"村报"为契机，进一步促进青年志愿队、老人协会、村小组以及社区中的社工机构之间的信息沟通与协同合作网络建设，尝试借助以"村报"为平台开展社区村史教育，并把村史教育的焦点从展现过去的记忆转变为重构当下的社区记忆与认同。

(六) 村庄边界的分化互动与社区营造伙伴网络的维持困境

然而，当 A 社社区营造经历三年实践有序推进之后，社区营造伙伴网络开始遭遇连续的变动。首先是在行政边界建立的伙伴网络由于行政调整的原因突然几近瓦解。之前支持社区营造探索实践的街道书记与社区办负责人先后升迁调离，新进街道领导对于村庄博物馆的社区营造项目缺乏延续兴趣，社区办负责人长期悬而未决，街道对于社区营造项目的支持陷于停顿。社工团队与社区居委会不得不决定完全依靠社区自己的力量来推进项目，维持既有的发展成果。更糟糕的是，当项目进入第三年时，社区居委会面临换届选举，作为项目最有力支持者的社区书记也即将退休。尽管老书记表示即使他退休，仍然能够与老人协会合作来参与改变社区的营造实践，新任书记也是一直积极参与社区营造的原社区副书记 XQ。但是，由于老书记 HZ 未能在其任上彻底完成集体资产剥离工作，新书记 XQ 缺乏像 HZ 一样的声望，难以控制社区内部激烈的利益斗争。随着村改居社区换届选举期的到来，整个社区围绕经济利益的权力争夺完全台面化，街道把全部的注意力都转移到经济利益关系矛盾的调整上。之前在社区营造实践中策略性规避的经济边界的冲突，不可避免地加剧了行政边界伙伴网络的变动。XQ 也最终被调离社区，取而代之的是一位非在地人的新书记。至此，原先运作流畅的行政边界的社区伙伴网络仅留下年轻的 XS，既存社区伙伴网络不得不面对与处于网络核心的社区居委会重建信任的挑战。

当然，由于 A 社的社区营造实践并不是完全建立在政府购买服务资金的基础上，行政边界社区伙伴网络的变动并不直接影响既有社区服务的维持。无论是青年家长的自助性服务还是系列的村庙庆典，都仍旧依托传统社会边界与文化边界的网络持续发展，甚至开始呈现青年家长自助性服务网络与村庙庆典活动组织网络进一步整合的趋势。但是，作为社区营造伙伴关系网络核心的社区居委会行动网络的变动，仍旧直接影响了社区关系网络的进一步整合与服务的进一步拓展。虽然在整个营造实践中直接的服务提供者都是青年志愿队、青年家长和老人协会等社区居民关系网络，但是，社区居委会的行动网络却始终在政策资源相关的社区外行政网络沟通中扮演着关键角色，它是把M社区需求与社区外资源连接起来的桥梁。并且，社区居委会能够借助其强大的行政整合机制调动村小组、村集体资产管委会以及社区内的社工机构来共同关注社区需求，协商调整原有的社区福利资源投入形式和开展新的社区福利服务。社区居委会的权力变动，削弱了社区伙伴关系网络动员和活化社区资产的能力。因此，当老人协会在老人服务空间改造遭遇城中村建设政策困境时，由于其难以借助居委会及街道办的行政性伙伴网络的力量来争取外部行政部门支持，不得不暂时搁置了自助养老服务的发展行动。原来以"村报"为媒介组织的社区居委会与村小组（小组集体资产管委会）、老人协会、青年志愿队及社工机构的社区协同合作网络培育工作，也不得不暂时停顿下来。

四　村庄边界的整合：城中村社区营造实务模式探讨

上述城中村社区营造的实践过程证实了，中国城中村村庄边界的复杂分化使社工在城中村社区的实务行动面临很大的挑战。社工在进入城中村开展服务之前需要具备城中村社区整合的相关知识，其中，中国社会学与人类学关于"村庄边界"的研究，能够清晰地指导社工定位城中村社区的资源网络，并帮助社工回避潜在的社区关系冲突风险。事实证明，"村庄边界"概念的实务操作化，有助于社工创新社区营造手法，促进城中村的社区整合。

（一）村庄边界与城中村社区关系网络中的社会工作定位

当社会学家或人类学家在讨论"村庄边界"时，对于他们来说，"村庄"或者"社区"只是一个他们观察研究社会结构或社会文化的对象和客体。不论是作为一个客观中立的社会结构分析者，还是作为一个重视局内人观点的文化转译者，他们最终的立足点都是这个"村庄"或"社区"的局外人。而对于社工来说，我们从来都不仅仅是作为局外人参与"社区"，我们参与营造的"社区"从根本上说是一个我们置身其中并参与建构的社会网络。我们就是所参与"社区"的一部分。社会学家提出的城中村村庄边界多元化的理论，揭示了我们参与营造的城中村社会网络具有多重复杂的组织模式，这些组织模式相互关联、彼此影响。每一种组织模式都提供了不同的视角，从而展现出城中村不同的社区形态。虽然对于当地人来说，这些多元化的村庄边界既是相互区别的，又是一体相连、不可分离的，它就是当地人的生活。但对于作为局外人进入社区的社工来说，理解了多元化的边界就能够更明白自己当下置身的位置与处境。

透过行政边界的组织模式，社工能够清晰地定位自己身处社区行政网络、自上而下进入社区的角色位置。行政网络中的关系构成了社工初入社区最重要的社会资本，也塑造了社工在社区中的最初形象。借助于社区行政网络，社工可以初步完成社区关系与需求评估。但更重要的是，行政网络中的社区伙伴信任关系建设，不仅是社工进入社区第一步的目标，也构成了社区营造整体在地伙伴关系网络建设的核心。因为社区营造必须始于我们立足的网络和拥有的资源，社区行政网络恰恰构成了社工在社区的基本定位。并且，在中国目前的社区治理体制下，行政边界不仅仅代表了一个行政管辖的地域空间，或社会福利传递体系所规定的服务空间。作为行政边界具象化的社区居委会，其也构成了中国基层社区组织网络的中心和社区关系资源网络动员的引擎。社工进入基层社区开展工作，街道社区办与社区居委会应该成为优先的在地合作伙伴。这不仅是中国基层社区权力关系结构决定的选择，也缘于它们是作为政府福利传递体系组成部分的专业社工在初入社区时，所能够首先接触到的具有"在地性"特征的社区伙伴。社区营造的根本是以"地方"为基础的。作为外来专家的社工，即便具备专业的社区营造知识，也是不接地气的。缺乏对地方本身社区关系网络的认知与影响力，不接地气的社工唯一能够选择的社区工作方式必然只能是依赖外部资源投入的社区服务模式。

因此，对于以社区营造模式来推动社区发展的社工来说，"接地气"是其进入社区首先要解决的实务问题。社区居委会的易接触性及其在地方社区关系网络中的特殊地位，决定了它应该成为中国社工在社区开展服务最优先的在地伙伴。尤其是城中村社区，其社区居委会的主要成员相比城市社区居委会，具有更加鲜明的"在地性"。他们不仅仅是社区的行政管理者，往往更是所属社区的精英领袖，具有很大的地方影响力与丰富的"地方性知识"。他们的经验智慧与人脉关系能够为社工建立跨越地方社会边界的桥梁，并累积与当地社区关系网络一起工作的知识。有效地运用行政边界，能够使社工与街道社区办、社区居委会整合建立社区营造实践在地伙伴的核心网络，打开社工与社区非正式关系网络之间的连接。

（二）村庄边界关联处的辅导整合与社会工作在社区营造中的专业角色

如前所述，城中村的村庄边界是分化的。但是，这个分化并不只是在城市化背景下多元边界的分离，也是从历史上累积与流传下来的不同村落、家族、利益团体之间的认同区分与隔阂。因而使城中村社区在行政边界强势整合的表面之下，实际隐藏着经济、社会和文化边界之间复杂的排斥与冲突。行政边界主导性越强，社会边界与文化边界关联的组织与关系网络的活跃性则相应减弱，社区居委会往往成为社区问题解决的唯一责任人。因此也构成了社区居委会在推动社区营造实践中的囚徒困境，难以真正发挥社区能力，而依赖于单一行动主体与社区外部资源的投入，不得不偏向于完全依靠自上而下的教育模式来促进居民参与。在缺乏必要的直接服务专业技能训练的背景下，社区居委会运用这种策略来开展社区营造行动不易展现其优势与成效。

因此，对于社工来说，首先，其作为第三方专业人员的优势就在于能够相对超脱于城中村社区复杂的权力关系结构，借助于其在多元边界边缘建立的信任关系，来撬动城中村社区内部关系网络的参与动力，增强村庄不同边界背景中关系网络之间的联结。社区营造的本质是社区关系网络的连接与整合，创造社区中多元组织协同合作的参与文化。社工在与社区行政网络伙伴一起工作时，应充分发挥自己专业角色的优势，降低行政边界对村庄社会文化边界的刚性影响，扩大社区营造与城中村血缘性、地缘性关系圈的社会边界连接的空间。同时，借助社区行政网络的在地伙伴，创造社工与在地社区组织网络的连接，逐步建立社工的"在地化形象"，发展与社区行政网络之外的在地社区组织之间的信任关系。

其次，社工应该认识到城中村村庄边界的分化也意味着我们置身其中的社区不会是一个整合性的功能网络，碎片化的社区关系网络与网络关系的矛盾冲突，构成了社工参与营造社区的处境现实。因此，社工在城中村社区营造实践的工作目标，应着重于促进村庄边界关联处的辅导整合与强化多元边界间的联系（见图1）。社工应明确社区营造的工作焦点是与社区关系网络一起工作，致力于改变社区关系网络的结构关系，培力社区而非提供直接的社区服务。基于多元边界运作的社区关系网络评估应成为社区评估的优先策略，并在此基础上识别社区内多元关系网络的需求、资源与能力，创造多元网络协同工作的可能性。尤其需要关注多元边界关联处的社区组织网络关系，透过强化和扩展多元边界相互关联的社区组织网络关系，来培育和发展在地伙伴网络的基础。

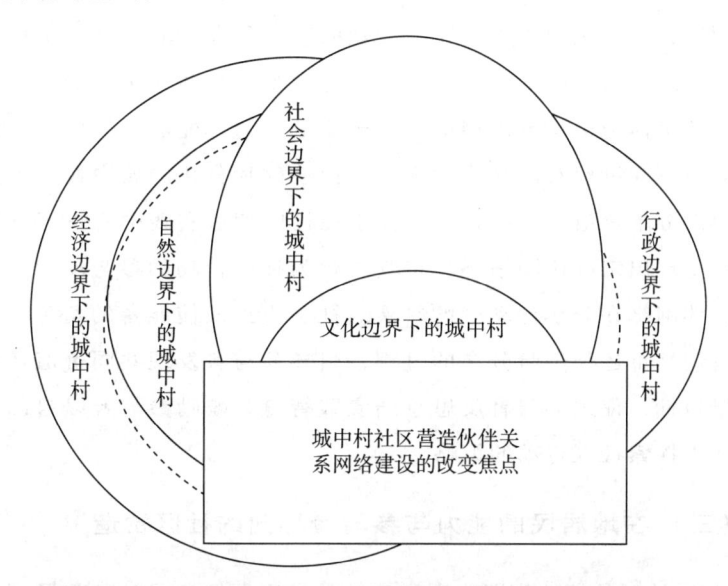

图1　村庄边界概念下的城中村形态与社区营造伙伴关系网络建设的改变焦点模型

再次，在地伙伴关系网络的构建必须建立在具体问题和实际任务基础上。只有那些真正关注这一问题的特定社区关系网络，才会真正在意投入并成为培力实践的社区伙伴。在地伙伴网络的建设，是推动所有潜在的社区伙伴共同参与组织协同工作网络的过程。社工可以借助村庄多元边界的理论视角，来认识和理解城中村不同形态下的多元网络关系。透过了解这些网络关系的需求与故事，发现它们之间的联结，从中建立任务目标并识别潜在的社区伙伴。社工作为社区关系的协调者，应运用已有的信任关系，来协助相对弱势边缘的社区伙伴能够有机会让其他较有权力的社区伙伴倾听其声音与需求，促进社区中不同的社区伙伴在行动中对话与反思，创造多元价值平等协商的文化氛围，增进彼此间的信任与理解。从而促使所有的参与伙伴相互支持、合作贡献其拥有的网络资源与能力，实现共识性的任务目标。

最后，社工构建城中村在地伙伴关系网络，应善用集体记忆的文化资产，塑造社区愿景，创造价值分享对话的机会，促进社区认同的凝聚。城中村的发展，伴随着城市化与非农化过程，经历了从村庄边界一体到分化的转变。曾经紧密团结的社区关系与熟悉的土地情感尽管早已远离现实，却仍深深地烙刻在经历转变的那些世代村民的记忆里。同样，在分化的村庄边界与激烈的利益争夺背后，是这个地方村民曾经共同经历因应生计转变与聚落重组挑战并奋斗重生的记忆。这些共享的集体记忆具有连接历史与现实的力量，能够在故事叙述的过程中创造不同世代对话交流的平台，促使碎片分化的城中村社区关系网络得以分享价值、达成共识。社工在社区营造实践中应重视社区集体记忆呈现出来的认同情感，将其转化为社区行动的参与动力，促进在地伙伴网络在分享行动中的凝聚。社工应扮演使能者的角色，透过参与者记忆重述与经验分享的过程，引导参与者发现共同价值建构社区愿景目标，促进参与者反思总结实践智慧，鼓励参与者以自己熟悉的方式来探索社区行动的策略。

（三）在地居民的能力与参与者导向的社区营造

从 M 社区的营造实践来看，在地的社区居民才是社区问题真正的专家。他们每天都在承受社区问题的影响，了解社区问题的根源。他们对自身社区的优势、资源的实际掌控能力其实是远远超乎社工的想象的。这些在地伙伴在社区行动中，往往运用其长期积累的地方知识与实践智慧分析问题与策略，比社工团队更能够准确地找到推进营造行动的实际办法。正是这些在地的参与者在集体对话交流的过程中，再次厘清了他们参与社区博物馆建设的共同目标并不是建设一个展览馆，而是以做村史与村史教育的过程，来促进村民交流团结，激发年轻一代参与建设村庄的行动。正是他们透过重述共享的社区生活记忆，从记忆中撷取资产，创造性地运用集体记忆再生产的行动策略，成功实现了家园资产的活化与社区伙伴网络的进一步整合。也正是在他们的指引下，社工才能清晰地运用分化的村庄边界来促进社区不同居民关系网络的整合与协作，在持续的行动中培育社区能力，创造不断推进的社区集体参与解决问题的行动目标。并且，使项目在遭遇伙伴网络变动的情况下仍旧能够维持已发展的社区服务的可持续性。因此，可以说，社区营造模式下的社工必须能够真正坚持能力视角，放下专家的权威，与社区同行，扮演社区协同工作者的角色，把发展社区与服务社区的权力还给社区居民。

正是从这个意义上说，社区营造成功的关键在于社区居民的投入，使他们能够在社区营造中真正扮演领导者的角色。M社区A社社区营造实践成功的转折，就出现在以A社青年志愿队为代表的青年村民意识到他们可以自己决定为社区提供什么样的服务，并且，他们能够得到街道办、社区居委会、党组织与老人协会的一致支持。当这些志愿者能够为自己提供的服务完全负责时，他们就真正投入了社区，并在投入过程中完成了社区认同情感的转化与关系的重新联结。虽然社区居委会在A社后期的营造实践中退居为幕后伙伴，但是它经由这些志愿者行动所塑造出来的伙伴网络正面影响力量，却直接改变了它与老人协会等其他社区自组织的关系，激发了老人协会发展自助性服务的信心，创造了多元社区组织共同参与、合作发展的良好氛围。所有这些点滴的改变将汇聚出社区营造未来实践更大的改变可能。因此，我们倡导参与者导向的社区营造。只有以参与者为中心的营造实践，才是有生命力、可持续性的社区实践，才能使社区营造发挥不同于一般社区服务模式的力量。

当然，相对于一般的社区服务模式，参与者导向的社区营造强调地方为本，社区居民与社区组织扮演了直接服务提供者的角色，社工在这一模式下的专业功能角色是无法直接地被看到的。社工需要甘为配角，以专业的咨询研究撑起非专业的服务，协助非专业的直接服务提供者，以专业的思维来总结提炼实践的理论。因此，参与者导向的社区营造需要社工真正投入社区，与社区居民、社区组织一起成为在地伙伴网络中平等的成员。并且，以社区能力建设为目标，运用专业能力组织辅导社区，帮助社区发掘提炼经验智慧，提升解决自身问题的能力。

(四) 城中村村庄边界互动中的社区营造风险与规避策略

然而，由于城中村多元分化的村庄边界不是孤立运作，而是相互交织影响的。作为社区营造实践行动者的社工，必须能够对其中隐含的冲突排斥风险具有足够的敏感性。首先，行政边界对其他边界的统领性可能会掩盖城中村实际运作中不同关系网络之间的分歧与矛盾。社工与行政边界协同工作过程中，需要关注其中不同文化边界代表的差异性需求表述，确认各个自然村落的参与动力与营造范围，建立循序渐进的螺旋式发展步骤。其次，集体资产经营所代表的经济边界构成了城中村以行政、社会、文化边界为基础的各种关系网络集中的矛盾焦点，社工的社区营造应优先回避利益矛盾，避免卷入社区的利益争夺。从 M 社区的案例来看，社区居委会将社区营造视为一类纯粹的服务管理工作，将村庄经济边界从一开始就排除出社区营造实践的范围，反而是对社区营造实践的一种消极性保护，使社工的社区营造实践能够聚焦在社区居民当下共同关注的具体生活问题上。再次，虽然村庄文化边界具有激发认同和促进集体参与社区问题解决的强大力量，但它也是一把双刃剑。因为社区营造的行动可能反过来强化村庄原本相对封闭的社会边界，使之成为在地伙伴网络的自然村落排除行政边界内其他主体分享资源的工具。

对于社区营造实践来说，一个社区的发展不只是调动社区内在资源，还在于能够建立与社区外资源网络的开放联系。因此，社工在推动城中村内部关系建设的同时，必须思考如何突破文化边界限制，联结不同的自然村落参与，扩大在地伙伴网络，增强文化边界基础上的社会网络与行政性伙伴网络之间的信任关系。已有的实践表明，建立在社区文化建设基础上的、平等的共识性价值协商与支持性的伙伴网络合作行动，有助于改善社区居委会与村庄各类团体组织的关系。利用文化上的村落竞争模式能够较好地激发后进村落的参与动机，借助地缘关系圈的社会边界连接性也能够较好地控制竞争的伤害并发展正向的协作关系。但是，限于项目进程与篇幅，更多具体的策略还需要未来实践研究更多的尝试与总结。

五　结论

从以上的案例分析可知，社区在社工的实践中，从来都不仅仅是一个客观存在的地理社会空间，或是一个工作的场景，更是一个活生生的关系网络系统。当社工进入这样一个关系网络系统时，他不可能扮演一个超脱于这个地方生活的、纯粹专业服务提供者的角色。他用专业实践在影响地方关系网络的同时，也在被地方关系网络和当地文化价值形塑着自己的专业实践。因此，社工进入社区工作，需要更多地认知地方关系网络的影响，理解不同关系网络所重视的文化价值与信念。"接地气"，不仅仅是动员利用社区资源，更需要社工持续在实践中，真正将社区多元关系网络所秉持的文化价值与信念，融入社工的计划与行动。只有社工真正把自己置于这个地方的关系网络，能够真正用当地关系网络的文化价值与信念来思考和行动时，我们才可能将这些关系网络变成社工社区实践真正的在地伙伴，使社区资源的动员利用成为一个社区社会资本自觉流动和投资的过程。

虽然城中村社区在居民参与和共同体建构上，经常会面临比一般城市社区治理更复杂的社会经济文化因素，但是，它也拥有城市社区"互不相关的邻里"（桂勇、黄荣贵，2006）所没有的"村落共同体"记忆与"都市村社共同体"的社会资本。这些"共同体"遗产构成了城中村最独特的社区资产。从某种程度上说，城中村社区恰恰是社工更容易运用社区营造模式来实现社区服务可持续发展的地方。当然，上述实践也证明了，社区营造最大的改变动力，从根本上说来自在地伙伴网络。社区营造必须特别重视在地伙伴网络的建构与整合。然而，社区营造以"地方为本"的特性，也决定了社区关系的改变进程始终与社区内外政治、经济和文化因素的变化联系在一起。城中村社区分化的村庄边界交织影响所带来的变动性，及其导致的不同边界间弹性和压力的变化，都可能给城中村社区营造的过程带来很多不确定性的后果。尤其是作为核心在地伙伴的街道社区办与社区居委会的内部结构变动，更可能对社区营造在地伙伴网络的稳定性造成严重影响，从而影响整个在地伙伴网络的持续参与动力。这也是中国社区工作背景中未来需要更多关注解决的问题。

参考文献

陈向明（1999）："什么是'行动研究'"，《教育研究与实验》，第2期。

费孝通（1998）：《乡土中国 生育制度》，北京大学出版社。

桂勇、黄荣贵（2006）："城市社区：共同体还是'互不相关的邻里'"，《华中师范大学学报》，第6期。

贺雪峰（2003）：《新乡土中国》，广西师范大学出版社。

蓝宇蕴（2005）："都市村社共同体——有关农民城市化组织方式与生活方式的个案研究"，《中国社会科学》，第2期。

李培林（2004）："村落终结的社会逻辑——羊城村的故事"，《江苏社会科学》，第1期。

鲁翠花（2012）："城市化进程中的转型社区治理——以南京市兴卫村社区为例"，《江苏城市规划》，第11期。

社区营造协会秘书处（2014）："什么是社区营造"，载王本壮等《落地生根——台湾社区营造理论与实践》，台北：正港资讯文化事业有限公司。

王铭铭（2001）："明清时期区位、行政与地域崇拜——来自闽南的个案研究"，载李放春译、杨念群主编《空间、记忆与社区转型》，上海人民出版社。

王思斌（2000）："体制改革中的城市社区建设理论分析"，《北京大学学报》第5期。

王思斌（2020）："社会治理共同体建设与社会工作的促进作用"，《社会工作》，第2期。

吴晓燕、关庆华（2015）："'村改居'社区治理中社会资本的流失与重构"，《求实》，第8期。

折晓叶（1996）："村庄边界的多元化——经济边界开放与社会边界封闭的冲突与共生"，《中国社会科学》，第3期。

郑振满（1995）："神庙祭典与社区发展模式——以莆田江口平原为例"，《史林》，第1期。

中华人民共和国国务院（2017）："中共中央国务院关于加强和完善城乡社区治理的意见"，http://www.gov.cn/zhengce/2017-06/12/content_5201910.htm。

中华人民共和国民政部（2009）："民政部关于进一步推进和谐社区建设工作的意见"，http://www.gov.cn/gzdt/2009-11/26/content_1473425.htm。

周大鸣（2014）："庙社结合与中国乡村社会整合"，《贵州民族大学学报》，第6期。

Feuchtwang, S. (1996). Local Religion and Village Identity, in *Unity and Diversity: Local Cultures and Identities in China*, by Liu, Taotao and Faure, David eds. Hong Kong: The Chinese University of Hong Kong Press.

Hyland, S. E. & Bennett, L. A. (2005). Introduction, in Hyland, Stanley E. (2005). *Community Building in the Twenty-First Century*. Santa Fe: School of American Research Press.

Kretzman, J. P. & McKnight, J. L. (1993). *Building Communities from the Inside Out: A Path toward Finding and Mobilizing a Community's Assets*. Chicago: ACTA Publications.

Mizrahi, T. & Davis, L. E. (2008). Community Building, *Encyclopedia of Social Work* (20ed.). Oxford: Oxford University Press.

Reason P. & Bradbury, H. (2011). Introduction, in Pedler, M., Burgoyne, J., Reason P. & Hilary B. (ed.), *The SAGE Handbook of Action Research*. Los Angeles:

SAGE Publications Ltd.

Simpson L., Leanne W. & Leonie D. (2003). Community Capacity Building: Starting with People not Projects, *Community Development Journal* 38 (4): 277 −286.

Weil, M. O. (1996). Community Building: Building Community Practice, *Social Work* 41 (5): 481 −499.

Wekker, F. (2017). *Top-down Community Building and the Politics of Inclusion*. Gewerbestrasse: Springer International Publishing AG.

残疾人家庭抗逆力的多重表征与社会工作实践路向[*]

姚进忠[**]

摘　要　残疾是个体损伤、社会议题，更是"家庭事务"。家庭作为残疾人社会保障和服务体系建设的核心载体，家庭能力发展直接影响到残疾人福祉水平。残疾人社会工作逐步关注残疾人的家庭与能力提升的服务。立足家庭抗逆力理论，本研究通过对残疾人社会工作服务项目中 265 户残疾人家庭的深入剖析，比较了不同的残疾人家庭在经历残疾人困境的过程中所表现出的抗逆力特征以及在适应过程中家庭如何发挥抗逆力的功能，提炼出了残疾人家庭抗逆力的多重表征。研究将残疾人家庭抗逆力表征提炼为三大类六小类：稳定均衡型（积极成长型与稳定发展型）、功能失调型（应对失衡型与支持失衡型）、运作僵化型（运作无效型与危机导向型）。通过将不同类型的家庭对待残疾人事件的信念、应对残疾事件的生活智慧以及家庭生活策略呈现的差异性状态作为观察与服务的一个基本性依据与参照，为社会工作者

---

[*] 基金项目：国家社科基金重点项目"乡村振兴战略中的社会工作实践模式与理论创新研究"（项目编号：19AZD021）、国家社会科学基金青年项目"残疾人家庭抗逆力生成机制的社会工作研究"（项目编号：16CSH065）。

[**] 姚进忠，社会学博士，集美大学法学院副院长、副教授、硕士生导师，主要从事社会工作与社会福利研究。

制订有针对性的服务计划提供了数据支持。

关键词 残障者 家庭抗逆力 社会工作

一 研究问题的提出

中国有身心障碍人士达 8502 万人，有残疾个体的家庭约 7050 万户，占全国总户数的 17.8%，涉及 2.6 亿人（第二次全国残疾人抽样调查办公室，2008）。残疾问题不仅影响残疾个体，也影响其家庭。家庭是残疾个体社会保障和服务体系建设的核心载体，家庭能力的发展直接影响到残疾个体的福祉水平。残疾作为家庭遇到的重大危机之一，势必会给家庭带来各种可能和持续性的破坏与伤害。作为一种"家庭事务"，残疾的存在对于不同个体、家庭产生不同的持续冲击与影响。不同家庭在看待"残疾"和应对"残疾"方面呈现差异化的方式。是什么原因产生了上述的分化影响？为什么有的家庭陷入困境后一蹶不振，对生活丧失信心，而有的却能够在遭受重大打击与生活转变后重新振作？有哪些因素让处在困境中的家庭能够一往无前、克服压力事件？这些问题是社会工作服务干预的前提、残疾研究关注的焦点，也是残疾人家庭抗逆力状况研究的问题。早期研究更多地关注家庭缺陷方面，忽视了家庭和家庭关系中的能力，以及家庭作为重要系统在建立和维持个体复原能力中的作用。相比之下，当代家庭研究的焦点是在面对挑战和考验的危机时，家庭是否可以积极应对而不是被动地接受挑战和危机造成的影响。其中，家庭抗逆力便是家庭能力关注的重要内容。家庭抗逆力的观点是基于对家庭修复和成长潜力的深刻信念（Walsh，2016）。因此，残疾人家庭如何抗逆？抗逆的样态呈现什么样的特征？样态为有效增进残疾人家庭抗逆力提供了哪些参照？这些问题成为本研究关注的焦点。本研究基于社会工作实务视角，从如何协助残疾人家庭抗逆力生成的维度来检视和考量残疾人家庭抗逆力的样态，为残疾人社会工作实务的开展和残疾人社会福利制度的建设提供参照。

二 文献回顾：残疾人社会工作服务研究走向

（一）赋权范式：从问题视角到能力视角

"残疾"是一个演变中的概念，是指伤残者和阻碍他们在与其他人平等的基础上充分和切实地参与社会的各种态度和环境障碍相互作用所产生的结果（Barbara，2014）。传统的残障研究文献中有一种假设，即家庭中有残障成员，不可避免地会导致多重问题的呈现，最终导致家庭功能障碍（Green，2007）。传统的医疗模式采用病理学思维，他们对于生命的描述与定义是遵循专家的专业知识和权力的。基于身体的损伤，医疗模式认为残疾者是需要被治疗、被矫正的对象，其以科学的指标、客观的标准改变着社会的残障观（杨锃，2015）。这种模式关注的焦点是身体的"反常"或缺陷，以及反过来"导致"某种程度的"功能障碍"或"机能局限"的方式（Rovner，2004），突出了家庭成员之一被诊断为残障时所经历的创伤、痛苦、挑战和危机（Power & Orto，2003）。随着时间的推移，越来越多的研究表明，许多家庭在面对致残的情况下能够适应困难情况并呈现一定的能力（Greeff, Vansteenwegen, & Gillard，2012）。学者们开始运用能力方法来研究残障问题（Baylies，2002），将残障视为能力的剥夺与丧失（Mitra，2013）。家庭成员的残障状态和家庭功能之间的对话结果取决于家庭的技能、力量和资源，即家庭能力是否可以积极克服困难、有效应对，保持家庭功能的正常运行（Peer & Hillman，2014）。研究也开始呈现部分残疾人找到了建设性且积极处理他们处境的方法，他们具有超越与改变个人价值观的能力，能够适应残疾生活，并从中获得成长（Vash & Crewe，2004）。残疾人和他们的家庭都有应对残疾的积极力量，能够促进康复、成长和提高积极性。基于对问题模式的反思以及解释为何有些残疾人能从逆境中成长，学者们提出了创伤性损伤或残疾后的抗逆力和积极适应的概念（White, Driver, & Warren，2008），开始转向对残疾人能力视角的研究（周沛，2014；于莲，2018）。

能力视角强调残疾人能力提升的可能性，而非强调无能或家庭问题，并表达了对残疾人能够实现自己的优势、满足自己的需求、积参与解决实际生活问题的态度趋向（Kaffemaniene & Jurevičienė, 2012）。它鼓励人们了解家庭生活的多样性，认为可以运用他们的优势和能力进行家庭干预（Munford, 2016）。能力视角的基本概念包括赋权、成员资格、抗逆力、对话与合作等（张和清、杨锡聪、古学斌，2008）。为了改善残疾人被标签化的困境，能力视角的赋权理念提出要将被定义为"弱势"的残疾人重新定义为"具有不同能力的人"，同时更加关注社会政策制定与社会组织架构设计对残疾人的包容性（李文淑，2013）。能力视角强调、关注并肯定残疾人在面临困境时候的抗逆力。学者们开始逐步采用能力视角的理论模式，探讨在残疾人社会工作实务领域发现、评估、发展残疾人的优势的可能性和基本技术（谭磊、林玉泉，2010），以此与残疾人及其家庭共同探索那些可能用于扭转不幸、对抗疾病从而实现良性生活的资源与可能性（潘泽泉、黄业茂，2013）。纪文晓（2015）通过关注罕见病儿童家庭如何发挥家庭抗逆力从重大困境中生存再生，探讨了家庭抗逆力的因素与生成的关键。姚进忠、郭云云（2013）认为残疾人的抗逆力是个体经历挑战后成功应对并解决困难的一种特点、过程及结果，不仅仅要关注个体的优势与能力，更要注重整合残疾人的内外资源，通过构建资源支持网络，促进残疾人抗逆力的生成。无论残疾人社会工作服务的起点如何，家庭都有能力帮助自己并发展复原能力。抗逆技能与残疾的相关性使这些技能能够改善他们的信念、感受和能力（Stuntzner & Hartley, 2015）。因此，辨别并建立残疾人及其家庭的优势与资源，协助残疾人及其家庭提升应对问题的能力成为残疾人社会工作服务的新理念，自主与能力发展逐渐成为残疾人社会福利供给和社会工作实务关注的重要趋势。

（二）系统范式：从个体关注转向生态干预

根据系统框架论，个体残障应被视为家庭事务（Power & Orto, 2003）。基于这种理论假设，专业服务领域越来越多地采用社会模式对残障进行界定（Oliver, 2009）。社会模式的重点是理解残损的个体在身体、文化和社会环境上被排斥的方式以及它如何被标签为残疾（Barnes, Barton, & Oliver, 2002）。在这些思想的基础上，学者发展出一个解放的研究范式，重点是研究残损的环境或残损的社会，而不是残疾者个体的缺陷（Oliver & Barnes，2010），旨在将关注的焦点从个体功能障碍所引发的限制转向由于社会环境和文化障碍所引发的残疾问题（Oliver，2009）。基于社会模式的核心含义，改变的并不是被介入的残障者个体，而是强调改变社会环境本身（杨锃，2015）。残疾人和照顾者的应对过程是相互关联的，一方可能会受到另一方的情绪、心理和应对过程的影响。20 世纪 70 年代以来，学者对残疾家庭的研究经历了不同的阶段和意识形态立场，这些立场反映了社会对残疾人态度的转变、家庭研究方法的变化以及研究范式的转向。

以家庭为中心的服务提供将残疾家庭作为关注的单位，并以协作的方式组织每个家庭的愿望、优势和需求。其服务模式有三个要素：家庭选择、家庭优势视角和以家庭作为支持单位（Kim & Turnbull，2004）。以家庭为中心的服务提供计划需要解决基本的资源问题，以便根据残疾家庭的需要而不是现有的资源来制订计划（Murphy，Trute，& Wright，2011）。在残疾儿童家庭研究中，生态视角关注儿童个体在康复过程中是如何利用家庭给予的支持提升适应力、增强抗逆力的，认为家庭是需要关注支持的对象中最重要的（夏少琼，2014）。由于赋权的影响，以家庭为中心的服务间接地导致了积极的儿童结果，赋权性的政策和服务还促进了民主化和性别平等。在残疾人家庭照顾研究中，生态视角关注高龄照顾者家庭的照顾风险，认为应根据家庭照顾需要以个案管理模式为家庭提供多样性的综合服务（范明林、李蓉，2017）。许琳、刘亚文（2017）提出应完善残疾人家庭支持政策，提升家庭照顾能力，提高家庭保障作用。基于此，残疾人社会工作实务与研究逐步将服务体系干预焦点扩大到家庭网络，以家庭为单位建立资源，以系统观点探讨残疾人家庭改变与成长的可能，引入专业思维提升残疾人社会福祉（葛忠明，2015）。

家庭是加快推进中国残疾人小康进程的重要载体，残疾人家庭系统的评估和服务必定是这一领域研究关注的重要议题。综上所述，近年残疾人社会福利建设与服务供给研究逐渐关注能力培育和家庭视角。家庭视角成为当下残疾人社会福利建设与研究的重要趋势之一，尽管学者们开始从生态增能视角对残疾人社会福利建设与发展进行诠释，但是实证性和深度不够，特别是对于残疾人的核心生态——家庭的挖掘有待深入。家庭抗逆力与这种关注转向有着内在的契合性，以家庭抗逆力为引导将产生何种残疾人社会服务体系逐步成为未来残疾人社会服务研究的趋势之一。

三 研究框架：家庭抗逆力的理论内涵

在过去几十年中，抗逆力研究有了长足的发展，许多学科研究从人性的缺陷思维观点转向积极、自主和优势的观点。早期的抗逆力研究重点在于识别个体生命成长中的"风险因子"与能够有效应对生命风险的"保护因子"（Masten，2001）。然而，对个人抗逆力的关注发现，这些个体通常是生活在一些非常规的家庭中，这使研究人员和临床实务工作者开始关注家庭中拥有的和在夫妻和家庭干预中可培育的抗逆力。抗逆力的生态思维逐步被重视，将焦点从个体特征转移到必须在生态和发展环境中理解的相互作用过程。对于个体抗逆力研究开始强调抗逆力生态思维的重要性：一是强关系在培育个体抗逆力中的重要性；二是抗逆力的生态发展思想对于既定的条件与时机下发展抗逆力对话机制有很重要的影响。抗逆力的关系与生态思维假设关系处在人类适应性的中心地位。大量的研究揭示了人际关系在培养和维持个体抗逆力方面的重要性（Walsh，2016）。在这些观点的基础上，学界提出了家庭抗逆力的概念。家庭抗逆力将每一个家庭放在其特定的资源和挑战之中进行考量。家庭在有效处理不同种类程度挑战的流程上是不同的。家庭抗逆力并没有为任何一个"有弹性的家庭"的模式提出蓝图，而是寻找每个家庭的家庭适应力，试图了解关键的过程，以增强家庭抵御危机和长期压力的能力（Walsh，1996）。

家庭抗逆力的概念主要描述家庭系统处于不利风险和危机压力中能健康因应获得良好适应与功能发展的过程（Patterson，2002），强调家庭作为一个整体单位，须从家庭的各个重要层面研究家庭抗逆力的特性，甚至从关系脉络、生态观点来了解逆境中的家庭是如何运用家庭内外的环境资源以发展出家庭的抗逆力的现象（McCubbin & McCubbin，1988）。家庭抗逆力生成是基于这样的信念：所有的家庭都有其固有的优点和发展潜力，家庭服务提供了一个机会，以促进家庭的保护和恢复因素的增长，整合安全的家庭以外的资源来帮助培养抗逆力（Black & Lobo，2008）。基于家庭研究和概念的文献综述，家庭抗逆力蕴含四个核心思维：生态思维、发展思维、动态适应思维、家庭生命周期思维（Walsh, 2016）。家庭系统研究表明，功能良好的家庭的特征并不是单一模式，而是多种要素综合作用的结果（Lebow & Stroud, 2012）。越来越多的关于抗逆力和运作良好家庭的研究为增强家庭抗逆力过程中所要干预的要素和过程提供了参考。学者总结归纳促进家庭抗逆力的重要因素包括：积极观念、共享信仰、家庭归属感、家庭柔韧性、家庭沟通、财务管理、家庭时间、共享休闲、家庭仪式和支持网络（Black & Lobo, 2008）。沃尔什（Walsh）作为家庭抗逆力研究的集大成者，其立足后现代思维从强调抗逆力作为应对某次危机的一次性反应，转向强调在整个家庭生命周期中发生的变革、演变和迭代过程。这种抗逆力的概念化使家庭能够"向前反弹"，克服危机的经验是家庭在未来有效面对逆境的潜在资源（Walsh, 2002）。这样的概念聚焦于"能够在高危情况下减轻压力和脆弱性的关键过程；从危机中促进愈合和成长；赋予家庭克服长期逆境的能力"（Walsh, 2016）。概念重点不是家庭在某一特定时间点拥有抗逆力，而是关注家庭如何在整个生命过程中，无论是面对急性家庭压力还是面对慢性家庭压力，都能在一些关键点上进行干预，以及为未来的灾难提供预防性干预（Lane, Meszaros, & Savla, 2016）。

沃尔什将家庭抗逆力的关键点提炼为九个过程（要素），它们呈现在家庭功能的三个领域（层面），构造了一张实务引导地图，指导人们注意家庭运作中的重要因素，并使干预规划协调一致（具体见表1）。实务工作者可以针对九个关键过程（要素）进行适当的介入，在解决问题时促进积极的适应。

表1 家庭抗逆力的关键过程（要素）

层面	关键要素	条目操作解释
信念系统	为逆境创造意义	抗逆力的关系思维；问题的正常化；统合感，将危机视为有意义、可理解的挑战；促进性评价，关注行为
	正面展望	保持希望、乐观、自信；鼓励、肯定优势和增强潜力；积极主动、保持毅力（能干信念）；把握机会、接受现实
	超然性与灵性	坚信更大的价值；灵性：信仰、治愈仪式、聚会支持；启发：创造新的可能性和社会行动；蜕变：从逆境中学习、改变、成长

续表

层面	关键要素	条目操作解释
组织模式	柔韧性	重组调整以面对新的挑战；在混乱中保持稳定；强大的权威性领导：抚育、保护、引导；合作养育/照料小组
	联结感	相互支持、合作；尊重个体的需要和差异；寻求重新联系和在伤痛中修复关系
	社会资源	扩展性的亲属、社会、社区支助；建立经济保障，应对工作/家庭压力；寻求更大的系统、体制、结构支持
沟通过程	清晰性	清晰一致的信息传递；澄清不明确的情况、寻求真相
	坦诚的分享	分享各种感受（痛苦、喜悦、希望）；同理彼此、包容差异；为自己的行为和感觉负责；愉快互动
	合作解决问题	创造性头脑风暴；共同决策；逐步解决，从挫折中吸取教训；主动立场：防患于未然、为未来做准备

资料来源：Walsh，2015：58-59。

家庭抗逆力定义的若干特性：①家庭抗逆力并非某种特质结构，而是家庭反映某一特定情境的互动途径；②此抗逆力将依据特别压力源被评估；③测量抗逆力必须同时考虑诸多使家庭能度过风险的目前与长期的保护因素；④每个家庭的危险与保护因素是独特的；等等（蔡素妙，2004）。尽管在服务介入中，我们需要考虑家庭运作中许多相互交织的因素，并评估每个家庭在多个系统层面上面临的挑战、资源和制约因素、社会环境及其发展通道方面的优势和脆弱性，减少降低家庭生活丰富性的诊断标签或避免提出"一刀切"的"家庭抗逆力"模式的类型标签。但是在实务过程中，围绕家庭抗逆力生成的共同因素对服务家庭进行一定程度的归类与提炼有助于服务供给的策略选择，能提高服务的精准性。本研究立足残疾人社会工作项目实施的动态状况，以残疾家庭所处脉络环境、阶段性动态发展情况的充分掌握为基础，对实地项目服务中残疾家庭档案材料进行剖析处理，提炼残疾家庭所面临的困境、对待残疾事件的信念、应对残疾事件的生活智慧和家庭生活策略，对差异化和多样化的残疾家庭表现进行总结，探究残疾家庭在残障困境中的抗逆力样态呈现。

四 研究方法与设计

(一) 多个案叙事方法

本研究采用了一种以家庭为中心的多个案叙事方法（Shkedi, 2005）。这种调查方法使我们能够理解每个残疾家庭经历的复杂性和个体性（Langdridge, 2007），同时"确定推动有利于残疾适应的可能机制"（Dunn, Uswatte, & Elliott, 2009）。叙事研究方法强调个体的"生命体验"、多元观点、情境脉络的存在。研究的重点在于研究者将"生活故事和对话"的表达本身视为"研究问题"而予以剖析。叙事分析的独特之处在于重视故事的整体轮廓，透过缜密的细节表现出被研究对象的文化传统、价值观念、行为规范、利益与动机，比较不同于其他质的研究，这种方法执着于情境中的片段讯息或截断整个故事的脉络，以形成研究的主题（邱瑜谨、姜义雯，2010）。叙事研究不仅仅聚焦于个体经验，还聚焦于社会、文化和机构叙事，它研究个体处于世界之中的经验，一种在生活和讲述之中故事化的经验，一种能够通过倾听、观察，以及与他人一起生活、写作和文本解释等途径进行研究的经验（克兰迪宁，2015）。叙事研究不仅重视内容也在意结构，了解这些情节是如何形成故事的，以及了解故事的语言和文化来源。关系性、延续性和社会性是叙事研究的三大基本原则。在分析资料时，研究者以发现故事、对话和彼此的互动为文本，而加以诠释、分析，依据研究的分析目标及研究者个人提出的观点做分析（胡幼慧，1996）。

在具体的访谈与服务需要评估操作中，本研究以家庭抗逆力为导向的方法关注到残疾人家庭面临复杂的问题和风险因素，并优先考虑到对过去、现在和潜在的积极影响。伴随家庭经历残疾事件的时间线，主要注意以下几个方面：①最近经历或威胁到的压力事件；②一系列的压力源；③过去经历的负荷。本研究在残疾家庭的叙事中从纵向和横向两个维度收集资料和提炼分析资料。纵向层面的资料收集和分析关注家庭的代际关系和历史，主要从以下两个方面入手：①在应对过去的残疾逆境中描绘出抗逆力的故事；②在目前的家庭系统中确定积极的互动模式，以支持家庭抗逆力的存在与残疾人个体的成长。横向层面的资料收集和分析重点放在家庭单元上，目的是关注和增强照顾者的职能，提高残疾个体和家庭解决问题的能力。具体而言，从以下几个角度关注资料的呈现：①确定残疾家庭中与风险因素相关的问题行为和互动模式；②收集残疾家庭有关残疾事件的定义和已经尝试的解决办法的信息；③关注每个残疾个体和家庭未来的愿景和战略，以参与和贯彻他们的努力；④关注当下家庭的内外结构。

（二）样本的人口特征

依据研究的可行性和适切性，选择厦门市湖里区合携社工师事务中心所承接的三个残疾人社会工作服务项目作为研究跟进点（"凝家庭·培能力·促康复"FH 社区中重度残疾家庭应对康复能力提升项目；"抗逆家庭·爱在畲家"ZZ 畲族社区残疾家庭抗逆力提升项目；JL 社区"支持性共处"残疾人士家庭能力提升项目）。研究负责人是项目督导，本研究实施前就已经跟进其中两个项目多年，全程参与项目服务的开展，全面把握项目的运作。研究是由研究负责人组建的 4 人研究小组和社会工作者 6 人实务团队共同推进的，实务与研究并行向前推进，研究者全程参与项目的问题确定、方案设计、计划实施、服务评估和服务再续约。研究和服务持续时间为 2017 年 1 月至今，以年度为一个实施周期。参与的家庭是在过去三年以上的时间内有家庭成员中一直生活在身心障碍之中。残疾是由于先天性的、有生命危险的疾病或事故造成的，这些疾病或事故使他们行动不便，较严重地影响了他们日常的功能，或造成他们身体部分的损失，进而导致家庭要承担更多的照顾责任，面临更多的生活压力。表 2 介绍了三个社区参与家庭的总体情况。三个项目共计服务残疾人 289 人，残疾人家庭 265 户。其中，FH 社区服务残疾人 133 人、残疾人家庭 122 户；ZZ 社区服务残疾人 91 人、残疾人家庭 85 户；JL 社区服务残疾人 65 人、残疾人家庭 58 户。本研究对这些家庭和残疾人进行基本的调研和数据采集，并对家庭进行形态分类。

表2 残疾人基本信息

单位：人，%

残疾分类	基本信息	频数	百分比
年龄	0~17岁	7	2.4
	18~44岁	63	21.8
	45~59岁	74	25.6
	60~69岁	62	21.5
	70岁及以上	83	28.7
性别	男	162	56.1
	女	127	43.9
类型	肢体	141	48.8
	智力	34	11.8
	精神	48	16.6
	视力	17	5.9
	听力	21	7.3
	言语	3	1.0
	多重	25	8.7
程度	一级	57	19.7
	二级	85	29.4
	三级	65	22.5
	四级	82	28.4

（三）资料分析方法

本研究依据扎根理论的原理对收集的资料进行分析和整理。从实际的资料出发，逐步总结，提炼出残疾人家庭抗逆力样态。扎根理论的方法有两个重要原则：一是关注改变，强调社会现象的变动性，通过强调过程把握事情变化的概念，将动态思维融入方法中；二是对决定的重新解读，反对决定论也反对非决定论，认为人拥有选择和行动的能力。这个分析方法着力呈现行动者和社会处境之间的相互影响（Corbin & Strauss, 1990；童敏，2011）。对资料进行编码（coding）是扎根理论分析的基本方法（Corbin & Strauss, 1990；郑增财，2006），实际上就是研究者在对收集的资料进行全面阅读的基础上，进行分解，从中摘取有用的"概念"，在摘取的概念中，依据性质的接近性，建构出"主题",再逐步建立"类目"加以归类、组合,经过多次反复循环,逐渐提炼出清晰的分类架构,形成新的"理论"或"故事",对世界进行理解和解释。扎根理论分析的两个基本技术是提问(asking questions)和比较(making comparisons)(Strauss & Corbin,1990)。具体的操作程序分为开放编码(open coding)、主轴编码(axial coding)、选择编码(selective coding)和历程编码(process coding)四个既相互关联又相互区别的研究阶段(Strauss & Corbin,1990)。

本研究遵照扎根理论的操作要求对所收集的资料进行处理和分析。残疾人家庭抗逆力样态资料分析的开放编码从2019年1月1日开始,立足三个项目所收集的残疾人家庭265份建档数据,结合入户观察和访谈的整理材料,一份一份逐步地进行阅读、校对,遵循开放原则整理编码记录,尽可能将残疾人家庭生活和家庭关系等状况用一个个概念呈现出来。研究者通过反复阅读每个个案建档材料和入户访谈整理材料,对与家庭抗逆力显著相关的陈述和段落进行提取和编码,接着对所有陈述进行核查,以确保提取信息的真实性和客观性,然后对提取的语句和短语核心含义进行概念操作化,将其与家庭抗逆力相关的表述内容提炼为23个初级概念,并根据所反映的主题进行分类组合,最终形成了核心概念——两种行动空间、三个维度(信念体系、组织模式、沟通过程),进一步通过真实案例的解析,对不同残疾家庭类型的抗逆力样态进行全面的描述。

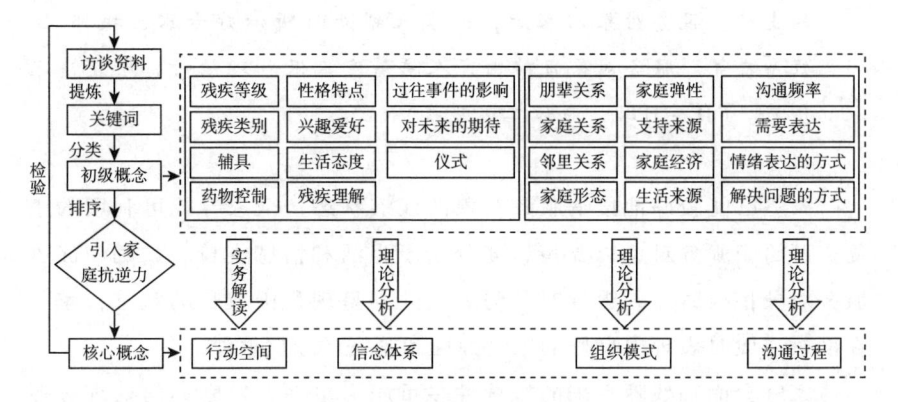

图1 资料扎根分析路线

五 资料分析：残疾人家庭抗逆力样态呈现

研究立足残疾人社会工作项目的动态实施，运用扎根理论对参与项目的 289 名、265 户残疾人家庭的档案材料进行编码，整合剖析残疾人家庭在家庭信念系统、组织模式、沟通过程三个方面的阶段性动态表现，并与实务工作连接，引入行动空间的探究，提炼残疾人家庭在残疾困境中呈现的抗逆力样态。残疾人家庭抗逆力状况是相对的，抗逆力样态是残疾人家庭在纵向时间脉络与横向空间实践共同作用下动态变化的。

（一）稳定均衡型

1. 积极成长型：风险中强抗逆的家庭榜样

（1）紧密联结维持稳定

适应良好的家庭表现出相互支持的、网络型的家庭组织模式，成员的家庭关系认知更为积极，家人、亲戚、朋友一同构建出相互帮助的紧密型网络。

> HTL 中风住院时，父亲、哥哥、儿女以及妻子的兄弟都过来帮忙，整个家庭都调动起来，在服务对象中风瘫痪期间给予充足的支持。服务对象回家后，一家人到处打听治疗专家、找邻里、找亲友等。服务对象目前由家人陪着定期做物理治疗，康复情况良好。（JL - HTL，肢体二级残疾）

家庭已能较好地接纳服务对象的残疾状态，全家寻找可利用的康复资源给予服务对象以支持，充分给予生活和情感支持、鼓励，促进服务对象积极康复。服务对象与家庭共同呈现积极成长的状态，家庭在面对逆境时表现出良好的家庭弹性和紧密的家庭联结。

家庭会面临残障带来的持续性多重压力事件，家庭如何处理破坏性的事件、缓冲压力，会影响到每个家庭成员长期的适应方式以及家庭整体的生存状况。家庭权威的领导力以及呈现出来的稳定性和连续性，有利于保持弹性家庭结构，使家庭在混乱中也能维持稳定状态，恢复熟悉的家庭模式或者适应当下的家庭处境。

> ZDJ 妻子的身体原先很羸弱，在 ZDJ 和母亲细心调养后好转。此时，女儿却因发烧得了小儿麻痹症，无法正常行走。ZDJ 到处奔走，寻求帮助，无论刮风下雨，都会背着女儿去推拿治疗。年复一年，女儿右腿的情况逐渐好转。（ZZ - ZDJ，肢体四级残疾）

在家庭连番遭遇危机的时候，服务对象作为家庭的领导者，并没有被困难击垮，而是积极寻找办法解决问题，从妻子的身体调理到女儿的肢体治疗，都在他的决策与家人的配合中顺利进行。家庭领导者科学决策，家庭成员面临困境紧密相连，家庭始终保持着稳定均衡的状态。

（2）社会网络获取支持

个人社会关系网络对促进其身体精神健康发挥积极作用。研究发现，积极成长型的家庭，普遍知晓如何争取支持，对国家大政方针较为了解，掌握获取资源的渠道，并且拥有整合资源的能力。同时，积极成长型的家庭与外界互动良好，朋辈互动与邻里支持比较充足，如"服务对象会经常出去，与邻居或者同村好友去老人会打桌球或者在祖厝里唱歌"（ZZ - ZQB，肢体四级残疾）。积极成长型的家庭能积极融入社区，在社区中具有一定的话语权和影响力，"服务对象是'以残助残'骨干志愿者之一，社区中大大小小的活动都会来参加，在服务对象中具有一定声望"（ZZ - ZQB，肢体四级残疾）。

（3）正面展望克服逆境

正面展望对于抗逆力培养是非常重要的。正面展望的核心要素包括希望与乐观、关注优势与潜力、主动与毅力、勇气与鼓励、积极地掌控与接受。要想从逆境中走出，这些要素都是不可或缺的。

终身残疾的服务对象在父亲的激励下，学会走路并且努力学习技能，提升自己，最后成为一名教师，教书育人三十载，桃李满天下。退休之后担任湖里区残协副主席，为残疾人群体争取利益，广受好评。回顾其整个生命历程，他始终保持着乐观坦然的态度和坚持不懈的决心，他的家庭也能够树立正面的展望帮助其摆脱逆境，正是如此，他才有机会获得如今的社会地位和声望。

有抗逆力的家庭在痛苦的经历中会表现出迎接挑战的坚定信心："我们相信可以找到一个解决的办法，这种情况只是暂时的，我们会一起应对这个挑战。"（ZZ-ZZJ，肢体三级残疾）家庭内部迸发出的正向信念以及不断寻找解决方法的行为，促使家庭成员积极解决问题，克服困境与阻碍。

基于前文稳定发展型家庭的样态梳理，提炼出此类家庭的动态样态图，从危机发生到家庭成功走出困境，研究者将其划分为如图2所示的五个阶段。

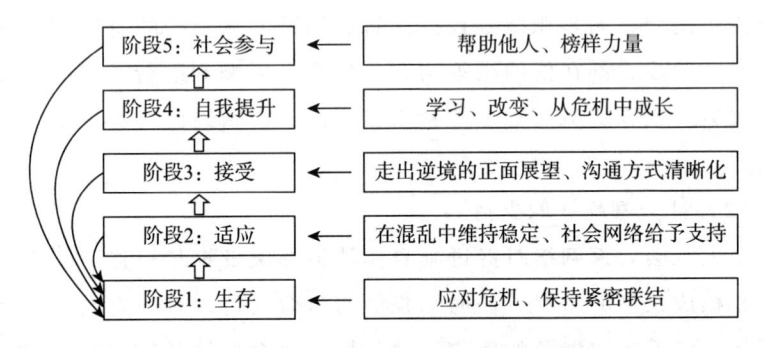

阶段5：社会参与	←	帮助他人、榜样力量
阶段4：自我提升	←	学习、改变、从危机中成长
阶段3：接受	←	走出逆境的正面展望、沟通方式清晰化
阶段2：适应	←	在混乱中维持稳定、社会网络给予支持
阶段1：生存	←	应对危机、保持紧密联结

图2 积极成长型残疾家庭抗逆力动态样态

通过对描述性特征和模型图的总结归纳，对积极成长型的残疾家庭做出如下定义：此类家庭中的残障个体行动空间较大，家庭成员和残障者本身都能较好接纳残障的存在，并发展出一套与残障相处的家庭模式。残障个体通常具有较强的社会参与和社会融入意愿以及学习意识，家庭也有意识和能力为个体提供有力支持。家庭有着良好的生活掌控感，对当前和未来的生活有一定的规划，有一种积极向前和向外发展的力量，呈现强特点的抗逆力，可以成为其他家庭的榜样。这类家庭部分在当下没有表现出明显的服务需求或部分榜样外显、实现自我价值需求，社工便需要有针对性地与此类家庭建立良好的联结，带动家庭整体与外界互动并搭建能力展示平台，促进家庭自身成长和树立正面形象。

2. 稳定发展型：在危机中平稳运行

稳定均衡型中另一类行动空间较小的稳定发展型残疾人家庭又会在残障压力中做出怎样的应对方式？这些家庭又是如何借助于家庭结构与家庭功能来实现抗逆成长的呢？

(1) 应对挑战的积极信念
①将困境正常化、去病态化

  以前一下子腿出毛病了到处求医，孩子也没放弃过。生活那就不是一帆风顺的，（身体）毛病也是生活的考验，该怎么过活就那样，人要开心一点，看看政府现在对我们的关心也很好（多），我们一家很感恩的。（FH – CYX，肢体二级残疾）

将肢体创伤视为"考验"的观念取向使这个家庭在困境挑战中很好地凝聚在一起，子女们试图尝试一切可行的方式来帮助服务对象 CYX 进行康复治疗，帮助服务对象将困境视为正常的生活状态，而她也从家人那里获得支持并协同建立起坚强乐观的家庭。

  XYY 在 2014 年突发脑梗，术后他精神退化，没有再工作。XYY 患病后不愿外出，时常沉默不语，在妻子的鼓励、陪同下参加社工举办的元宵节、健步行等活动。（FH – XYY，精神二级残疾）

精神障碍者易被贴上"病态""不正常"的污名化标签。XYY 的妻子作为重要的伴侣，以自身对残障的尊重与理解开导其情绪，鼓励他走出自卑封闭的残障心理，降低残障者个体对由社会压力经验所带来的羞耻感。

健康的家庭不是没有问题的家庭，而是有能力解决问题的家庭，在解决问题过程中逐步将困境日常化。稳定发展型残疾家庭将困境视为可理解的生命挑战，这样的认知帮助家庭获得超越性的思想活力，激发抗逆力，从而积极应对并灌注希望。

②有控制力的正向态度

稳定发展型的家庭对残疾困境适应良好，并往往表现出正向的、乐观的、积极应对的心态。

  住院的 CSP 想到家中同样卧床的妻子和医院家里两头跑的儿子，更想到了他积极与癌症斗争的父亲。出院后他努力在家做复健训练，学习用左手洗漱、吃饭。三年的循序渐进（训练），使他

奇迹般地从右半边身体严重偏瘫的状态恢复到行动自如。（FH - CSP，肢体二级残疾）

服务对象 CSP 相信通过自己的努力和行动能够改写结局。受自身成功康复经验的鼓舞，他不断鼓励妻子做复健。但他的家庭却不得不面对这样一个事实：这些年妻子 CXL 身体功能退化得厉害，出现癫痫、大小便失禁的状况，整日只能待在厕所。

我们现在能做的就是尽力照顾好她。（FH - CXL，肢体二级残疾）

当康复"失败"成为无法控制和扭转的局面时，服务对象 CXL 的家人选择其他方式，继续积极参与到照顾过程中。这种有关掌控与接受的正向态度同样是抗逆力的智慧所在，它使人们学会客观地评估当下情况并尽最大努力去改变现状。

（2）搭建支持、网络型的家庭组织

稳定发展型家庭表现出相互支持、网络型的家庭组织模式，成员的家庭关系认知更为积极，不论是家人还是亲戚、朋友都呈现相互帮助的紧密型网络。

①形成合作的照顾团队

HHG 因年老身体机能衰退致残，行动不便，现居住于社区老年院里。她有四个儿子，都已成家，四家每天轮流负责三餐饮食，带饭之余陪老人聊天，顺带帮忙打理下住处环境，其他家人也会通过打电话来关心老人。（JL - HHG，肢体三级残疾）

残障家庭需要有弹性的照顾安排，尤其当残障个体的残疾程度较严重时，几个家庭应形成合作的照顾团队，互相依靠和支持，通过分担角色责任和主动承担相应职能来为残障成员提供最佳的照顾与慰藉，促进各家庭成员间形成情感与结构上的相连，最终促使残障成员得到有效的家庭支持。

②动员社区资源

强大的家庭有较强的能力承担困难以及寻求帮助。当他们遇到自身无法解决的问题时会求助于朋友、邻居、社区组织等。

邻居知道我们家的情况不容易，帮忙跑去社区老年协会说情，为我们家特例降低了协会二楼的房租，并延至每季度收租一次，家里的负担便少了些，真的很感谢他们。（ZZ – LJX，视力一级残疾）

在应对残障困境时，稳定发展型残疾家庭能发挥"人多力量大"的合力作用，其所连接的社会网络可以提供信息、陪伴、喘息等实际的协助和情感支持，为家庭摆脱困境提供动力。

（3）将焦点转移到发展应对措施

LJX 为视力一级残疾，其大儿子患尿毒症。面对两个病患，大儿媳选择全心在家照顾。为了避免 LJX 眼疾恶化，一家人租住到社区老人协会二楼。大儿子的孩子已独立谋生，为家庭提供了部分经济支持。LJX 因摔倒卧床，二儿子和二儿媳虽住在较远的岛外，但每月都会来看望一次。在大儿媳的悉心照料下，LJX 的腿伤有所好转，能够拄拐行走。（ZZ – LJX，视力一级残疾）

尽管家中有两个病人，服务对象 LJX 一家人仍积极解决问题，表现出对生活的坚定信心，每一位成员都在尽自己的努力去陪伴、协助残障个体，着眼于"我们可以做什么事来应对危机"，共同努力，从而使生活秩序得以恢复与稳定。对于稳定发展型残疾家庭而言，整个家庭系统作为应对逆境的单元主体，能够接纳无法改变的困难，将关注焦点转移至有效的应对措施中。

（4）对未来的把握感不足

残障程度较严重的家庭成员需要长时间的守护和支持，因为他们对于眼前问题的恢复程度掌握不足，或是家庭尚未挖掘和利用有效资源。在这样的情况下，家庭选择了一种平和稳定的方式以在困境中维持常态秩序。但作为照顾者的父母逐渐老去，或是家庭中新生儿诞生，抑或是家庭生命周期中出现其他风险转折，都可能使这类家庭处于失衡的边缘，以致"以后会怎么样"成为这些家庭无法获得的答案。

> HSQ 19 岁时高烧引发麻痹症，行走困难，智力退化，依赖父母照顾。由于她长期坐在家中缺少锻炼，身体素质越来越差，经常感冒，形成恶性循环。父母忧虑她后半生的养老问题，一旦他们不在世，谁又能够长期来照顾她呢？（FH – HSQ，肢体二级残疾）

服务对象 HSQ 懈怠的康复意识和逐渐退化的身体机能，增加了家庭的预估性风险，使家庭成员对未来越来越不确定。一旦未来是不乐观的、超乎家庭控制的并且很大的预期是发生不好的事情时，家庭整体的平稳运行秩序便可能遭到影响甚至是破坏。

我们基于阶段论的模型讨论，提出以时间轴发展为依据，将家庭发挥抗逆力作用的过程划分为"危机发生前—危机发生后"两个阶段，在家庭原有认知与资源和压力事件的相互作用下，形成稳定发展型残疾家庭在遭遇残障压力事件后的抗逆力动态样态（见图3）。

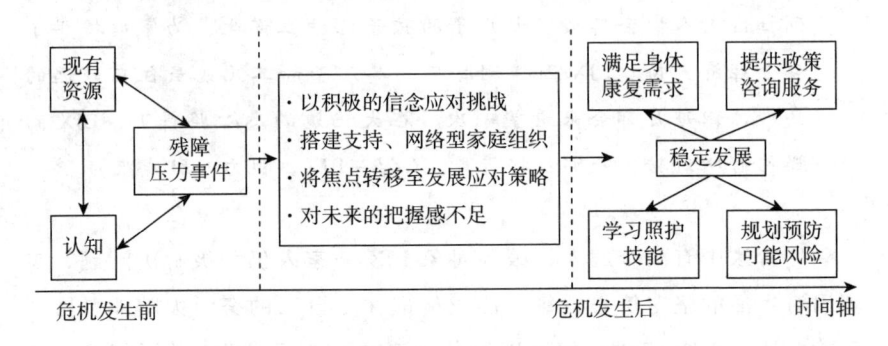

图 3 稳定发展型残疾家庭抗逆力动态样态

对于稳定发展型残疾家庭的抗逆力样态剖析突出体现了一种在危机中平稳运行的探索策略：①家庭整体对生活保持积极观念；②家庭成员间的连接感营造出良性的互动模式；③家庭内部呈现对困境的接纳以及共同努力维持现状，和平共处，并发展出具有自己特点的应对措施。但由于一些残障个体的残疾等级较高，身体受损程度较高，这使家庭在发展过程中充满不确定性风险，出现家庭对未来的把握明显不足的情况。在此层面上，这类家庭可能在规划和做预防性危机准备上需要强化外在资源网络的支持，例如链接医疗资源满足身体康复（或延缓恶化）需求、提供政策咨询服务以及照护技能学习等，都会对优化这类家庭当下和长期的生存与福利产生积极影响。

（二）功能失调型

残疾者个人与家庭其他成员的应对展现出不完全同步性和不平衡性。本研究把这部分残疾家庭称为功能失调型家庭，其中残障者行动空间较大的一类家庭为应对失衡型家庭，行动空间较小的则为功能失衡型残疾家庭。本部分将展示个人和家庭在长期患病压力下逐渐负面化的信念与逐渐分散化的形态，呈现"适应"与"平衡"对于家庭及其成员发展的重要意义，给予实务工作者以启发。

1. 应对失衡型：以爱为名的限制

应对失衡型家庭的中度失调集中在"信念"层面。此类残障人士通常具有更广阔的行动空间和较优异的支持资源，即具有更强的抗逆力。但其家人却倾向于视其为"无用的受助者"，这种被反复强调的弱势形象强化了残障者的自责感与无用感，使他们逐步丧失应对危机的信心与能力。家庭内部对残障的归因使家庭成员间心生罅隙，造成家庭成员的分化，在沟通方面呈现模糊化和逃避性。

（1）被强化的"受助者"形象

由于残障者的身体状况，家人们往往将其看成需要照顾的"受助者"，造成他们在人格上的矮化。

> 服务对象由于高烧导致智力受损，什么事都需要妈妈陪护在旁边。当社工入户探访试图引导 ZBB 活动的时候，其母亲寸步不离或是直接帮她做。可以感觉到，他们的"教"并没有持之以恒，或者说没有这个意识去教，取而代之的是直接帮她做。（ZZ – ZBB，智力二级残疾）

服务对象被家人细心保护，但是这反而让她丧失了自我照顾的基本能力。虽然现在家人可以把她照顾得很好，但是主要照顾人不能照顾，如父母年老之后，谁再来扮演这样的角色，履行照顾的职责，进行贴身照顾呢？若服务对象的父母不能转变观念，日后服务对象的康复疗程和日常作息将会面临更多考验。

（2）反复演化的无用感与自责感

若残障者本人认为自己的需求是"自私的"或不重要的，或是固执地认为自己是造成家庭压力的"罪魁祸首"，则其必然会背负无用感与自责感，生活也会因此陷入沉寂。

>（服务对象的母亲说）如果他在家，我们不敢提他残疾的事，怕他更烦恼。他觉得自己是家庭的负担，没有工作，还需要家人照顾。（FH-CFZ，精神二级残疾）

>JL-JYJ的父亲认为服务对象的残疾是由于其母亲怀孕期间吃牙痛药导致的，并反复提及，母亲听到后则选择沉默。（JL-JYJ，智力二级残疾）

残损或使家庭将问题归于某一因素或是个人的错误，导致家庭成员的疏远和缺乏信任。被指责家庭成员的内疚、无助情绪不断累积，反复强化，成为削弱家庭联结的潜在危机。

（3）家庭联结不断被削弱

随着残障时间的延长，应对失衡型家庭往往视残障者为负担，对残障者的敷衍、嫌弃成为生活常态。

服务对象与丈夫生育了一儿一女，由于其有精神问题，别人怕隔代遗传，所以儿女都是晚婚，儿子对此有所埋怨。家里人不与服务对象同桌吃饭，儿子、儿媳也不让两个孩子跟她接触。服务对象的丈夫说：

>女儿和儿子对她的关心照顾也是马马虎虎，在我面前是那样，背后又不一样。等我以后去世了，她自己会过得很惨，没人会管她。（FH-SML，精神二级残疾）

服务对象的身体状况影响了儿女的婚姻安排，儿子心存怨言，儿子、儿媳对服务对象表现出冷漠与嫌弃，甚至不让孙子靠近她。家庭中仅有丈夫一人愿意关心、照顾服务对象，这让丈夫不得不担心自己离世后妻子的处境。总体来看，家人未能很好地分担照顾的任务，没有给予服务对象足够的支持，家庭的联结感较差。

应对失衡型家庭在压力与需求的交互作用中，往往无力应对家庭危机，这种无力感无疑会削弱家人间的联结感。家庭在混乱中无法维持稳定的状态、家庭成员对残障者的冷漠与嫌弃、家庭陷入困境成员不得不调整的家庭作息以及无法适应的家庭分化，皆对家庭的联结程度形成强烈的冲击。

（4）随时间而沉淀的消极认知

服务对象与父母一起住，母亲对于儿子的病情尚无法接受：

> 别人家是年轻的出去工作，每个月能给家里老人几百（元）的生活费，我们家的非但给不了，还要我们继续养着。（JL – MSH，精神三级残疾）

残疾时间的延长、照护压力的加重以及社会政策、人文关怀和服务支持的缺位，家庭需求长期得不到满足，家庭陷入失衡状态，勉强维持现状的处境一再强化家庭整体的负面认知，挫败了家庭改善逆境的正面信念，并使家庭陷入恶性循环。

（5）模糊、逃避的沟通方式

在功能不良的家庭中，家庭沟通很难心平气和地进行，并且难以发展出清晰、完善的沟通模式。

> 服务对象与儿媳的关系很不好，也不常和儿子沟通，认为自己不能干重活，没体力带孙子，导致大媳妇对她有意见，说她重男轻女，其实她很喜欢女孩。当社工问到有没有尝试跟大儿媳沟通过这些，服务对象回答说大儿媳都不跟她讲话的。（JL – HYZ，肢体三级残疾）

服务对象遇到困难一般都是自己应对，与儿媳的关系紧张，与儿子的交流也不多，双方抵触情绪强烈、缺少沟通，导致误会不断加深。

协助应对失衡型家庭清晰地表达需求，鼓励家庭成员坦诚地表达情绪、情感，并给予正向回应；鼓励家庭成员共同商讨所面临的问题和可能的解决方法，是提升此类家庭抗逆力的有效途径。

当突发性的危机事件与持续性的压力波及整个家庭时，应对失衡型残疾家庭首先呈现认知不足，抑制性的信念影响家庭组织和沟通。此类残障人士通常具有更强的抗逆力，但其家人却视其为丧失能力的人，缺乏对其适应常态化生活的训练。家人的态度强化了残障人士的"受助者"意识，由此产生自责感与无用感。长期自我认同的失调使残障人士逐步丧失应对危机的能力。残障使家庭将问题归于某一因素或是个人的错误，导致家庭成员的疏远和缺乏信任。被指责者的内疚、无助情绪不断累积，成为削弱家庭联结的潜在危机。长期的矛盾积压造成家庭成员的敌对情绪和不信任感，双方在沟通方面呈现模糊和逃避，家庭陷入失衡状态。勉强维持现状的处境一再强化家庭整体的负面认知，挫败家庭正面信念，使家庭陷入恶性循环。对于此类家庭，改变家庭认知、增强内部联结、提升自身能力、拓展人际交往是主要需求（见图4）。

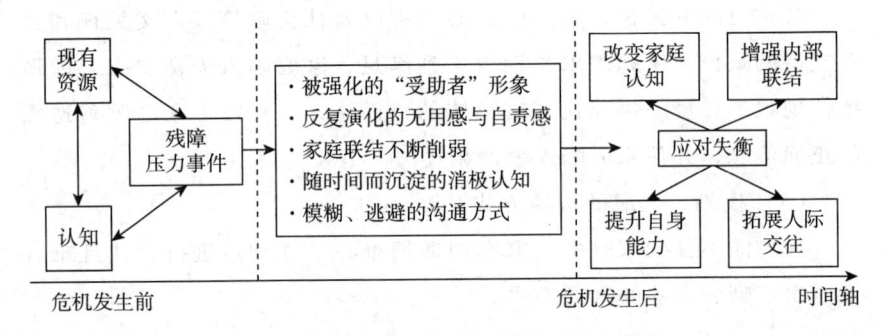

图4 应对失衡型残疾家庭抗逆力动态样态

通过对描述性特征和模型图的总结归纳，我们对应对失衡型的残疾家庭做出如下定义：这类家庭中的残障个体行动空间较大，但部分家庭为其提供的长期照护造成了残障个体弱势的"受助者"形象。有些残障者自身会产生无用感、自责感或形成外部归因心理机制，而家庭（家庭成员或残障者自身两者或其中一者）缺乏发现问题或改变现状的能力或意识。因此，此类家庭总体改变现状的正面信念、彼此间共同沟通或组织关系较弱。其需求主要表现为：一方面需挖掘优势，增加自身能力，以拓展其人际交往空间、获得支持；另一方面改变自我及家庭认知、增强家庭系统内部联结感。

2. 支持失衡型：松懈的家庭生命历程

支持失衡型家庭的困境集中呈现在"支持"层面，内外部支持的缺乏将残障者置于孤立无援的状态，整个家庭处于勉强维持现状的状态，若再经历一次危机，则现存模式很可能中断。

（1）负面导向的个人信念

支持失衡型家庭往往认为残疾是不幸的，在这种消极信念的指导下，服务对象呈现难以接受—觉得羞耻—丧失希望的信念导向。

> 从服务对象妻子的口中，我们可以了解到服务对象不喜欢或者说不愿意把自己的"弱点"让别人知道，所以他出去散步，锻炼脚，会避开本地熟人，走到比较偏僻没人的地方。（ZZ-ZMK，肢体二级残疾）

> 自从生病躺床上后，服务对象的亲戚朋友打电话或者要来探望，他都拒绝了，他感觉别人看了他这样也会心烦。（FH-RSF，肢体一级残疾）

残疾发生初期，服务对象突然难以接受现实与心理的巨大落差，内心陷入极度的恐慌与否定，认为残障是羞耻的，会被他人耻笑，因此避开与他人接触。但同时，他们的自尊心较常人更强，更为在意他人的看法，在内心矛盾当中，个人信念呈现负面化导向，缺乏正视残疾的动力，认为是残疾的体验、身体的不可控感使自己对生活失去信心。

（2）勉强维持的内部平衡

危机事件往往要求家庭重组结构。持续的压力和多重危机让一切失序，损害了家庭发挥正常功能的能力。家庭的规则与角色可能需要根本的改变，而应对失衡型家庭所呈现出来的则是趋于瓦解的家庭结构和勉强维持的生活状态。

服务对象向社工诉苦，说自己经常受丈夫家暴，自己找过亲戚、朋友介入，但效果不佳，儿子也不怎么管事。此外，服务对象的大腿两内侧长了瘤，但丈夫和儿子根本不愿意花钱给她做手术。

要是下楼还可以慢慢走下来，但是上去就得爬着上去。能有啥办法，就这样过一天是一天，我做不了主啊。（FH-YZZ，肢体三级残疾）

服务对象的家庭处于悬崖边缘，随时面临下落的危险。家庭长期维持的平衡即将被打破。因此，家庭中的一方只有竭尽全力维持常规家庭运行状态，才能保有片刻的"安宁"。被默许的维持现状的行为致使服务对象处境无法得到改善，丧失改变现状的希望，并埋下危机的种子。改变之所以令人恐惧，绝大部分是因为家庭成员害怕在脱离原先轨道的过程中，他们的生活可能使他们陷入比眼前更糟的窘境。

（3）家庭支持来源单一

对家庭抗逆力的理解不能仅仅停留在微观层面，关注家庭系统内的关系和互动，更要从宏观的社会文化系统来看家庭如何互动。

服务对象育有一儿两女，却一人独居，只有保姆过来煮三餐，偶尔帮忙搞一些简易卫生。服务对象无法出门，生活圈子很窄。（ZZ-ZXB，肢体一级残疾）

服务对象的家庭内部支持显然是不足的，加之居住环境限制，其无法与外界产生互动，也就无法获得足够的外界（邻里、朋友等）支持。此类家庭普遍存在的共性问题：一是家庭内部支持缺乏，为残障人士提供照护的任务压在某位家庭成员身上，其他家庭成员态度冷漠，甚至停止资源的供给；二是家庭缺乏外部支持，显性的资源尚显不足，隐性的资源可能还未被发掘，究其原因则是消极的家庭信念与长期残疾带来的照顾压力使家庭丧失向外求助的动机。

（4）深受阻碍的沟通渠道

现代家庭生活面临复杂结构与多样性需求，良好的沟通是促进家庭和睦的关键因素，因此，发挥沟通的正功能就显得尤为重要。

服务对象表示平时和儿子、儿媳话也说的不多。

没啥好说的，我们也都不是人家那种能说会道的人。儿子他们有什么事都不跟我们商量，说我们都是老一辈的思想，已经过

时了。(FH – YSZ，肢体三级残疾)

情感需要表达出来，服务对象的儿子可能由于意见分歧或家庭压力太大不愿意跟服务对象沟通，缺乏情感表达的契机，久而久之两个人之间的互动越来越少，亲密程度逐渐降低。

妻子喜欢唠叨，看到服务对象做的事不是很妥当，她就要说，不会看"脸色"，好几次惹怒了服务对象。服务对象的二儿子表示与他母亲经常无法沟通，说了她也听不懂，母亲又特别固执。(JL – HCG，精神二级残疾)

服务对象的妻子不懂得沟通的技巧，不仅惹怒服务对象，也让儿子不愿意与她交谈。支持失衡型家庭存在着无效的沟通，究其原因是沟通渠道的堵塞，这包含多方面因素：其一，主体不愿意沟通，不愿意倾听，在源头上阻止沟通事件发生；其二，沟通方式不当，缺少情感交流，信息无法有效传导，同时缺乏反馈机制，淤积在日常的"无意义"的话语中，逐渐使家庭意见持续性积压和家庭矛盾不断扩大。

此类型家庭的困境集中呈现在"支持"层面，内外部支持的缺乏将残障者置于孤立无援的境地。长期的患病体验使他们逐渐对当前处境和康复治疗失去信心，失败经验的累积使他们丧失做出改变的动力。家庭沟通受阻加剧家庭关系的疏离，彼此的距离和僵化的界限使家庭成员在情感上孤立。若再经历一次危机（累积性风险）现存模式很可能中断。诸种突出性特征被研究者定义为"支持失衡型"。对于此类家庭，从扩展支持网络、缓和关系、提供喘息服务、调整家庭组织方式等方面介入能够助其培育家庭抗逆力（见图5）。

通过对描述性特征和模型图的总结归纳，我们对支持失衡型的残疾家庭做出如下定义：这类家庭中的残障个体行动空间较小，家庭能提供给残障个体的支持较弱（照护者年龄较大、照护者要工作或仅限于日常生活照护等）或支持来源单一，家庭系统内部可能出现关系疏离、沟通不畅，因而家庭整体对残障影响下当前和未来生活不抱积极观念，暂时维持常规的家庭运行状态。

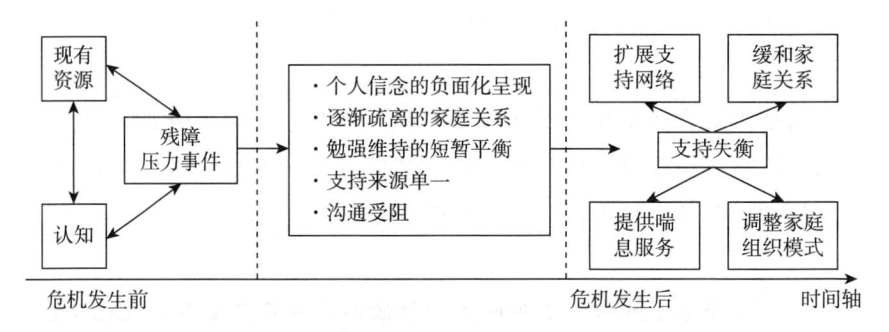

图 5　支持失衡型残疾家庭抗逆力动态样态

（三）运作僵化型

残疾所带来的心理、社会和经济负担，让一些残障者及其家庭暴露在多重问题的高风险中，这部分面临多重压力的残疾家庭被称为运作僵化型家庭，其中残障者行动空间较大的一类家庭为运作无效型家庭，相对应的，残障者行动空间较小的则为危机导向型残疾家庭。

1. 运作无效型残疾家庭：压力夹击中的挑战与挣扎

当一个家庭深陷残疾困扰时，往往其成员眼中仅能看到问题，过去的失败体验与未来的不可预见让他们中的大多数都自觉得无能并且无计可施。

（1）丧失改变现状的动力

对于运作无效型残疾家庭而言，在遭遇困境后，在"会变得更好"或"变得更坏"的思考中，后者的声音足以埋没前者。而这样的认知方式是在日常的生活与互动中习得的结果。

> 年仅 9 岁的 LWP 一出生视网膜就发育不全，并伴随智力缺陷。父亲曾为了其就学辗转多个城市，先后求助四家特殊教育学校，但都因各种原因未能入学。经历几次求学无果的受挫后，父亲越发感到无力，最终放弃继续找寻学校。（JL-LWP、MGL，视力一级残疾、智力三级残疾）

一方面，运作无效型残疾家庭尝试改变现状，但十分艰难，而社会偏见、对政策的不了解以及过往的失败经验反复强化了家庭的羞耻感、无能感。

> 社工询问其家人为何没让 GZC 到 XY 医院接受治疗来缓解反复发作的病情。GZC 的父母表示，考虑送去后他不能接受，担心会变得更严重，后面决定还是留在家里自己人来照顾，尽可能小心翼翼，不使他动怒就行。（FH – GZC，精神二级残疾）

另一方面，此类家庭会忽视问题解决的重要性，缺乏改变意识，采取被动妥协的照顾方式，主要是避免使他动怒，对服务对象的暴力行为，他们只能任由其打骂。从根本上看，家庭成员没有意识到解决这一问题的重要性，缺乏改变的意识，也缺失了长久地改变现状的动力，久而久之将会对家庭的长远发展造成损害。

（2）家庭关系趋于分散

残疾危机事件的发生往往要求家庭重组结构，寻求重新连接，在困境中维持稳定。有序、有效的家庭组织模式会促进家庭功能的有效发挥，混乱、分裂的家庭组织模式则会令家庭深陷危机，可能进一步造成家庭结构关系的紧张甚至瓦解。

> LSD 双耳失聪，没有佩戴助听器，与他人沟通困难。85 岁高龄的他独居在一间狭小的出租屋里。他经历过两段失败的婚姻。第一任妻子怀着身孕与其离婚后再嫁他人，唯一的亲生女儿与他便再无任何联系。后来他娶了自己雇用的保姆，年龄小他二十来岁。但没过多久，第二任妻子瞒着他，将他的两套房产变卖，带着所有的积蓄跑回老家，此后音信全无。（FH – LSD，听力一级残疾）

残障事实给家庭婚姻关系的稳定性带来了严峻挑战，诱发家庭一系列危机：婚姻关系脆弱，夫妻双方的凝聚力降低，在情感上走向孤立，甚至导致婚外恋、婚姻解体等结果。分散的家庭关系无法给予彼此以关心与支持，更不能给残障个体良好的身心照护。

（3）家庭沟通极度受阻

当家庭遭遇残疾压力时，沟通能够促进家庭功能的实现，如使家庭成员明确压力状况，表达和回应彼此的顾虑和需求，并以协商的方式满足新的需求。

> 社工与 ZFS 夫妻交谈时，妻子向社工描绘了一幅其乐融融的和谐场景。但随后妻子外出接孙子，ZFS 则向社工表示，妻子是在胡说八道：妻子要求把继子、继女入当地户口，为这件事他们吵了很久；妻子与继子在家庭争吵中也说要打断 ZFS 的腿脚，要求他做一些事情。（ZZ－ZFS，肢体三级残疾）

在冲突紧张的家庭关系中，残障个体的感受与需要被压抑而不能表达，更得不到基本的满足。家庭成员间的沟通极度不畅，会使残疾家庭陷入更深的危机，矛盾和问题随着长期的潜伏和累积而变得更加棘手和失控，对残疾家庭的功能恢复不利，无法为残障个体提供安全感和保障感。

本研究将家庭应对危机的过程按阶段来划分，我们可以看到运作无效型残疾家庭的抗逆力动态变化过程：伴随残障事件的发生，有些家庭会组织起来适应丧失的状态，但当反复出现的挫败超出家庭的承受范围时，家庭开始对问题保以距离，以逃避痛苦或创伤，缺乏安全感的状态也使得家庭对改善现状不抱期待和动力，与此同时，家庭的组织、沟通系统也在经历着危机过渡时期的失序。随着时间的推移，家庭认知、家庭资源及家庭压力可能会不断恶化。运作无效型家庭在应对残障压力过程中的抗逆力动态样态如图 6 所示。

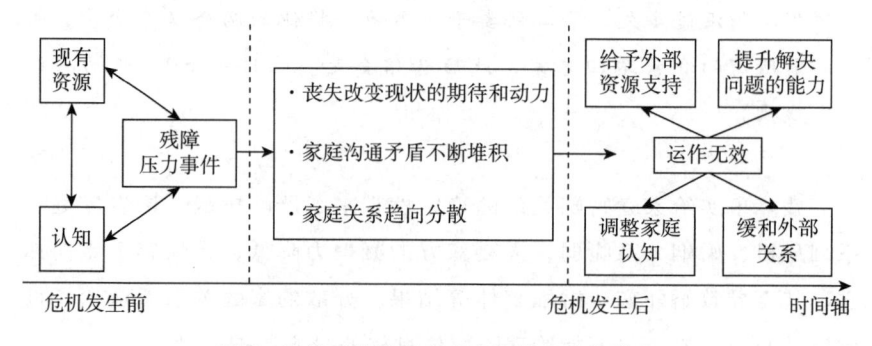

图 6 运作无效型残疾家庭抗逆力动态样态

从运作无效型残疾家庭的抗逆力样态剖析，我们可以看到，这一类型的家庭在残障困境中无法发挥家庭功能而陷入危机，其适应不良的表现主要有：一是残障者自身及其家人对改变现状不抱有期待和缺乏改变动力，二是家庭内部具有改变现状的意识和行动能力。在此层面上，针对这类残疾家庭的抗逆力培育可以从以下方面进行介入：给予外部资源支持、缓和外部关系、调整家庭认知、提升解决问题的能力等。

2. 危机导向型残疾家庭：饱受危机与混乱的生活常态

残疾家庭，特别是那些遭受到持续的、严重的残障困境的家庭，每一次的危机都会让他们的生活接近于崩溃的边缘，这类家庭被称为危机导向型家庭。

（1）对残疾的绝望：悲观的偏见

WZL因为脑瘤压迫视神经，导致视力障碍，常因为走路看不清而摔倒。今年年初他的腿就摔断了，装上了钢板，在康复过程中他着急下地走路，结果腿伤再次恶化。因为脑瘤以及长期服药的副作用，WZL的精神状态也在逐渐退化。在社工上门探访的过程中，母亲从社工进门开始便一直在抱怨，说自己家现在是全社区最惨的一户人家，儿子成残疾人了，病也好不了了，生活要怎么过下去都不知道。（FH-WZL，视力一级残疾）

对于服务对象WZL的家庭来说，超乎个人控制的、严重的和长期的残障困境，给家庭带来无助。当压力过度时，家庭成员也因为疲惫、情绪负荷、资源耗竭而形成对残疾及生活的负面想法和悲观的态度。反复发生的危机所带来的挫败体验使家庭产生不祥的预期，这样的预期歪曲了家庭对当下的体验和未来可能性的思考方式，进一步削弱信心，衍生出家庭整体的无望感。

（2）家庭秩序陷入极度混乱

这是一户特殊的多残家庭，母亲XBZ、大儿子LDB、二儿子LDQ、小儿子LDY均为残障人士，并患有不同程度的高血糖、高血压。

"她丈夫在的时候，两个儿子虽然是智力障碍，但没现在情况那么差,尤其是大儿子 LDB,也还能行走,后来父亲去世了,LDB 连走都不能走了。我在这住了二十多年了,他家的情况是真的惨!"附近的一位邻居大伯如是说。

"家里的窗户紧闭着,不透风,整个环境充斥着浓重的异味。沿床边放了一个脏空桶、一个尿壶,和吃饭用的汤勺盆子堆在一起。"社工描述道。

6月初,大儿子 LDB 因为四肢浮肿、多处皮肤伤口不易愈合,在医院住了17天。社工来到 XBZ 家中关心 LDB 的情况。在看药品的时候,社工注意到有三盒自打胰岛素的药品一直放在冰箱中。社工询问其是否自己打过胰岛素。LDB 表示自己不会打,一直没打。

家庭的抗逆力因领导角色逝世而折损,造成家庭陷入极度失序的状态,而其余的家庭成员并不具备基本的能力来共同规划日常生活,完成生活安排,因此凸显出各样的生活问题。家庭生活能力的提升是这个家庭当下亟须介入与解决的问题。当家庭内部受到重创,家庭成员长期以来遭受先天残疾的痛苦折磨,家庭的组织模式已不能发挥正常功能时,社工的关注点应该超越家庭,引进外部的优质资源。

(3) 拒绝外界的帮助

ZSJ 的父亲是一名社区党员,经常参与社区活动,但对于儿子的事他始终不愿与他人谈起。社工主动联系其父亲,询问是否可以到家中了解下 ZSJ 目前的情况,被 ZSJ 的父亲强烈拒绝,表示不愿意也不需要社工的介入。社工通过街坊邻居了解到,ZSJ 好像常年被关在家中,很难接触到他本人。(ZZ - ZSJ,智力一级残疾)

对服务对象 ZSJ 的家庭来说,残疾是不想提及的伤疤。由于对儿子患有残疾的羞耻感,父母宁愿监禁儿子 ZSJ 和剥夺其与外界接触的自由,也不愿承认家庭成员残疾的事实。他们显得沮丧、难以信任有良好意图的助人者,甚至拒绝外界的帮助。这导致一个恶性循环:家庭成员为残障者做得越多,越觉得无助,而他们又放弃可能的帮助,进而将会形成更多的负担和不满，使家庭的处境更加困难。

危机导向型残疾家庭的抗逆适应过程表现为一种饱受危机与混乱挑战的负面状态，严重的残障问题搅乱了他们生活的许多方面，突出体现在"信念—家庭组织—沟通过程"等不同系统的不堪重负上。从时间轴上看，家庭内部在危机发生前所拥有的认知及资源存在不足，继而在成员长期身患残障的内外压力夹击下，家庭秩序变得极其不稳定，家庭信念在崩溃的边缘，家庭系统超出负荷，甚至资源耗竭，由此形成危机导向型残疾家庭在遭遇残障压力事件后的抗逆力动态样态（见图7）。

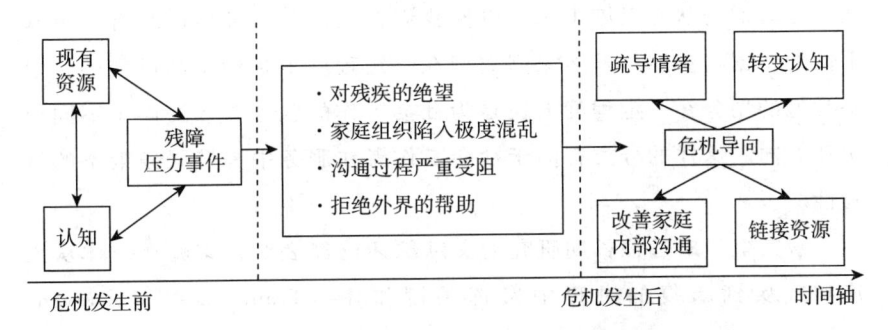

图 7 危机导向型残疾家庭抗逆力动态样态

从危机导向型残疾家庭的抗逆力样态剖析，我们发现，这一类型的家庭在残障困境中无法正常发挥家庭功能而陷入危机，其低水平抗逆力的表现通常有：残障个体行动空间小，残障者也因此在身体、心理乃至日常家庭生活中都受到严重影响及限制，而家庭因为问题的持续存在而变得绝望与悲观，随后家庭组织陷入极度的混乱，家庭不断累积负面的互动沟通，如此恶性循环的局面最终导致家庭系统内部的严重失调，甚至引发家庭对外界帮助的抗拒。在此层面上，针对这类残疾家庭的抗逆力培育可以从以下方面介入：转变认知、改善家庭内部沟通、疏导情绪、链接资源等。

六 结论与讨论

本研究立足残疾人社会工作项目的动态实施，遵循扎根理论分析，按照访谈资料阅读—关键词提炼—初级概念生成—核心概念归纳的扎根研究路径，依据核心概念的特征归纳，对话家庭抗逆力的三大维度内涵，提炼出稳定均衡型、功能失调型和运作僵化型三大类的残疾人家庭抗逆力样态。又立足实务的可操作性，引入行动空间大小，将三大类进一步细化为六小类：积极成长型、稳定发展型、应对失衡型、支持失衡型、运作无效型和危机导向型。每种类型都呈现一定的抗逆特质，不同类型的家庭也表达了不同的服务需要。当然必须明确的是我们通过扎根分析所得的残疾人家庭样态分类（三大类六小类）只是一个相对的状况，残疾人家庭抗逆力样态是变动的，家庭在向前的过程都会有变化。因此，本研究的结果只是尽可能将残疾人家庭抗逆力在一定时期的状态提炼出来，以便我们在观察与服务他们时有一个基本性的依据与参照。虽然家庭类型在一定程度上是动态和可变的，但是类型的划分在一定程度上还是为社会工作的服务介入提供了不同层次和方向。这样的分类有助于社会工作者在服务中提升服务策略的针对性。

事实上，对过往长期研究的文献综述已经表明，家庭在个体从疾病和残疾到康复的过程中发挥关键作用（Frain, Lee, & Berven, 2007）。令人遗憾的是，尽管残疾服务体系充分认识到家庭在适应残疾过程中的重要性，但是主流福利政策设置的立足点更多的还是个体而非家庭（姚进忠，2019）。本研究在一定程度上呈现了社会工作者应该如何协助残疾家庭可以帮助自己了解残疾及其相关症状，认识到其生活可能发生变化的方式，并探索自己对残疾生活的信念和期望。从家庭抗逆力样态扎根提炼的过程可以发现，社会工作者可以帮助残疾家庭处理残疾个体所产生的个人困境和家庭问题，在服务过程中让家庭及其成员认识到：①残疾是家庭事件，会影响到家庭的每个人，需引导家庭成员共同面对；②家庭应对残疾的态度和信念会影响到家庭运作的样态；③家庭变化很可能有助于个体和家庭更好地应对和适应残疾的状况；④家庭和家庭残疾个体拥有应对残疾事件的自我方式；⑤家庭原先拥有的内外资源是家庭应对残疾事件的最好基础；⑥家庭成员良好的沟通与对话是应对残疾的持久力量。

家庭抗逆力作为个体成员拥有的一种"社会层可行能力"（social capabilities），是一个相当复杂的机制，这是社会成员之间相互作用交流所生成的（Stewart, 2015）。本研究发现，以家庭抗逆力为中心的服务方法是建立在和家庭及其成员之间建立合作伙伴关系的基础上的，专业服务负责协助家庭实现目标、享受家庭生活、提升家庭力量以解决问题。每个家庭的生活质量都是不同的，受家庭的信念、价值观和经历的影响，以及由于家庭做出决定、实现有意义的目标、接受家庭支持的机会的不同而会有所差别（Swafford et al.，2015）。家庭在福利供给中的角色始终是政府在制定家庭政策时特别予以强调的文化传统。从这个意义上说，家庭政策并不仅仅意味着国家的福利供给，也是协调国家、社会、市场、家庭和个人多方合力、积极行动的过程（罗红光，2015）。以家庭为中心的干预的目的是让家庭和成员有能力继续以一种健康"生态"的方式生活，家庭能力的提升和家庭参与是关键。基于文化的家庭抗逆力概念的对话，对于本土残疾人社会工作服务的可能空间有了更为明确的启示。

1. 立足家庭抗逆力扩展的残疾人社会工作政策的倡导与生成

残疾人家庭抗逆力的扩展与提升构成了各种社会工作政策制定的重要维度，其目的是有效地提高残疾人的福祉。政策可以提供一个平衡和全面的策略来整合残疾人及其家庭社会融入和社会正义的两轴：①通过无障碍设施建设实现平等的社会生活和主张公平的社会、政治参与权利实现政治差异的消除；②通过配置额外的资源增加残疾人教育、经济和社会机会，扭转残疾人劣势状况以实现政治权利的再分配（Anastasiou & Kauffman，2012）。因此，基于个体－家庭抗逆力的残疾人社会福利系统政策应该定位于：减少各类社会不平等、培育包容性社会；促进残疾人群体组织的健康发展，为他们赋权、倡导；支持包括家庭在内的各类组织活动的开展，增强社会凝聚力，融合社会关系，协助个体实现对有价值可行能力的选择。个体－家庭抗逆力扩展以实现残疾人社会福利需要满足关键在于两个方面：一是残疾人社会福利政策能够从外部关注个体的同时关注家庭的维度，协助个体－家庭两个维度能力的提升，有效协助残疾人家庭以自身基础、扩展家庭的网络和外部有利条件为支撑，整合和重构内外部资源，顺应生计与家庭环境变化，提升残疾人家庭生活的发展质量；二是残疾人社会福利政策着力于从外部协助残疾人家庭动态应对生活环境变化的能力更新，个别化地增强残疾人个体－家庭不断更新自身技能的能力，降低生计脆弱性，提高残疾人家庭的生态变化应对能力，努力把外在性的支持政策变为服务对象的内在能力和可行能力（王思斌，2016），实现残疾人社会福利需要满足的可持续性。

2. 残疾人家庭抗逆力提升的综合社会工作服务策略探索

相比于个体抗逆力的扩展，基于个体－家庭的抗逆力扩展更为复杂多元。研究呈现了一个从个体层面向集体层面抗逆力扩展的路径，借助家庭信念的调整、家庭行动的发起和组织结构与沟通过程的调整从信念、组织、沟通等维度将抗逆力在家庭集体层面上进行拓展，提升家庭成员的能力，进而提升个体与家庭的社会福祉。以残疾人家庭分类为基础的服务供给体系的有效性或者优势在于：一方面，突破了传统仅关注残疾人个体的服务方式，较为准确地满足残疾人家庭的需要，呈现精准的服务供给体系；另一方面，将服务对象进行分类，根据其不同的性质以及动态需要，运用不同的社会工作方法提供服务，具有动态的递进性与效率性，凸显高效的服务供给体系。根据研究结果的探讨分析，立足家庭抗逆力的扩展，残疾人综合性社会工作服务主要可以围绕以下三个角度进行探索。第一，以残疾人家庭为服务中心，动态评估家庭需要。残疾人个体虽是社会工作服务的主要对象，但家庭在残疾人复原过程中扮演了重要的支持与保障角色。社会工作服务焦点只有转向提高残疾家庭应对困境的抗逆能力，才能使家庭有效地处理残疾危机或应对长期的困境。满足残疾家庭的动态需要应是残疾人社会工作服务的主要内容，做到需求分析到位的同时还要不断评估动态需求，确保服务的有效性。第二，将家庭应对残疾困境的能力作为介入点，关注动态的家庭力量。以家庭抗逆力为视角，将残疾困境视为家庭的挑战而不是家庭问题，肯定家庭的自我修复能力。家庭力量被认为是控制家庭内部平衡的重要资源。当一个家庭能够发展力量和适应能力时，家庭成员可以从面临的压力中反弹回来。因此，可以从信念体系、组织模式、沟通过程三个方面提高家庭应对困境的抗逆力，增加家庭保护因素，有效促进家庭功能发挥，提高残疾人家庭抗逆力。第三，注重家庭个别化需要，细化家庭类型，提供有效性服务。社会工作服务可以通过评估不同残疾人家庭应对困境的方式与能力，并且根据服务对象的动态需要和复原表现，将类型相似的家庭进行整合划分。细化类型后确定不同的服务机制，有利于准确识别服务对象能力与需要，有侧重地为其提供服务，提高残疾人社会工作服务的有效性。

3. 立足家庭抗逆力的残疾人社会工作服务的操作方向

家庭抗逆力的社会工作服务的启动点在于协助残疾人家庭认识自己的能力与资源，并引导他们运用这些能力去应对残疾及其附带的问题。与此同时，社会工作者在服务中也要尽可能让残疾人家庭认识到，家庭的抗逆力和家庭有效的应对方式是一个过程，是一个可以学习和加强的过程（Stuntzner & Hartley，2015）。立足家庭抗逆力的社会工作服务操作的核心在于帮助家庭认识并运用其现有的应对技能，确定哪些应对技能对他们寻求更有抗逆力的生活方式具有价值，可以参照以下方向进行方案设计和具体执行：探讨家庭对残疾或残疾人的感受和信念；引导他们表达内在的情绪和悲痛处理方式；在处理残疾问题时查明他们的压力和困境的触发因素；将压力源分解为可管理和操作的生活组成部分；了解其生活受到残疾影响的方式；和残疾人家庭一起总结已经存在的有用和适用的应对策略；积极链接资源，协助建立和维持残疾人家庭的社会支持和扩大家庭支持；引导残疾人家庭学习有效应对消极的社会障碍、阻碍性因素和情况；引导家庭成员共同探讨家庭如何"更美好"生活的看法并尝试采取行动；从关注残疾的正面与积极的信息，引导家庭共同学习抗逆力为本的生活策略与技能；重要的是陪同残疾人家庭寻找改变的起点（Stuntzner & Hartley，2015）。

参考文献

蔡素妙（2004）："地震受创家庭复原力之研究"，《中华人文社会学报》，第1期。
〔加〕D. 瑾·克兰迪宁（2015）：《进行叙事探究》，徐泉、〔加〕李易译，重庆大学出版社。
第二次全国残疾人抽样调查办公室（2008）：《第二次全国残疾人抽样调查数据分析报告》，华夏出版社。
范明林、李蓉（2017）："成年残疾人子女家庭照顾风险及其个案管理模式——以上海市S社会工作发展中心为例"，《社会建设》，第2期。
葛忠明（2015）：《中国残疾人福利与服务：积极福利的启示》，山东人民出版社。
胡幼慧（1996）：《质性研究——理论、方法及本土女性研究实例》，台北：巨流出版社。
纪文晓（2015）："养育罕见病儿童的青年家庭抗逆力分析"，《青年研究》，第5期。
李文淑（2013）："增能理论视角下的残疾人就业问题研究"，山东大学硕士学位论文。

罗红光（2015）："'家庭福利'文化与中国福利制度建设"，《社会学研究》，第3期。

潘泽泉、黄业茂（2013）："残疾人家庭个案社会工作：基于优势视角的干预策略与本土化实践"，《湖南社会科学》，第1期。

邱瑜谨、姜义雯（2010）："贫穷家庭研究——经济、社会与心理面向之叙述分析"，《人文社会科学研究》，第1期。

〔美〕Strauss, A. and Corbin, J.（2009）：《扎根理论研究方法》，吴芝仪、廖梅花译，台北：涛石文化事业有限公司。

谭磊、林玉泉（2010）："以残疾人为中心的优势评估与社工介入模式探讨"，《广东工业大学学报》（社会科学版），第5期。

童敏（2011）：《流动儿童应对学习逆境的过程研究》，中国社会科学出版社。

王思斌（2016）："农村反贫困的制度——能力整合模式刍议"，《江苏社会科学》，第3期。

夏少琼（2014）："残疾人家庭抗逆力与创伤康复研究——基于残疾儿童家庭个案"，《残疾人研究》，第1期。

许琳、刘亚文（2017）："老年残疾人家庭支持政策研究述评"，《社会保障研究》，第1期。

杨锃（2015）："残障者的制度与生活：从'个人模式'到'普同模式'"，《社会》，第6期。

姚进忠（2019）："残疾人社会福利供给机制的家庭生态性考察"，载王思斌主编《中国社会工作研究》（第17辑），社会科学文献出版社，第164~195页。

姚进忠、郭云云（2013）："社会工作视角下残疾人抗逆力生成研究——基于厦门市福乐家园的个案剖析"，《北京工业大学学报》（社会科学版），第5期。

于莲（2018）："以可行能力视角看待障碍：对现有残障模式的反思与探索"，《社会》，第4期。

张和清、杨锡聪、古学斌（2008）："优势视角下的农村社会工作——以能力建设和资产建立为核心的农村社会工作实践模式"，《社会学研究》，第6期。

郑增财（2006）：《行动研究：原理与实务》，台北：五南图书出版股份有限公司。

周沛（2014）："积极福利视角下残疾人社会福利政策研究"，《东岳论丛》，第5期。

Anastasiou, D. & Kauffman, J. M. (2012). Disability as cultural difference: Implications for special education. *Remedial and Special Education*, 33 (3), pp. 139 -149.

Barbara, M. (2014). Another Perspective: Capturing the Working-Age Population with Disabilities in Survey Measures. *Journal of Disability Policy Studies*. 25 (3), pp. 146 - 153.

Barnes, C., Barton, L. & Oliver, M. (2002). *Disability Studies Today*, Cambridge: Polity: 5.

Baylies, C. (2002). Disability and the Notion of Human Development: Questions of Rights and Capabilities. *Disability & Society*, 17 (7), pp. 725 -739.

Black, K. & Lobo, M. (2008). A Conceptual Review of Family Resilience Factors. *Journal of Family Nursing*, 14, pp. 33 -55.

Buschbacher, P., Fox, L., & Clarke, S. (2004). Transition to Adulthood for Students with Severe Intellectual Disabilities: Shifting toward Person-Family Interdependent Planning. *Research & Practice for Persons with Severe Disabilities*, 29 (1), pp. 53 -57.

Corbin, J. & Strauss, A. (1990). Grounded Theory Research: Procedures, Canons and Evaluative Criteria. *Qualitative Sociology*, 13 (1), pp. 3 −21.

Dunn, D. S., Uswatte, G., & Elliott, T. R. (2009). Happiness, resilience, and positive growth following physical disability: Issues for understanding, research and therapeutic intervention, in S. J. Lopez & C. R. Snyder (eds.). *The Oxford Handbook of Positive Psychology* (2nd ed), New York: Oxford University Press, pp. 651 −665.

Frain, M. P., Lee, G. K., & Berven, N. L. (2007). Use of the resiliency model of family stress, adjustment and adaptation by rehabilitation counselors. *The Journal of Rehabilitation*, 73 (3), pp. 18.

Greeff, A. P., Vansteenwegen, A., & Gillard, J. (2012). Resilience in Families Living with a Child with a Physical Disability. *Rehabilitation Nursing the Official Journal of the Association of Rehabilitation Nurses*, 37 (3), pp. 97 −104.

Green, S. E. (2007). We're tired, not sad: Benefits and burdens of mothering a child with a disability. *Social Science & Medicine*, 64 (1), pp. 150 −163.

Kaffemaniene, I. & Jurevičienė, M. (2012). Strengths perspective in assess the expression of social skills of a person with moderate intellectual disability. *Social Welfare Interdisciplinary Approach*, 12 (2), pp. 126 −138.

Kim, K. & Turnbull, A. (2004). Transition to Adulthood for Students with Severe Intellectual Disabilities: Shifting toward Person-Family Interdependent Planning. *Research & Practice for Persons with Severe Disabilities*, 29 (1): 53 −57.

Lane, C. D., Meszaros, P. S., & Savla, J. (2016). Measuring Walsh's Family Resilience Framework: Reliability and Validity of the Family Resilience Assessment (FRA) Among Women with a History of Breast Cancer. *Marriage & Family Review*, 52, pp. 667 −682.

Langdridge, D. (2007). *Phenomenological Psychology: Theory, Research and Method*, London: Pearson Prentice Hall.

Lebow, J. & Stroud, C. (2012) Assessment of couple and family functioning: Useful models and instruments. In F. Walsh (ed.), *Normal family processes* (4th ed.), New York: Guilford Press, pp. 501 −528.

Masten, A. S. (2001). Ordinary magic: Resilience processes in development. *American Psychologist*, 56, pp. 227 −238.

McCubbin, H. & McCubbin, M. (1988). Typologies of resilient families: emerging roles of social class and ethnicity. *Family Relations*, 37, pp. 247 −254.

Mitra, S. (2013) The Capability Approach and Disability. *Journal of Disability Policy Studies*, 16 (4), pp. 236 −247.

Munford, R. (2016). Building Strengths and Resilience: Supporting Families and Disabled Children. *In Child and Adolescent Resilience Within Medical Contexts*, edited by Demichelis, Carey, and Michel Ferrari. Integrating Research and Practice, pp. 227 −245.

Murphy, D. H., Trute, B., & Wright, A. (2011). Parents' Definition of Effective Child Disability Support Services: Implications for Implementing Family-Centered Practice. *Journal of Family Social Work*, 14 (2), pp. 144 −158.

Oliver, M. (2009). *Understanding disability: From theory to practice* (2nd ed.). Basingstoke: Palgrave Macmillan, p. 45.

Oliver, M & Barnes, C. (2010). Disability studies, disabled people and the struggle for inclusion. *British Journal of Sociology of Education*, 31 (5), pp. 547 – 560.

Patterson, J. (2002). Integrating family resilience and family stress theory. *Journal of Marriage and Family*, 164, pp. 349 – 360.

Peer, J. W. & Hillman, S. B. (2014). Stress and resilience for parents of children with intellectual and developmental disabilities: a review of key factors and recommendations for practitioners. *Journal of Policy and Practice in Intellectual Disabilities*, 11 (2), pp. 92 – 98.

Power, P. W. & Orto, A. D. (2003). *The Resilient Family: Living with Your Child's Illness or Disability*, Notre Dame: Sorin Books.

Rovner, L. (2004). Disability, equality, and identity. *Alabama Law Review*, 55, pp. 1043 – 1099.

Shkedi, A. (2005). *Multiple Case Narrative: A Qualitative Approach to Studying Multiple Populations*, Amsterdam: John Benjamins Publishing Company.

Stewart, F. (2015). Groups and Capabilities. *Journal of Human Development*, 6 (2), pp. 185 – 204.

Strauss, A. & Corbin, J. (1990). *Basics of Qualitative Research: Ground Theory Procedures and Techniques*, Newbury Park, California: Sage Publication, pp. 7 + 63 – 67.

Stuntzner, S. & Hartley, M. (2015). Family Resilience Following Disability: Enhancing Counselors' Skills. *ACA VISTAS*, pp. 1 – 13.

Swafford, M. D., Wingate. K. O., Zagumny, L., & Richey, D. (2015). Families Living in Poverty: Perceptions of Family-Centered Practices. *Journal of Early Intervention*, 37 (2), pp. 138 – 154.

Traustadóttir, R., Ytterhus, B., Egilson, S., & Berg. B. (2015). *Childhood and Disability in the Nordic Countries*. UK: Palgrave Macmillan, pp. 231 – 245.

Vash, C. L. & Crewe, N. M. (2004). *Psychology of disability* (2nd ed), New York: Springer.

Walsh, F. (1996). The Concept of Family Resilience: Crisis and Challenge. *Fam Proc*, 35, pp. 261 – 281.

Walsh, F. (2002). A family resilience framework: Innovative practice applications. *Family Relations*, 51, pp. 130 – 137.

Walsh, F. (2015). *Strengthening Family Resilience* (3rd ed.), New York: The Guilford Press.

Walsh, F. (2016). Applying a Family Resilience Framework in Training, Practice, and Research: Mastering the Art of the Possible. *Family Process*, 55 (4), pp. 616 – 632.

White, B., Driver, S., & Warren, A. M. (2008). Resilience and indicators of adjustment during rehabilitation from a spinal cord injury. *Rehabilitation Psychology*, 55 (1), pp. 23 – 32.

慢性疼痛与精神健康的整合服务模式

——以对华裔老人身心健康干预的有效性研究为例

纪文晓 卢又华 何坤东 蔡亚飞 孙昌雪童*

摘 要 本文旨在探讨"身－心－社－灵"整合服务模式对于介入华裔老年群体的慢性疼痛和精神健康的有效性。本研究针对美国东海岸一所老人中心里 23 名具有慢性疼痛及抑郁、焦虑症状的华裔老人进行了为期八周的干预，并运用配对样本 T 进行检验。研究结果显示，疼痛、抑郁和社会支持三个变量在统计上都达到了显著性改善，焦虑变量也呈现积极方向的改变，同时受测者的主观陈述也显示疼痛、抑郁、焦虑和社会支持有了明显的改善。本研究提供了改善华裔中国老年群体的慢性疼痛和精神健康问题的新方法，也为针对服务中国本土老人的后续研究提供了经验。

关键词 "身－心－社－灵"整合服务模式 老年精神健康 社会支持

---

* 纪文晓，河南师范大学青少年问题研究中心、社会福利与服务研究中心副教授；美国亚太社会工作研究所志愿者；卢又华（英文名 Yuhwa Eva Lu），美国亚太社会工作研究所创始主席、纽约大学社会工作学院副教授；何坤东，美国亚太社会工作研究所志愿者；蔡亚飞，美国亚太社会工作研究所志愿者；孙昌雪童，美国亚太社会工作研究所志愿者。

一 引言

根据美国健康与人类服务部（U.S. Department of Health and Human Services）的统计，在所有的族群中，华裔乃至亚裔人群，不论性别、年龄、地理位置，其服务利用率和求助行为在所有人群中都是最低的。同时，在求助的行为中，多数是当精神健康问题极度严重时他们才接受住院服务，出院后通过非正式的途径寻求替代性的服务，而不使用院外门诊精神健康服务（Kung，2003）。究其原因，需求论认为是东方哲学及文化等因素的存在使华裔老人对精神健康服务的需求较低，而多因素论则认为这是由诸多复杂因素导致的，如标签化、害羞及缺乏说当地语言的服务提供者。特别是从临床社会工作者的经验来看，不是华裔老人不需要精神健康服务，而是现有的主流的精神健康服务没有提供或没有足够的与华裔老人文化相适切的服务（Sue et al.，2012）。事实上，华裔老人对精神健康服务的需求是非常迫切的。相对于其他种族的同年龄段、同性别的人群来说，华裔老人存在更高风险的抑郁和自杀率（Hwang et al.，2000；Yang & WonPat-Borja，2007）。于是就产生了这样一种矛盾状况：一方面，华裔老人存在对精神健康服务的需求；另一方面，他们不来寻求或寻求精神健康服务的流失率非常高，迫切要求发展一种与华裔老人文化相适切的有效的精神健康服务模式。

为了更好地满足华裔老人对精神健康服务的需求，本研究试图探索开发一个与华裔文化相适合的处遇模式，并证明该模式的有效性和与华裔文化的一致性。为此，我们选取美国东部一华裔老人中心进行了这项研究。

研究设计拟运用"身-心-社-灵"整合服务模式，从身体、心理、社会和心灵四个维度出发，整合美国精神健康和慢性疼痛的治疗方法，介入老年慢性疼痛和抑郁。干预前后分别进行基线调查和定量、定性评估分析，以检验身心整合处遇模式的有效性。同时，本研究是在承认文化多样性的理论前提下，检验整合服务模式介入华裔老年人群身体慢性疼痛和精神健康的适切性。在文化多元主义的视角下，整合东方"天人合一"理念，注重身、心、社、灵四个层面之间相互影响的关系，以养身为切入点，提升精神健康和社会支持，避免华裔或中国老人对精神健康问题的标签化和不认同,发展一种与其文化相适切的介入模式,探究疼痛、抑郁、焦虑和社会支持的关系,从而建构模式,解决老年群体的慢性疼痛和精神健康问题。

二 文献综述与论文的理论分析框架

(一) 慢性疼痛

在全世界范围内,慢性疼痛是困扰老年人的一个常见问题,有 50%~70% 的 65 岁及以上的老年人口患有慢性疼痛 (Tsang et al., 2008)。在美国的华裔老年人口目前已达到四百万人,占中国移民的 15.4%,并在持续增长 (U.S. Census Bureau, 2011)。在美国,慢性疼痛影响到了总人口的 13.5%~47% (Häuser et al., 2014),其中老年人相比于年轻人更容易受到慢性疼痛的影响 (Landmark et al., 2013)。

慢性疼痛指超过正常组织愈合时间 (一般为 3 个月) 的疼痛,伴随着实际或潜在组织损伤所引起的不愉快情绪体验。慢性疼痛是老年人口常见的疾病。它既是一种生理反应,又是一种主观感受 (张文祥、倪家骧,2009),作为一种持续性的疼痛,它会导致患者部分或全部丧失生活能力,或导致永久性伤残,给患者、家庭及社会造成了极大的负担,对患者,尤其是老年人的影响不容忽视 (Gatchel, 2001;赵存凤等,2005)。老年慢性疼痛的治疗手段虽然很多,如药物治疗、神经阻滞疗法、介入治疗、脊髓电刺激、心理治疗、生物治疗、基因治疗等 (何睿林、蒋宗滨,2008),但常常无效或呈抵抗反应 (柳田尚,1985)。老年人使用传统的药物治疗往往会产生副作用,或有并发症,甚至出现反作用的风险 (American Geriatrics Society, 2009)。传统药物治疗对老年人潜在的副作用和常规辅助性干预方法的有效性不足,研究者要更多地关注及研究针对老年人慢性疼痛的安全有效的干预方法。进入 20 世纪以来,美国的研究人员不断发现,一些放松性和舒缓心情的活动可以帮助患者减轻身体的疼痛,并提出 Mind-Body Medicine 模式,指出身体活动可以作为减轻慢性疼痛的方式 (Goleman & Gurin, 1993)。正念练习也被用于帮助有疾病的人群缓解压力、减轻疼痛感受 (Kabat-Zinn, 1982)。同时,健康自我管理 (self-management) 也被引入到慢性疼痛的干预中（Nolte & Osborne, 2013）。

（二）精神健康

本文的精神健康是指精神卫生。根据世界卫生组织（World Health Organization）的定义，"精神卫生指直接或间接与世卫组织的健康定义中所包含的精神健康内容有关的一系列广泛活动"。精神卫生在中国是讨论与精神健康相关的问题时被广泛采用的定义，与美国的"Mental Health"概念相对应（费立鹏，2004）。精神健康研究表明抑郁和焦虑在慢性疼痛患者中普遍存在（Dersh et al., 2006）。抑郁是精神疾病中常见的一种情绪状态，通常伴随着焦虑、沮丧、不安等负面情绪，影响患者的感受、思考和行为（DSM-5 American Psychiatric Association, 2013）。焦虑指的是身体在外在压力情况下引发的非理性的忧虑或恐惧的一系列负面感受（American Psychiatric Association, 2013）。在对美国亚裔老人的精神健康研究中，华裔老人作为其中一组研究群体，被认为普遍存在抑郁的症状（Mui & Kang, 2006）。同时，焦虑情绪在有精神疾病患者中也非常普遍，焦虑通常伴随着抑郁的情绪，让患者容易出现紧张、忧虑和恐惧的不良情绪反应，降低患者的社会功能，增加患者的健康风险（Wetherell, Gatz, & Craske, 2003）。抑郁和焦虑的情绪与身体疼痛会相互作用，形成恶性循环，彼此加重症状，使疗程延长，病人易出现反复、复发的情况（Asmundson & Katz, 2009）。

（三）慢性疼痛与精神健康

在精神健康疾病方面的治疗中，来自中国的老人慢性疼痛患者更倾向于将情绪造成的躯体不适归为躯体原因，并寻求对躯体疾病的治疗（任清涛等，2001）。因此，这一群体对精神健康服务的使用也会因为躯体化障碍而受到影响（Kwong et al., 2012）。Kleinman（2004）指出，在中国文化里，很多抑郁的患者不会说他们难过或者有抑郁倾向，而会表达无聊或厌烦，或疼痛、头晕、疲劳等症状，这是由于中国文化中具有鼓励情感压抑的成分，同时抑郁的诊断在道德和文化上是难以接受的。而这种情感反应（诸如软弱无力、厌烦、害怕、受罪、惩罚感）可能是慢性疼痛患者伴发焦虑、抑郁情绪后的一种躯体化症状（陈国良等，2014）。另外，大部分华裔老人是1965年美国移民法修订后才来到美国的，所以其语言文化背景主要还是中国的（Cole & Chin，1999）。Kirmayer（2001）指出，在处理不同族群的精神健康问题时，需要考虑其文化背景的影响。有75%的美国华裔老人在面对情绪压力的时候不愿意寻求外界的帮助，这当中既有文化因素，例如害怕被歧视和污名化，也有对精神健康服务效果的不信任（Kung，2003；2004）。事实上，华裔老人对精神健康服务的需求是非常迫切的，该群体相对于其他种族的同年龄段、同性别的人群来说，存在更高风险的抑郁和自杀率（Hwang et al.，2000；Yang & WonPat-Borja，2007）。

慢性疼痛和精神健康的问题相互交织、相互影响，慢性疼痛总是伴随着情绪反应，包括情感、认知、动机以及生理疼痛等多种成分在内的复杂的心理和生理过程（刘志青、李乐之，2008）。解决这一矛盾状况，迫切需要服务提供者发展与华裔老人文化相适切并行之有效的（综合性）身心健康干预模式。

（四）社会支持与身心健康

社会支持主要包括老人的生活环境中可以为其提供支持的所有个人和机构，包括非正式的资源，如家人、朋友等，也包括正式资源，如医疗、社会服务、学校、教堂、工作单位等（王雁飞，2004）。研究表明社会支持对缓解疼痛、功能障碍及抑郁症状都起着重要作用（Blixen & Kippes，1999）。在认知层面上，长期慢性疼痛患者对于疼痛的灾难化认知与得到的社会支持呈负相关。社会支持也是抑郁和焦虑的重要调节变量（Antonucci & Akiyama，1987）和缓冲因素（George，Blazer，Hughes，& Fowler，1989）。社会支持伴随着更好的精神健康状况，可以减轻老年人的抑郁和焦虑（Antonucci & Akiyama，1987；Greenglass，Fiksenbaum，& Eaton，2006）。对生活在社区的华裔老人来说，社会支持有助于缓解华裔老人的慢性疼痛及心理压力（Mui & Kang，2006）。其中，自助小组（self-help group）是能够有效帮助社区老人减少被忽视、提高社会支持的有效照顾方法（Sahar，Riasmini，& Nurviyandari，2018）。

（五）正念、灵性与身心健康

Kabat-Zinn从东方佛教的观念出发将正念定义为人在特定时刻，

不带有评判性质的专注，是在当下特定时刻的一种状态，这种状态通过集中注意力于特定的事物来形成（Kabat-Zinn，2003）。有学者认为正念（mindfulness）是个体先天所具有的能力，是自我情绪和心理活动的集合，与精神状态和个体对自我的主观感受相关联（Tanay & Bernstein，2013）。有学者将正念研究与其他精神健康干预方法相结合，发展出了为有精神健康问题的人群提供服务的方法，如以正念为基础的认知疗法（Mindfulness-Based Cognitive Therapy）将认知行为疗法和正念活动相结合，作为缓解抑郁症状的服务方式（Segal et al.，2013）。

关于灵性，目前学界有以下几种不同的定义。功能论认为灵性是身心系统动态健康的基础，心灵和精神方面的多维度生活体验，包括了宗教和非宗教的意义，可以促进全人健康的发展（Lee et al.，2008）；在身心健康中又起到重要的调节机制的作用，从自我认知和价值观方面对个体的身心健康起到积极的提升作用（Dedeli & Kaptan，2013）。意义论认为灵性指个体在环境中所寻找的意义，以及对自我发展的意识和对自我的正向思考，是对个体存在的一种高度概括（Carroll，1998）。

关于灵性的功能，有研究发现了疼痛缓解与灵性的相关关系（Rippentrop，2005；Dedeli & Kaptan，2013）。灵性处理方法可以调整患者对疼痛的认知，舒缓患者情绪压力，增加患者的积极情绪，并调节患者的生理水平，提高患者对疼痛的忍受度（Wachholtz, Pearce, & Koenig，2007）、提高应对能力（Büssing et al.，2004；Young，2010）、提高对社会关系的满意度（Gallardo-Peralta，2017）、提高个体所获得的社会支持程度，从而对个体解决身心健康问题产生正向的影响（Salsman et al.，2015）。

综上所述，本研究认为，为了更好地帮助华裔老人改善身心健康，需要找到契合中国文化的有效的综合性干预服务模式。陈丽云（2009）研究的"身-心-灵"整合服务模式强调人、环境和客观对象的关联性。这种模式运用团体辅导、心理调节来帮助个体改善身体健康和精神健康状况（Lee et al.，2008）。此外，由于社会支持被证实在帮助老人的身心健康方面有着良好的效果和作用（Blixen & Kippes，1999；Dedeli & Kaptan，2013），需要被考虑在综合性的服务模式中。本研究将社会支持也融合进这一模式，为华裔老人提供综合性的服务，建构本研究的"身－心－社－灵"整合服务模式。

（六）"身－心－社－灵"整合服务模式

前文所述的慢性疼痛和精神健康的相互关系，以及社会支持和灵性对于身心健康方面的正向影响，促使笔者将上述四种因素放在"身－心－社－灵"综合性的健康干预模式中。该模式意在探寻对老年慢性疼痛患者进行临床服务和提高老年人生活质量的有效途径。本研究通过整合中西方的干预理念和方法，以自助小组活动的方式，借鉴心理教育模式，基于 Top-Down 和 Bottom-Up 的理论，从认知和身体活动两方面进行干预（见图1）。

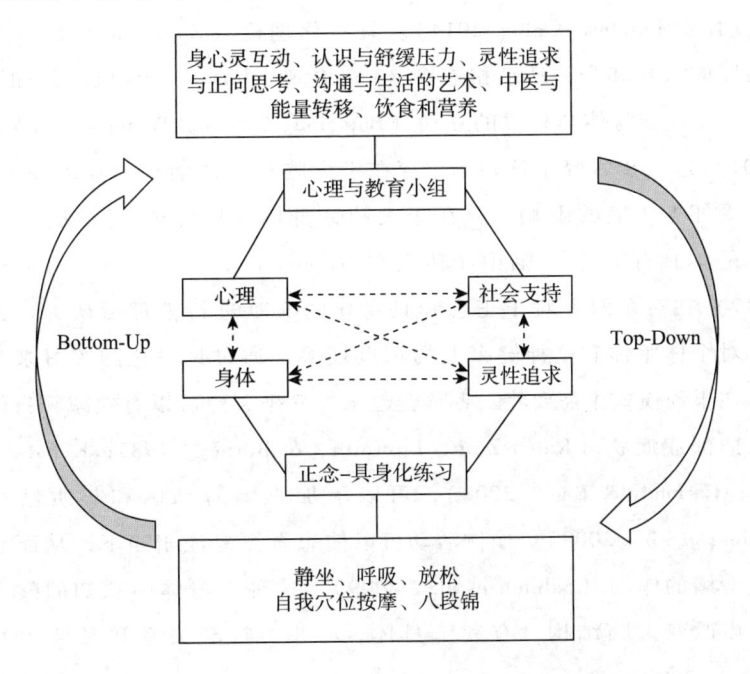

图1　"身－心－社－灵"整合服务模式示意

说明："Top-Down"是指从大脑皮层开始的精神活动过程，由脑部活动传达至躯体；"Bottom-Up"是由躯体感觉触发，由外围的神经向大脑皮层传递，影响中央神经和精神活动的过程。

经典西方心理干预模式大都基于心理教育干预模式（Psycho-Educational Model）。由于其服务方式灵活多变，不仅用于严重的精神健康的临床服务，也被广泛地用来帮助解决一般精神健康问题（Lukens &

McFarlane，2004）。心理教育的服务方法在相关研究中被发现对亚裔美国人的身心健康问题起到了重要的帮助作用（Moy，1992）。心理教育模式主要基于 Top-Down 过程，在我们的干预模式中也借鉴了心理教育模式的理念和方法。

但是 Khoury 等（2017）在整理相关文献时指出，过度依赖于 Top-Down 的干预模式会使个体过度处于自我的精神活动中，比如情绪、记忆等，并干扰和降低个体对外部事物的感知，包括对他人、环境甚至自身的感知。Bottom-Up 的相关研究证明躯体的感知对个体的情绪、感觉和认知过程有重要的影响。Kabat-Zinn（1982）采用正念练习-冥想的方法，帮助减缓身体疼痛感和情绪障碍，并提高自尊和抗压能力。大量研究也证明，冥想练习能够增强个体对于躯体状态和认知与情绪的互动（Michalak et al.，2014）。具身化理论（Embodiment）认为大脑的反应需要和身体活动相连接（Lakoff & Johnson，1999），认知活动来自并依赖于身体与外界的互动（Barsalou，2007）。Thompson 和 Varela（2001）进一步解释了认知不仅存在于大脑和身体活动的互动关系中，并且受外界环境的影响，存在于大脑-身体-环境这一互动关系中，而不是单独存在于大脑中（转引自 Khoury et al.，2017）。Khoury 等（2017）在对东西方对于正念和具身化的文献进行整理后认为，正念练习对个体躯体和精神健康上的积极效果是通过具身化的练习来实现的，在干预模式中需要将二者整合起来。静坐冥想可以有效减轻身体疼痛和抑郁症症状（Kabat-Zinn，Lipworth，& Burney，1985；Kabat-Zinn，2003；Carmody & Baer，2008），可以增加大脑海马区和灰质额容积（Luders et al.，2009）。瑜伽活动可以使患者更专注于当下，从而起到改善情绪的作用（Salmon et al.，2009）。这种对身体-认知的整合干预可以改变大脑结构，有利于身体、心理、社会关系和灵性的发展（Siegel，2009）。

西方的正念练习通常使用瑜伽和冥想作为练习方式，而中国传统医学中也早有类似的观念。从汉代儒学家董仲舒提出的"天人合一"的观点开始，中国古代传统思想里就蕴含了"全人"的概念，中医理论认为个体心理健康与身体健康和外部环境密不可分，健康是各系统的一种平衡（印会河，1984）。中国传统的锻炼方式也强调个体身心健康互动整合性的关系，强调灵性和身体活动、精神健康的相关关系

(Lu，1999)。如有研究证明太极运动、八段锦等传统中国锻炼方式作为干预手段对降低老年人抑郁有显著效果（Lavretsky et al.，2011）。气功可以帮助老年人应对疼痛和情绪障碍（Lee et al.，2008）。因此，采用中国传统的锻炼方式和正念练习技巧，有利于华裔老人群体从文化因素方面有效地接受和使用我们的服务方法。为此，本研究的干预模式中加入了中国传统的锻炼方式和正念练习，具体内容见图2和图3。

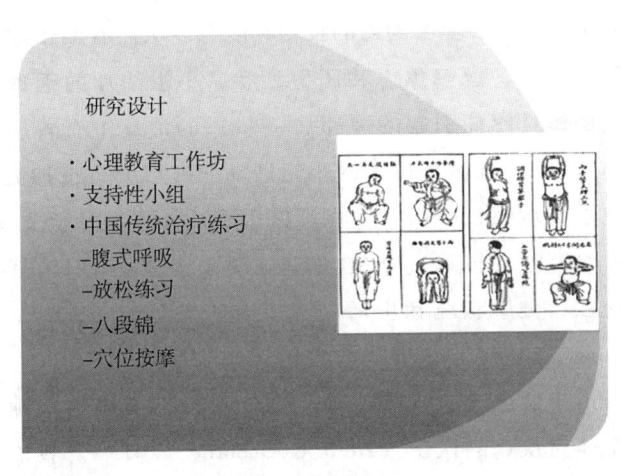

研究设计
·心理教育工作坊
·支持性小组
·中国传统治疗练习
 -腹式呼吸
 -放松练习
 -八段锦
 -穴位按摩

图2　研究设计

每周例会
·第一周：身、心、灵整合概念介绍
·第二周：中医能量转移概念介绍
·第三周：身、心、灵相互关系：了解压力
·第四周：身、心、灵相互关系：压力管理
·第五周：身、心、灵相互关系：灵性的影响
·第六周：饮食和营养：慢性疾病及其影响
·第七周：社会支持：沟通的艺术
·第八周：营造积极的生活方式：茶语飘香，录像及评估

图3　每周例会主题示意

本干预模式以小组的方式进行。小组活动方式是社会工作者常用的一种服务方法，将被服务者集合在小组的环境下，在社会工作者的主持下，组员通过分享和交流获得支持和积极的影响，从而帮助被服务者更好地处理生活中的困难，小组成员可能是一个家庭，也可能是

有相同需求的一群人（Stone，2014）。Yalom 和 Greaves（1977）认为小组成员在被帮助或者帮助他人的过程中，通过摆脱病态的自我关注，从而发现他们自身值得分享和学习的价值，并强调小组活动的"当下"（presence）概念，为成员提供了支持和机会去公开地表达他们的需求以及恐惧。同时 Yalom（1995）指出小组治疗能被广泛地运用于不同类型的精神健康问题，包括焦虑、抑郁、惊恐等。Toseland 等（2005）也指出，小组工作的形式能帮助服务对象在小组的动态过程中加强与彼此的沟通来获得支持、学习沟通的技巧和能力，从而有助于服务对象获取解决问题的信心，缓解焦虑和压力症状。小组治疗的干预方式在慢性疼痛以及由慢性疼痛引起的抑郁症（状）的治疗中有着广泛的应用（Roy，2008）。基于社区环境中的小组活动能够帮助有精神健康问题的服务对象建立和增强社会联系，在社区中形成并发展社会支持（Martin & Nayowith，1988）。同时，研究表明自助小组（Self-Help Group）对老人社会交往、健康状况和生活满意度有正向影响（Sahar, Riasmini, & Nurviyandari, 2018）。

此外，由于健康自我管理作为一种针对慢性疾病的干预模式，能有效提高个体对疾病的认识（Nolte & Osborne, 2013）。我们也将其整合入我们的综合服务模式中。具体来说，这一模式包括药物管理、角色管理和情绪管理三种内容，包括问题解决、决策、资源利用、医患关系建立、行动规划和自我调整六种常用技巧（Lorig & Holman, 2003）。

就本项目来说，第一，对组员身体健康的处遇：通过八段锦练习和穴位按摩来进行身体运动，并训练成员通过呼吸练习和静坐来感知身体的变化以及和环境的关系。第二，对心理的照顾：通过心理与教育小组，社工教授组员认识与管理压力以及身心灵之间的互动关系，并且鼓励组员相互学习彼此的知识与经验。第三，对社会支持的处遇：为小组成员提供彼此支持的机会，增加他们使用社会支持的经验。第四，对灵性的处遇：教授组员正向思考与身心健康的关系并带领组员通过每周的正念练习来提升对当下的感知能力。

本处遇模式的独特之处在于以下三点。第一，对每一方面的处遇都不是独立进行的，而是一个不可割裂的整体。在八周的处遇中，组员每堂课都要进行八段锦、呼吸、静坐和穴道按摩这些正念锻炼，并同时在小组中学习心理和灵性的知识，而非只单独进行一项活动。第二，本处遇模式适用于自我健康管理，组员在 8 周处遇课程结束后还可以通过自己学习到的心理和灵性知识以及身体锻炼方法来进行长期的正念练习。第三，注重组员之间的互助：通过组员之间形成新的社会支持网络，从而产生长期的处遇效果。

三 研究方法

（一）研究人群

基于研究者所处的地理位置，我们的研究对象是生活在美国东岸的华裔老人。在本研究中，研究者从美国东部某城市一社区服务中心的三个老人服务项目（社区日间照料中心、老人公寓和针对低收入老人的社区照顾项目）中通过自愿报名加筛选的方式选取 23 名老年人参与研究工作。该社区服务中心的三个老人服务项目一共服务了 1200 多名老人，其中包括了 600 多名华裔老人。服务对象纳入研究的标准为：65 岁以上、自我报告有慢性疼痛症状的老人，语言以普通话和广东话为主（只有两位老人可以运用中文和英语双语）。最后，参与研究的对象总共 23 人，平均年龄为 73.5 岁，男性 10 名、女性 13 名。

（二）资料收集

由于参与研究的老人识字水平有限，本研究资料采集运用自我报告评估法，并采用指引式访谈的方式收集各项量表所需的资料，包括人口统计学相关资料以及疼痛、抑郁、社会支持等量表所需要的材料。由经过训练的具有社会工作硕士（MSW）学位的老人社工进行访谈并录音，事后根据录音填写问卷。基线调查之后由社会工作者带领老人开展养生班——身心社整合处遇小组。处遇为期 8 周，每周 2 次，每次一个半小时。8 周的养生班干预结束后，以同样的方式和问卷对老人再次进行后测访问，进行干预效果的结果评估。定性数据来源于 14 个个案访谈录音和焦点小组资料，共收集到约 84 个小时的叙述性数据。此外，老人自己记录每周在家练习次数、时间，最后交由社工统一整理，以此检验课后的练习与否及练习次数对于干预效果的影响，之后共收集了 16 位老人的自己练习记录。

(三) 评估测量工具

为评估干预方法的有效性，本研究运用了背景信息表格（自主设计）和 4 项评估量表，分别用来测量慢性疼痛、抑郁、焦虑、社会支持等指标。

本研究分析疼痛的强度、疼痛的影响和疼痛的天数，探讨干预模式对疼痛的各方面影响。受访者的疼痛状态使用医疗研究用疼痛量表（MOSPM）进行测量。MOSPM 有 12 个条目，包括疼痛的强度、疼痛产生的影响、疼痛影响的天数三个维度。疼痛的强度主要询问被测者过去四周内的疼痛强度；疼痛产生的影响主要包括对被测者生活，例如情绪、睡眠、行走等产生的影响；疼痛影响的天数记录被测者在过去四周内疼痛的天数（McDowell，2006）。各个维度得分越高，代表被测者的疼痛强度、疼痛产生的影响越大及持续时间越长。该量表在本研究中的可靠度为 0.781~0.921。

老年医学抑郁量表（GDS-30）通过受测者回答是或否来判断老年人的抑郁症状，并以此来测量老年人一般性的抑郁状态。该量表包含 30 个条目，每个条目的回答仅有是与否两项，并用 0 分和 1 分来代表相应分数，得分相加的总和对应抑郁的程度。通常情况下，0~9 分被认为是正常状态，10~19 被认为是轻度抑郁，20~30 分被认为是重度抑郁。在评分标准上，由于本研究样本量过小，最终得分 0~9 分为非抑郁，而 10 分及以上为抑郁。该量表在本研究中的可靠度为 0.877~0.923。

研究对象的焦虑情况使用状态-特质焦虑问卷（State-Trait Anxiety Inventory，STAI）进行测量。STAI 是测量患者的焦虑状态和焦虑特质的自陈问卷（Spielberger et al.，1983）。该问卷包含 20 个测量受访者在特定情境下焦虑状态的项目，以及 20 个测量受访者在一般情况下焦虑特质的项目。得分越高代表焦虑状态越严重。该量表各个维度在本研究前后测中的可靠度为 0.945~0.962。

社会支持量表从客观社会支持、主观社会支持及社会支持利用度三个维度进行测量，总共包含 10 个评分条目（肖水源，1994）。客观社会支持维度包含 3 个评分条目，包括询问被测者与家人、朋友等的相处模式和过去曾获得帮助的来源。主观社会支持维度包含4个评分条目,询问对于目前接受到的支持程度的评价。社会支持利用度维度包含3个评分条目,包括被测者寻求帮助的来源及方式等。每个维度评分条目的总和即为该维度的得分,三个维度相加为社会支持量表的总分。分数越高,代表被测者得到的社会支持越多。该量表各个维度在本研究前后测中的可靠度为0.521~0.825。

(四) 资料分析

针对定量量表资料,本研究运用 SPSS 24 进行数据分析。根据数据类型的不同,分析方法包括配对样本 t 检验和卡方检验。同时使用单一受试研究,对比干预前后,受试者的疼痛、抑郁、焦虑、社会支持等方面是否存在统计学意义上的显著变化。

t 检验主要在组水平层次检验介入的有效性,而对于本研究来讲,仅仅知道总体层次的改善效果是不够的,我们需要知道某一个具体的案例是否因为该介入模式而得到改善。单一受试研究是把服务作为解决问题的一种途径进而开展的临床研究,用量化的方法记录有限的具体案例的变化情况,通过收集不同时间段的数据来观察研究对象的变化过程(Krysik,2010)。我们对参与访谈组员($N=14$)的采访资料使用单一受研究的原则分析,将每一个案干预前后各指标进行比较,以图的方式列出(见图4、图5、图6、图7、图8)。

在定量研究之外,本研究也使用了定性研究方法对材料进行探讨和论证。定量研究容易将复杂的社会因素数字化和凝固化,忽视被研究者个体本身对于研究结果的影响和作用,也不能很好地反映被研究者的心理状况和意义建构(陈向明,1996)。所以本研究同时采用定性研究的方法来探究受测试者个体对身心整合处遇模式治疗的看法和意义,从服务对象个体自我角度出发来论证治疗方法的有效性和积极效果。我们主要从受测者的自我陈述中分析本治疗模式对不同个体带来的影响,从而来论证本治疗模式所产生的效果。

(五) 缺失数据

该研究在干预前评估时,共有23名老人完成问卷。在干预后评估时,有20名老人完成调查。在 GDS-30 量表中,如若被测者对于某项条目没有作答，该项条目的分数最终将由其他所有已答项目的平均分填补。在社会支持量表中，有一条目询问被测者受到父母支持的情况。部分问卷中该条目的回答缺失，或标记父母已去世。由于本研究中的研究对象全为65岁以上老人，对于所有该条目回答缺失的对象，均处理为没有受到父母的支持。其他没有提及测量指标中，如若产生缺失值，该份问卷作无效处理。

（六）研究结果

在定量研究方法中，配对样本 t 检验，用于比较样本人群前后测疼痛、社会支持和焦虑的变化。结果显示，在 MOSPM 量表中，对华裔老人慢性疼痛患者疼痛影响度的后测比前测明显降低（$t=3.40$，df. $=16$，$P<0.004$），疼痛的天数显著减少（$t=2.68$，df. $=16$，$P<0.019$）。Fisher's 确切概率用于比较 GDS-30 量表，结果显示前后测具有明显统计学差异（$P<0.009$），受访者抑郁水平显著降低。在社会支持量表中，该群体后测的主观支持比前测明显增加（$t=-2.12$，df. $=16$，$P<0.050$）。MOSPM 量表的疼痛强度维度、SSRS 量表的其他维度、STAI 量表前后测均未见统计学差异。后测筛查有抑郁倾向的人数低于前测人数，有两人的筛查结果从有抑郁倾向改善为没有抑郁倾向。具体结果见表1和表2。

表1　慢性疼痛、焦虑和社会支持配对样本 t 检验结果

	Scale	N	Mean（Pre-Post）	SD	t	P
MOSPM	疼痛强度	17	-0.01	0.668	-0.06	0.954
	疼痛影响	17	16.42	19.899	3.40	0.004**
	疼痛天数	14	5.57	7.793	2.68	0.019*
SSRS		17	-2.00	4.243	-1.94	0.067
	客观支持	19	0.11	1.524	0.30	0.769
	主观支持	17	-1.88	3.655	-2.12	0.0497*
	社会支持利用度	20	-3.00	1.750	-0.77	0.453
STAI	焦虑状态	16	2.69	7.227	1.49	0.158
	焦虑特质	18	1.61	8.813	0.78	0.449

表 2 干预前后抑郁量表得分对比

(人)

GDS - 30		干预后评估	
		0～9 分正常	10～30 分抑郁
干预前评估	0～9 分正常	15 (100%)	0
	10～30 分抑郁	2 (40%)	3 (60%)
p		0.009**	

在定性研究的结果部分，总共有 14 位受测者参与了我们的一对一访谈，访谈主要针对这次"身-心-社-灵"整合处遇模式对他们的整体健康，包括疼痛、抑郁、焦虑和社会支持的作用和改变。我们对每一位参与一对一访谈的受测者的自我陈述进行了整理和提炼。

本部分资料源自指引式访谈基础上的分类分析（因为只有 14 位老人参加了本部分的访谈，所以定性分析主要基于对 14 位老人的访谈资料）。其中前 3 个案例属于重度疼痛，案例四、案例五、案例六、案例七、案例八、案例九、案例十属于中度疼痛，案例十一、案例十二、案例十三、案例十四属于轻度疼痛。从图 4 可以看出，所有案例在干预后疼痛感都有所下降，其中，重度疼痛案例的干预效果非常明显，1 个案例从重度变为轻度，2 个案例从重度变为中度。轻度疼痛中有 1 个变得无痛感，其余案例疼痛有所减轻。

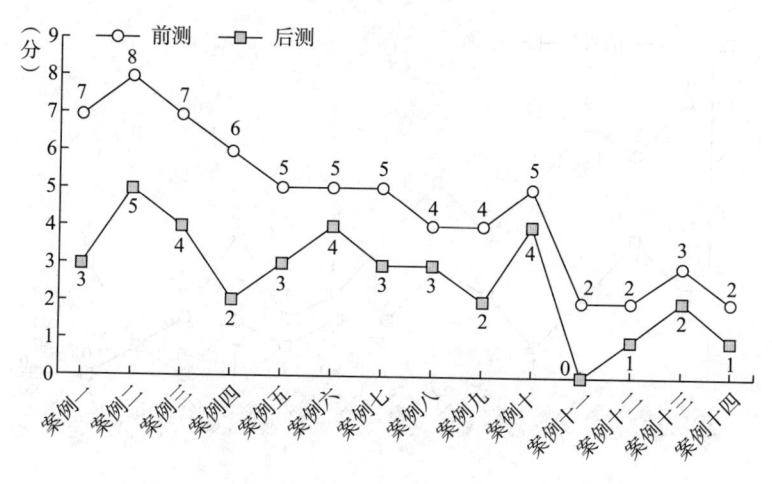

图 4 不同案例处遇前后测比较结果——疼痛感

从图 5 可以看出，疼痛带来的不适感在所有案例中也都有所下降。

其中，重度疼痛案例不适感的干预效果非常明显，3个案例从重度变为轻度，1个案例从重度变为中度；中度疼痛案例中2个案例从中度变为轻度。其余案例疼痛造成的不适感也有不同程度的下降。

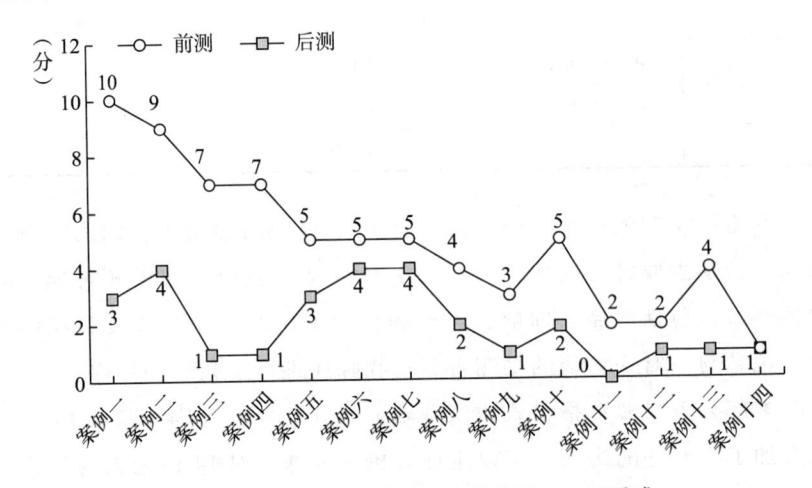

图5 不同案例处遇前后测比较结果——不适感

从图6可以看出，疼痛对生活的干扰度在14个案例中都有所下降。其中，重度疼痛案例效果非常明显，2个案例从重度变为轻度，1个案例从重度变为中度；中度疼痛案例中2个案例从重度变为轻度，3个案例从中度变为轻度；轻度疼痛案例中有3个案例生活变得无干扰，1个案例从中度变为轻度。

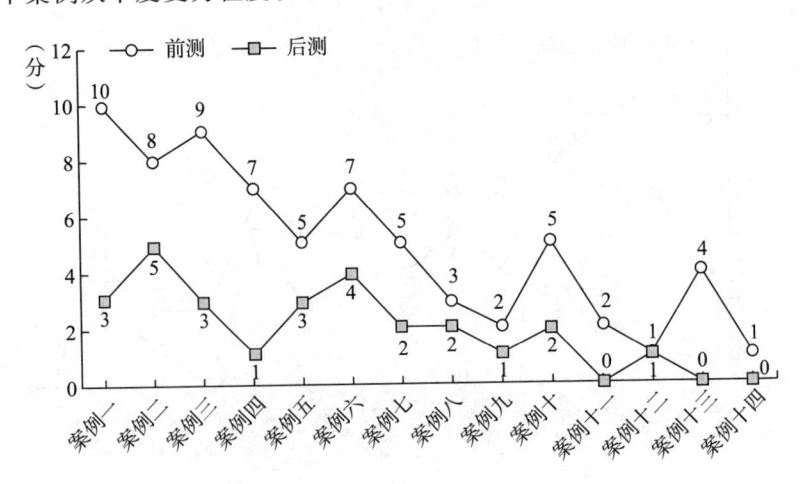

图6 不同案例处遇前后测比较结果——生活干扰度

综合来看，重度疼痛案例在疼痛感、不适感和生活干扰度方面平均下降得分分别为 3.3 分、5.3 分和 5.3 分，中度疼痛案例在疼痛感、不适感和生活干扰度方面平均下降得分分别为 1.9 分、2.3 分和 2.7 分；轻度疼痛案例在以上三个指标方面的平均下降得分分别为 1.3 分、1.5 分和 1.8 分。由此可以发现相对于中度和轻度疼痛案例来说，该模式对重度疼痛（疼痛得分在 7~9 分）案例效果更为显著。

从图 7 可以看出，在抑郁的主观感受上，仅有 5 个案例报告了改善的情况，其他案例认为与干预前相比没有变化。

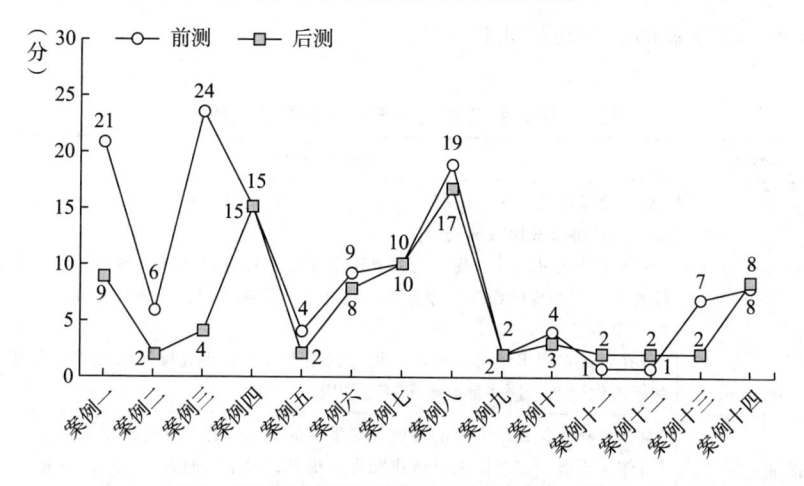

图 7　不同案例处遇前后测比较结果——抑郁

在社会参与度方面，图 8 显示重度疼痛案例社会参与度提高较为明显，中度疼痛案例中仅案例五社会参与度提高，轻度疼痛案例中仅案例十三社会参与度提高。

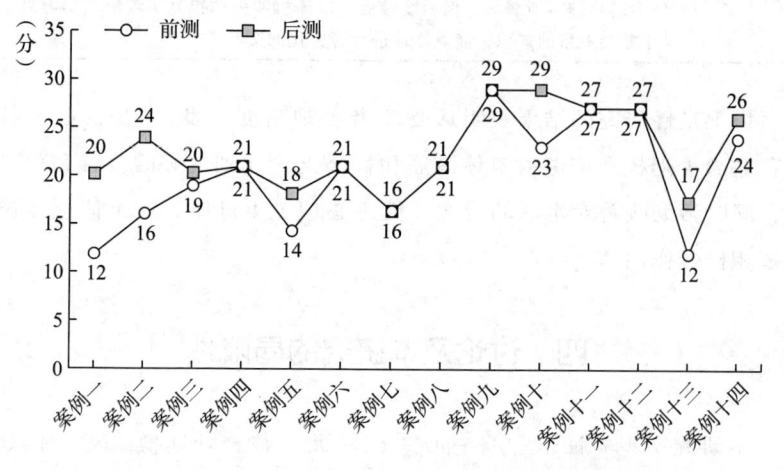

图 8　不同案例处遇前后测比较结果——社会参与度

在14位受谈者的主观陈述结果中，他们展现了"身－心－社－灵"整合处遇模式对不同因素的不同程度的影响。我们通过他们的自我陈述，发现了"身－心－社－灵"整合处遇模式对身体的疼痛和社会支持有较为显著的改善作用，即使程度有所差异，但几乎所有的陈述都提到了对身体疼痛和社会支持的积极效果。在心理卫生健康方面，虽然仅有5名受测者报告了抑郁症状的改善，但是很多人在访谈中都提到了对生活的看法有了积极的改变，能够更好地参与家庭和社区的活动。部分案例的主观叙述见表3。

表3 部分服务对象对干预效果的主观叙述

类别	受访者陈述
慢性疼痛	"最近腰部也没有像以前那样疼过，以前不能做的动作，现在也能做了。按摩让我觉得血液比较通畅。" "这两个月练习之后，我感觉关节松了很多，没有以前那么紧。刚开始腿还经常疼，现在疼的没那么频繁了。现在我每天都练习，感觉风湿痛、关节痛好了很多。" "现在每天在家里练习，痛症症状得到很大改善，现在除了八段锦，我还参加了游泳运动，这些都改善了身心健康。"
抑郁、焦虑、生活态度	"身体的疼痛得到了大大的缓解，对生活的看法也有了积极的改变。" "身体疼痛有一定缓解，身体机能有所提升，对生活的意义有新的理解。" "身体疼痛有了较好的缓解，对生活的看法有了积极的改变，同时自己的情绪和睡眠也有所改善，家庭和工作中的人际关系有较好的改善。"
社会支持感受	"身体疼痛有一定的好转，获得了更多的社会支持，相比于以前也更积极参与到小组活动中。" "身体疼痛有所缓解，身体机能失调得到改善，获得了更多的社会联系。" "身体疼痛有所缓解，但程度较低。身体机能失调得到了解决，学习到了关于社会关系的知识，能更好地进行跨文化的交流。"

以上定性研究的结果表明从受测者主观角度出发，"身－心－社－灵"整合处遇模式能够对身体疼痛和社会支持起到良好的改善和促进作用，同时帮助改善对生活的看法，促进心理卫生健康，对个体整体健康发挥积极的作用。

四 讨论及本研究的局限性

本研究初步验证了"身－心－社－灵"整合处遇模式对于提高华裔老年慢性疼痛患者整体身心健康水平的正向作用。研究结果显示，华裔老年慢性疼痛患者在未服用药物的前提下，疼痛程度降低，感到疼痛的天数减少，抑郁水平显著降低，焦虑情绪也呈下降趋势，并且该群体对于社会支持度的主观感受显著提高。

本研究的特别之处在于将身、心、社、灵四者作为一个整体来研究其对于个体身心健康的影响。虽然没有使用控制变量来探究每一个单一因素起到的作用，但该干预模式对患者的正向影响证明了该模式是通过每一个因素之间的相互作用而产生效果的。如前文所述，个体的身体、心理、灵性以及社会支持相互联系、相互影响（Khoury et al.，2017；George et al.，1989；Dedeli & Kaptan，2013），因此，"身-心-社-灵"模式对于其中任一因素的正向影响都可能对其他因素产生正向作用，从而提高患者整体的身心健康。比如，随着受访者疼痛水平分数的降低，抑郁和焦虑水平的得分也相应降低。而生理和心理状态的改善同时促进了受访者对于社会支持度的正向感受，以及提高了患者对自我的积极认知。

同时，对于华裔老人群体而言，现有的主流精神健康服务没有给予华裔老人足够的文化契合的服务（Sue et al.，2012）。在小组中集体接受心理教育，并嵌入中国传统锻炼方式，如放松、冥想、穴位按摩和八段锦的服务模式，能够更容易被华裔老人所接受和学习掌握。因此整合模式相较于单一的身体疼痛或精神健康干预模式具有更好的文化适应性，这也就意味着华裔老人对此模式的参与度更高，从而能够得到更积极的干预效果。

此外，该模式介入效果具有持续性。我们为参与研究的华裔老人提供了以中国传统锻炼方式为基础的课程和练习方式，并且整合了西方主流的心理治疗和正念练习法。既通过对意识的干预提升个体的意识和积极态度，又通过对行为的训练促进个体的健康行为，由此形成意识—态度—行动的循环。个体在通过这样的循环得到正向结果的同时得到了正反馈，更趋向于反复使用在模式中学到的知识和技巧进行自我管理。这样的方法有效地将干预的积极效果延长并持续性地提升，可以帮助老人减少服用相关止痛药物，降低经济压力。

虽然本次研究成果反映出积极的效果，仍存在着局限性：首先我们的样本容量较小，仅有23位老人参与研究，且由于一位社工没有参与访谈前的培训，导致仅有14位老人参与访谈，并且干预后评估回收的量表数据仅有 20 位老人。其次，我们的样本对象的选择采用的是任意抽样原则。再者，由于资金限制，我们的资料收集采用的是自我报告评估法，没有收集更多医学上的客观的身体数据和生物标记物。此外，由于我们的研究结果中有一位老人从轻度疼痛到无疼痛，这样的变化使我们思考造成疼痛的原因可能为心因性而不是病理性的，需要在之后的研究中使用相应的量表在干预前区分造成疼痛的原因。同时，虽然在实际干预中涉及了"灵"的部分，但在测量中没有使用与正念相关的量表来体现"灵"部分的干预结果，比如正念注意知觉量表和自悯量表（self-compassion）。最后，我们提出的服务模式在后续研究中可以再加入控制变量，比较每一个单一因素的效应大小。

参考文献

陈国良、王梅、路桂军、陈继军、姜忠东、赵国利、崔红（2014）："慢性疼痛患者焦虑、抑郁状况调查及相关因素分析"，《中国疼痛医学杂志》，第 4 期，第 226~230 页。

陈丽云（2009）：《身心灵全人健康模式：中国文化与团体心理辅导》，中国轻工业出版社。

陈向明（1996）："社会科学中的定性研究方法"，《中国社会科学》，第 6 期，第 93~102 页。

费立鹏（2004）："中国的精神卫生问题——21 世纪的挑战和选择"，《中国神经精神疾病杂志》，第 1 期，第 1~10 页。

何睿林、蒋宗滨（2008）："老年人慢性疼痛的研究进展"，《医学综述》，第 23 期，第 3619~3622 页。

李恒威、盛晓明（2006）："认知的具身化"，《科学学研究》，第 2 期，第 184~190 页。

刘志青、李乐之（2008）："老年人慢性疼痛管理研究进展"，《护理研究》，第 25 期，第 2263~2266 页。

柳田尚（1985）："慢性痛の定義について"，《慢性疼痛》，第 4 期，第 1~3 页。

任清涛、李广、马秀青（2001）："内科门诊躯体形式障碍的临床特征和治疗研究"，《中国临床心理学杂志》，第 4 期，第 284~285 页。

王雁飞（2004）："社会支持与身心健康关系研究述评"，《心理科学》，第 5 期，第 1175~1177 页。

肖水源（1994）："《社会支持评定量表》的理论基础与研究应用"，《临床精神医学杂志》，第 2 期，第 98~100 页。

印会河（1984）：《中医基础理论》，上海科学技术出版社。

张文祥、倪家骧（2009）："慢性疼痛患者发生抑郁和焦虑症状的研究"，《中国全科医学》，第 9 期，第 775~777 页。

赵存凤、王玉华、赵玉艳、徐翠霞（2005）："慢性疼痛的综合评估与治疗"，《护理研究》，第 3 期，第 191~193 页。

Antonucci, T. C. & Akiyama, H. (1987). Social Networks in Adult Life and a Preliminary Examination of the Convoy Model, *Journal of Gerontology* 42 (5): 519-527.

American Geriatrics Society (March 26th, 2009). 2009 Annual Scientific Meeting Abstract Book. https://onlinelibrary.wiley.com/doi/abs/10.1111/j.1532-5415.2009.02272.x.

Asmundson, G. J. & Katz, J. (2009). Understanding the Co-occurrence of Anxiety Disorders and Chronic Pain: State-of-the-Art, *Depression and Anxiety* 26 (10): 888-901.

Barsalou, L. W. (2007). Grounded Cognition, *Annu. Rev. Psychol* 59: 617-645.

Blixen, C. E. & Kippes, C. (1999). Depression, Social Support, and Quality of Life in Older Adults with Osteoarthritis, *Journal of Nursing Scholarship* 31 (3): 221-226.

Büssing, A., Michalsen, A., Balzat, H. J., Grünther, R. A., Ostermann, T., Neugebauer, E. A., & Cano, A. (2004). Pain Catastrophizing and Social Support in Married Individuals with Chronic Pain: The Moderating Role of Pain Duration, *Pain* 110 (3): 656-664.

Carmody, J. & Baer, R. A. (2008). Relationships between Mindfulness Practice and Levels of Mindfulness, Medical and Psychological Symptoms and Well-being in a Mindfulness-based Stress Reduction Program, *Journal of Behavioral Medicine* 31 (1): 23-33.

Carroll, M. M. (1998). Social Work's Conceptualization of Spirituality, *Social Thought: Journal of Religion in the Social Services* 18 (2): 1-13.

Chodosh, J., Morton, S. C., Mojica, W., Maglione, M., Suttorp, M. J., Hilton, L. ... & Shekelle, P. (2005). Meta-Analysis: Chronic Disease Self-Management Programs for Older Adults, *Annals of Internal Medicine* 143 (6): 427-438.

Cole, R. P. & Chin, G. J. (1999). Emerging from the Margins of Historical Consciousness: Chinese Immigrants and the History of American Law, *Law and History Review* 17 (2): 325-364.

Cousins, N. (1989). *Head First: The Biology of Hope and the Healing Power of the Human Spirit.* New York: Penguin Books.

DaWalt, L. S., Greenberg, J. S., & Mailick, M. R. (2018). Transitioning Together: A Multi-family Group Psychoeducation Program for Adolescents with ASD and Their Parents, *Journal of Autism and Developmental Disorders* 48 (1): 251-263.

Dedeli, O. & Kaptan, G. (2013). Spirituality and Religion in Pain and Pain Management, *Health Psychology Research* 1: 154-159.

Dersh, J., Gatchel, R. J., Mayer, T., Polatin, P., & Temple, O. R. (2006). Prevalence of Psychiatric Disorders in Patients with Chronic Disabling Occupational Spinal Disorders, *Spine* 31 (10): 1156-1162.

DSM-5 American Psychiatric Association (2013). *Diagnostic and Statistical Manual of Mental Disorders.* Arlington: American Psychiatric Publishing.

Gallardo-Peralta, L. P. (2017). The Relationship between Religiosity/Spirituality, Social Support, and Quality of Life among Elderly Chilean people, *International Social Work* 60 (6): 1498-1511.

Gatchel, R. J. (2001). A Biopsychosocial Overview of Pretreatment Screening of Patients with Pain, *The Clinical Journal of Pain* 17 (3): 192-199.

George, L. K., Blazer, D. G., Hughes, D. C., & Fowler, N. (1989). Social Support and the Outcome of Major Depression, *The British Journal of Psychiatry* 154 (4): 478 –485.

Goleman, D. & Gurin, J. (1993). Mind/Body Medicine—At Last, *Psychology Today* 26 (2): 16 –17.

Greenglass, E., Fiksenbaum, L., & Eaton, J. (2006). The Relationship between Coping, Social Support, Functional Disability and Depression in the Elderly, *Anxiety, Stress, and Coping* 19 (1): 15 –31.

Häuser, W., Wolfe, F., Henningsen, P., Schmutzer, G., Brähler, E. & Hinz, A. (2014). "Untying Chronic Pain: Prevalence and Societal Burden of Chronic Pain Stages in the General Population—a Cross-sectional Survey, *BMC public Health* 14 (1): 352.

Hwang, W. C., Myers, H. F., & Takeuchi, D. T. (2000). Psychosocial Predictors of First-onset Depression in Chinese Americans, *Social Psychiatry and Psychiatric Epidemiology* 35 (3): 133 –145.

Kabat-Zinn, J. (1982). An Outpatient Program in Behavioral Medicine for Chronic Pain Patients Based on the Practice of Mindfulness Meditation: Theoretical Considerations and Preliminary Results, *General Hospital Psychiatry* 4 (1): 33 –47.

Kabat-Zinn, J. (2003). Mindfulness-based Interventions in Context: Past, Present, and Future, *Clinical Psychology: Science and Practice* 10 (2): 144 –156.

Kabat-Zinn, J., Lipworth, L., & Burney, R. (1985). The Clinical Use of Mindfulness Meditation for the Self-regulation of Chronic Pain, *Journal of Behavioral Medicine* 8 (2): 163 –190.

Khoury, B. Knäuper, B. Pagnini, F. Trent, N. Chiesa, A. & Carrière, K. (2017). Embodied Mindfulness. *Mindfulness* 8 (5): 1160 –1171.

Kirmayer, L. J. (2001). Cultural Variations in the Clinical Presentation of Depression and Anxiety: Implications for Diagnosis and Treatment, *Journal of Clinical Psychiatry* 62: 22 –30.

Kleinman, A. (2004). Culture and Depression, *New England Journal of Medicine*, 351 (10): 951 –953.

Krysik, Judy (2010). *Research for Effective Social Work Practice* (2nd ed.). New York: Routledge.

Kung, W, W. (2003). Chinese Americans' Help Seeking for Emotional Distress, *Social Service Review* 77 (1): 110 –134.

Kung, W, W. (2004). Cultural and Practical Barriers to Seeking Mental Health Treatment for Chinese Americans, *Journal of Community Psychology* 32 (1): 27 –43.

Kwee, M. (1995). Wherever You go, There You Are: Mindfulness Meditation in Everyday Life, *Behavior Research and Therapy*, 996 – 996.

Kwong, K. Chung, H. Cheal, K. Chou, J. C. & Chen, T. (2012). Disability Beliefs and Help-Seeking Behavior of Depressed Chinese-American Patients in a Primary Care Setting, *Journal of Social Work in Disability & Rehabilitation*, 11 (2): 81 –99.

Lakoff, G. & Johnson, M. (1999). *Philosophy in the Flesh* (Vol. 4). New York: Basic Books.

Landmark, T. Romundstad, P. Dale, O. Borchgrevink, P. C. Vatten, L. & Kaasa, S. (2013). Chronic Pain: One Year Prevalence and Associated Characteristics (The HUNT pain study), *Scandinavian Journal of Pain* 4 (4): 182 –187.

Lavretsky, H. Alstein, L. L. Olmstead, R. E. Ercoli, L. M. Riparetti-Brown, M. Cyr, N. S. & Irwin, M. R. (2011). Complementary Use of Tai Chi Chih Augments Escitalopram Treatment of Geriatric Depression: A Randomized Controlled Trial, *The American Journal of Geriatric Psychiatry* 19 (10): 839–850.

Lee, M. Y. Ng, S. M. Leung, P. P. Y. & Chan, C. L. W. (2009). *Integrative Body-Mind-Spirit Social Work*. New York: Oxford University Press.

Lee, Y. T., Chan, F. K., Leung, W. K., Chan, H. L., Wu, J. C., Yung, M. Y. ... & Sung, J. J. (2008). Comparison of EUS and ERCP in the Investigation with Suspected Biliary Obstruction Caused by Choledocholithiasis: A Randomized Study, *Gastrointestinal Endoscopy*, 67 (4): 660–668.

Lorig, K. R. & Holman, H. R. (2003). Self-Management Education: History, Definition, Outcomes, and Mechanisms, *Annals of Behavioral Medicine* 26 (1): 1–7.

Lu, K. Y. (1999). *The Secrets of Chinese Meditation*. London: Weiser.

Luders, E. Toga, A. W. Lepore, N. & Gaser, C. (2009). The Underlying Anatomical Correlates of Long-term Meditation: Larger Hippocampal and Frontal Volumes of Gray Matter, *Neuroimage* 45 (3): 672–678.

Lukens, E. P. & McFarlane, W. R. (2004). Psychoeducation as Evidence-based Practice: Considerations for Practice, Research, and Policy, *Brief Treatment and Crisis Intervention* 4 (3): 205.

Martin, M. A. & Nayowith, S. A. (1988). Creating Community: Group work to Develop Social Support Networks with Homeless Mentally Ill, *Social Work with Groups: A Journal of Community and Clinical Practice* 11 (4): 79–93. doi: 10.1300/J009v11n04_08.

Matthiessen, P. F. (2009). Are Spirituality and Religiosity Resources for Patients with Chronic Pain Conditions? *Pain Medicine* 10 (2): 327–339.

McDowell, I. (2006). *Measuring Health: A Guide to Rating Scales and Questionnaires*. Oxford University Press, USA.

Michalak, J., Mischnat, J., & Teismann, T. (2014). Sitting Posture Makes a Difference—Embodiment Effects on Depressive Memory Bias, *Clinical Psychology & Psychotherapy* 21 (6): 519–524.

Moy, S. (1992). A Culturally Sensitive, Psychoeducational Model for Understanding and Treating Asian-American Clients, *Journal of Psychology and Christianity*.

Mui, A. C. & Kang, S. Y. (2006). Acculturation Stress and Depression among Asian Immigrant Elders, *Social Work* 51 (3): 243–255.

Nolte, S. & Osborne, R. H. (2013). A Systematic Review of Outcomes of Chronic Disease Self-Management Interventions, *Quality of Life Research* 22 (7): 1805–1816.

Palo Alto, C. A. (1983). *Manual for the State-Trait Anxiety Inventory*. Consulting Psychologists Press.

Roy, R. (2008). *Group Therapy*. in *Psychosocial Interventions for Chronic Pain*. New York: Springer, pp. 133–146.

Sahar, J., Riasmini, N. & Nurviyandari, D. (2018). Reducing Neglect and Improving Social Support for Older People Following a Self-help Group in the Poor Urban Community of Jakarta, Indonesia. Enfermeria Clinica, 28 (Part I: 1st International Nursing Scholars Congress. Depok (Indonesia), 15–16 November 2016): 66–69. doi: 10.1016/S1130-8621(18)30039-1.

Salmon, P., Lush, E., Jablonski, M., & Sephton, S. E. (2009). Yoga and Mindfulness: Clinical Aspects of an Ancient Mind/Body Practice, *Cognitive and Behavioral Practice* 16 (1): 59–72.

Salsman, J. M., Brown, T. L., Brechting, E. H., & Carlson, C. R. (2015). The Link between Religion and Spirituality and Psychological Adjustment: The Mediating Role of Optimism and Social Support, *Personality and Social Psychology Bulletin* 31 (4): 522–535.

Segal, Z. V., Williams, J. M. G., & Teasdale, J. D. (2013). *Mindfulness Based Cognitive Therapy for Depression: A New Approach to Preventing Relapse.* New York: Guilford Press.

Siegel, R. D. (2009). *The Mindfulness Solution: Everyday Practices for Everyday Problems.* Guilford Press.

Spielberger, C. D., Gorsuch, R. L., Lushene, R., Vagg, P. R., & Jacobs, G. A. (1983).

Stone, J. (2014). Group Work: When Social Work Students Meet Head On. *Group Work: An Interdisciplinary Journal for Working with Groups* 24 (2): 88–96. doi: 10.1921/11801240109.

Sue S., Yan C. J. K., Saad C. S., & Chu J. P. (2012). Asian American Mental Health: A call to Action, *American Psychologist* 67 (7): 532–544.

Tanay, G. & Bernstein, A. (2013). State Mindfulness Scale (SMS): Development and Initial Validation, *Psychological Assessment* 25 (4): 12–86.

Taylor, E. J. Amenta, M. & Highfield, M. (1995). Spiritual Care Practices of Oncology Nurses. *In Oncology Nursing Forum* 22 (1): 31–39.

Thompson, E. & Varela, F. J. (2001). Radical Embodiment: Neural Dynamics and Consciousness, *Trends in Cognitive Sciences* 5 (10): 418–425.

Toseland, R. W. & Rivas, R. F. (2005). An Introduction to Group Work Practice.

Tsang, A., VonKorff, M., Lee, S., Alonso, J., Karam, E., Angermeyer, M. C. & Gureje, O. (2008). Common Chronic Pain Conditions in Developed and Developing Countries: Gender and Age Differences and Comorbidity with Depression-anxiety Disorders, *The Journal of Pain* 9 (10): 883–891.

US Census Bureau. (2011). 2010 Census Demographic Profile Summary File.

Wachholtz, A. B., Pearce, M. J., & Koenig, H. (2007). Exploring the Relationship between Spirituality, Coping, and Pain. *Journal of Behavioral Medical* 30: 311–318. doi: 10.1007/s10865-007-9114-7.

Wetherell, J. L. Gatz, M. & Craske, M. G. (2003). Treatment of Generalized Anxiety Disorder in Older Adults, *Journal of Consulting and Clinical Psychology* 71 (1): 31.

Wilson, M. (2002). Six Views of Embodied Cognition, *Psychonomic Bulletin & Review* 9 (4): 625–636.

Yalom, I. D. & Greaves, C. (1977). Group Therapy with the Terminally Ill, *The American Journal of Psychiatry*.

Yalom, I. D. (1995). *The Theory and Practice of Group Psychotherapy.* Basic Books (AZ).

Yang, L. H. & WonPat-Borja, A. J. (2007). Psychopathology Among Asian Americans. *American Psychological Association.*

Young, K. W. (2010). Spirituality and Quality of Life for Chinese People with Severe Mental Illness, *Journal of Religion & Spirituality in Social Work: Social Thought* 29 (1): 1–13.

《中国社会工作研究》征稿启事

为推动社会工作专业在中国的发展,加强各院校、机构及相关方面专业人士之间的联系,中国社会工作教育协会决定与出版机构合作出版《中国社会工作研究》。本集刊为小16开本,每本25万字左右,计划每年出版两本。特此向全国专业界人士征集稿件,同时也欢迎中国香港、台湾,以及海外专业界人士来稿。

一 出版宗旨

①推动社会工作专业在中国的发展。协会希望借出版集刊的机会,总结中国社会工作专业发展的经验,介绍西方社会工作研究成果,以推动中国社会工作专业发展。

②推动学术自由,促进社会工作研究的规范化。本集刊提倡用严谨的社会工作研究方法开展社会工作理论与实务研究,提倡广大作者充分发表不同的学术观点,共同探索中国社会工作专业的发展道路,以满足中国社会发展对社会工作专业的需求。本集刊要求来稿遵循国际公认的学术规范,共同推动中国社会工作研究的规范化。

③推动专业理论与实务工作的结合。本集刊希望通过发表实务研究报告和论文,推动理论与社会工作实务的结合。

④推动社会工作专业知识在中国的创新。社会工作是一个新学科、新专业,它的发展与成熟需要不断有新探索、新发现,不断创造新的知识,完善知识和学科体系。中国社会工作在这方面既有迫切的需要,也有创造的空间。因此,这也就必然成为本集刊的任务。

⑤推动对本土知识的总结和积累。在我国传统文化和现实社会中,

存在大量可以用来建构社会工作知识的元素，对其进行总结，推动本土社会工作知识的积累是专业人士不可推卸的责任，也是中国社会工作参与国际社会工作发展进程的必然要求。

二 来稿要求

①稿件范围：本集刊欢迎一切社会工作、社会福利、社会政策以及相关社会理论方面的学术论文、研究报告、学术评论、书评和学术动态综述。一般来稿以10000字为限（包括注释和参考文献），特殊稿件可增至15000字，书评和学术动态综述以3000~4000字为限。

②来稿必须遵循国际公认的学术规范，引文注释必须清楚准确，论述言之有据，论证逻辑全文一致，使用研究方法和分析工具清楚、准确。来稿应特别注意社会工作专业术语的规范性。在专业术语的使用上，一般专业术语可参考《社会工作概论》（王思斌主编，高等教育出版社，1999年第1版），国际通用术语可参照美国社会工作者协会（NASW）出版的《社会工作词典》或《社会工作百科全书》（均为英文）。特殊术语应给出明确界定，或注明出处，如属翻译术语请用圆括号附原文。文章格式可参考《社会学研究》（中国社会科学院社会学研究所）或《中国社会科学季刊》（香港）。

③来稿中出现外国人名时，一律按商务印书馆出版的《英文姓名译名手册》翻译，并在第一次出现时用圆括号附原文，以后出现时不再附原文。

④海外来稿主题应是与中国问题相关或是对中国社会工作及中国社会发展有借鉴价值的理论与实务研究，同时也欢迎具有普遍价值的理论与实务研究论文。

⑤来稿请同时寄上打印稿一式三份和软盘一份。软盘请以HTML文件格式存储。来稿一律不退，请自留底稿。来稿请在封面上打印如下内容：文章标题、作者及简介（包括学位、职称、工作单位）、联络办法（包括寄信地址、E-mail、电话、传真）。内文请勿署名。

⑥本书编辑对稿件有修改和删改权，如不同意请注明。

⑦来稿请自备副本，概不退稿。采用与否，编辑部均于3个月内通知作者，作者可自行处理稿件。

⑧来稿文责由作者自负，来稿必须未经正式出版，本集刊严禁一稿多投。

⑨被本集刊选中出版的稿件，著作权属于作者本人，版权属于中国社会工作教育协会。

⑩来稿要求以中文写作，来稿请附200字的中英文摘要。

投稿本集刊的文章，即视为作者同意上述约定。

来稿请寄：中国社会工作教育协会《中国社会工作研究》编辑部。

地址：北京大学社会学系中国社会工作教育协会秘书处（法学楼5246室）。

邮编：100871；请在信封上注明"来稿"字样。

欢迎通过电子邮件投稿和联络，邮址为：caswecswr@126.com。

三 审稿制度

为保证集刊的质量，本集刊对来稿采用匿名审稿制度。

①所有来稿首先经编辑委员会进行初审，主要审查稿件的一般规范、稿件是否与出版宗旨相符。

②通过初审的稿件即送交不少于两名学术评审委员会委员或相关学科的专家进行匿名评审。

③稿件是否采用，基本以评审委员的评审意见为准，当两位评审委员意见不一致时，由主编最终决定是否采用。

四 来稿文献征引规范

投稿本集刊的作者，请遵循以下文献引征规范。

①为保护著作权、版权，投稿本集刊的文章如有征引他人著作，必须注明出处。应包括：作者/编者/译者、出版年份、书名/论文题目、出版地、出版者，如是对原文直接引用则必须注明页码。

②参考文献应在文章末尾列出征引出处，在文内则简要列出作者/编者姓名和年份，例如：

（正文）对于处于初步专业化的社会工作来说，应采取这种专门化的发展模式，而在专业化程度比较高的阶段，就应采取整合的社会工作模式（李增禄，1996）。

（文末）李增禄（1996）：《社会工作概论》，台北：巨流图书公司。

例如：征引书籍

对作者的观点做综述性引用：

（文内）（Richmond，1907）

（文末）Richmond, M. (1907). *The Good Neighbor in the Modern City*. Philadelphia: J. B. Lippincott.

（文内）（李增禄，1996）

（文末）李增禄（1996）：《社会工作概论》，台北：巨流图书公司。

引用原文应注明页码，如：

（文内）（李增禄，1996）

（文末）李增禄（1996）：《社会工作概论》，台北：巨流图书公司，第25页。

说明：英文参考文献中，书名请用斜体字；中文参考文献中，书名请用书名号。

例如：征引文集中的单篇文章

（文内）（Hill，1987）

（文末）Hill, J. (1987). Evaluating Effectiveness. In J. Harding (ed.), *Probation and the Community: A Practice and Policy Reader* (pp. 226-238). London: Tavistock.

（文内）（阮曾媛琪，1999）

（文末）阮曾媛琪（1999）："迈向21世纪香港社会工作的趋势、挑战与使命"，载何洁云、阮曾媛琪主编《迈向新世纪社会工作理论与实践新趋势》，香港：八方文化企业公司，第441~472页。

说明：英文参考文献中，书名请用斜体字，并标明页码；中文参考文献中，文章题目请用引号，书名请用书名号，并标明页码。

例如：征引期刊中的单篇文章

（文内）（Reamer，1998）

（文末）Reamer, F. G. (1998). The Evaluation of Social Work Ethic. *Social Work*, Vol. 43, No. 3, pp. 488-500.

（文内）（王思斌，1995）

（文末）王思斌（1995）："中国社会工作的经验与发展"，《中国社会科学》，第 2 期，第 97~106 页。

说明：英文参考文献中，刊名请用斜体字；中文参考文献中，文章题目请用引号，刊名请用书名号，并标明页码。

③转引文献，应注明原作者和所转引的文献，如：

（文内）在成立大会上，会长崔乃夫对社会工作做了如下界定："社会工作是……"（崔乃夫，1991）。

（文末）崔乃夫（1991）：《1991 年 7 月 5 日在中国社会工作者协会成立大会上的讲话》，转引自《中国社会工作百科全书》，1994 年第 1 版，第 2 页，北京：中国社会出版社。

④在文献的使用中，请避免使用"据统计……""据研究……"字样。使用文献、数据必须注明准确的出处。

⑤参考文献的排序采取中文、英文分别排列，中文在前，英文在后；中文按作者姓氏的汉语拼音、英文按作者姓氏分别以字典序列排列。

⑥作者对文内需要进一步说明的，采用脚注，序号一律采用"①、②、③……"。

⑦行文中，外国人名第一次出现时，请用圆括号附原文，文章中再次出现时则不再附原文。在英文参考文献中，外国人名一律姓氏在前，名字以缩写随后，以逗号分隔。

如：Mary Richmond 应写为：Richmond, M.

中国人的外文作品，除按外文规范注明外，在文末应在其所属外文姓名之后以圆括号附准确的中文姓名，如无法确认中文姓名则不在此列。

⑧外国人名、地名的翻译以商务印书馆 1983 年出版的《英语姓名译名书册》和《外国地名译名书册》为标准。

中国社会工作教育协会
《中国社会工作研究》编辑委员会

China Social Work Research
Vol. 19

Table of Contents and Abstracts

Spatial Justice and Green Social Work: a Participatory Action Research in Post-disaster Community Reconstruction in Ya'an of Sichuan

Ku Hok Bun　Qi Huadong　Lena Dominelli / 1

Abstract: On 20 April 2013, a 7.0 - magnitude earthquake hit Lushan county of Ya'an City, Sichuan Province, China. Although the damage of Lushan earthquake is less than the 2008 Wenchuan earthquake, still 196 people were killed, 21 were missing and 11,826 were injured. The research team chose T Village (fictitious name), an old village in S township, as an intervention site. As most young adults went to work in the city, the old community became deprived and its traditional culture, architecture, custom, skill and wisdom were dying. Social workers were unable to fully meet community's multiple needs, especially those associated with environmental and physical spaces. A transdisciplinary action research team was formed by social workers and architectural designer for exploring an alternative model of post-disaster community building, aiming to enhance the quality of life of left behind people in this disaster-affected community. In this project, the research team facilitated the formation of a community kitchen project that enabled villagers to create a new building and co-operative organizations for the village's long-term sustainable development. This paper presents the participatory design process, contribution of green social work and transdisciplinary interventions in post-disaster community reconstruction.

Keywords: participatory action research; green social work; post-disaster community reconstruction

Professionalism among Social Workers in China: A Quantitative Analysis of

CSWLS 2019

Liu Chang　Liu Shiqing　Yuan Yiqing　Sun Xiaoyue　Duan Wenjie

He Xuesong / 22

Abstract: The thesis focuses on professionalism of China social Workers, and professionalism is measured by seven dimensions: knowledge, value, practicality, exclusiveness, autonomy, occupation and indigenization. Personal data of China Social Work Longitudinal Study in 2019 has been employed. The finding suggests china's social workers characterizes with low knowledge and high value, low exclusiveness and high practicability, low autonomy and high indigenization, modest occupationalization. Implications for social work development in China are discussed.

Keywords: China Social Work Longitudinal Study; Social Worker; Professionalism

Empowerment Evaluation: An Effective Method for Social Work Standardization and Professionalization

Liu Jiang　Zhang Shu / 56

Abstract: Standardization and professionalization are the main goals of development of social work programs. Government introduces the third-party evaluation to promote standardization and professionalization of social work programs. However, influenced by the defects of ontology and methodology of evaluation method, the traditional checking-up evaluation method cannot promote standardization and professionalization of social work programs. Based on the analysis of ontology and methodology, this study adopts empowerment evaluation as an alternative evaluation method. An intervention research with 15 government sponsored social work programs was conducted to test the validity of empowerment evaluation. Quantitative results show that empowerment evaluation can effectively promote the standardization and professionalization of social work programs. Qualitative results show the mechanisms of empowerment evaluation. They are: (1) through improving the relationship between practitioners and evaluators, it promotes the meaningful in-depth participation of both sides; (2) meaningful in-depth participation promotes the ability of standardization and professionalization. Finally, different conflicts are discussed, and future advices are put forward.

Keywords: empowerment evaluation; intervention research; social work evaluation; standardization; professionalization

The Concept and Application of Social Adaptation: A experimental Study of Medical Social Work Involved in Home Rehabilitation of the Patients with Mental Disorders　　　　　　　　　　　　　　　　　*Li Bin　Ren Wei* / 81

Abstract: This article aims at the current situation of home rehabilitation of the patients with mental disorders in China. After investigating the community environment and the requirement for medical social work services of these patients, this paper proposes the "social adaptation" concept, used to design a professional team with "Trinity service model" including "social worker & medical staff & community worker". After practice, it summarizes the research achievements of home rehabilitation of the patients with mental disorders, and proposes that the medical social work with the "social adaptation" concept can face more disabled patients services and improve the public Health development further proceed from the "social adaptation" concept.

Keywords: social adaptation concept; medical social work; trinity; patients with mental disorders; home rehabilitation

Village Boundaries and the Construction of Local Partnership Network of Community Building　　　　　　　　　　　　　　　　　　　*Wei Aitang* / 120

Abstract: This article focuses on how to use community building approach to solve the social problems in Village-in-city with the application of "village boundary" concept. This author propose that social work should choose the Community Affairs Office of the Street Government and Community Resident Committee to be the prior local partners, who were the representative of the administration boundary in China. And depending on their strengths of their local Guanxi circles, social worker can pass the social boundary of the community which usually excludes strangers, and develop multi-dimensional local partnerships on the basis of the cultural boundary of the Village-in-city. The key work of social workers in the community building practice is to intervene and integrate the joints of village boundaries. With the promotion of participant-oriented practice and the process of sharing tasks and cooperative actions, we can facilitate the mutual understanding and relationship integration among the local partners who are participating in the community building practice, and empower the community to improve the community wellness.

Keywords: village boundary; village-in-city; community building; local partnership network

The Multiple Representation of Family Resilience of the Disabled and the Approaches of Social Work Practice　　　　　　　　　　Yao Jinzhong ／ 148

Abstract: Disability is not only an individual injury and a social issue, but also one of the "family affairs". As Families are the core carrier of social security and service system construction for the disabled, the development of family capacity has a direct effect on the welfare of the disabled. Our research is based on the family resilience, through the in-depth analysis of 265 disabled families in the social work service project for the disabled, Comparing the family performance resilience characteristics and how the family in the process of adapting to the anti-resilience function between different disabled families in the process of experiencing the disability dilemma, refining the model of the family resilience of the disabled. In this study, families with disabilities are classified into three categories and six subcategories: stable equilibrium (positive growth and stable development), dysfunctional (response to imbalance and support imbalance), and operational rigidity (ineffectiveness and crisis oriented). Different types of families have different beliefs, life wisdom and life strategies to deal with disability events, which provide a fundamental reference for us to observe and serve them, and offer data support for social workers to design more targeted service plans.

Keywords: the disabled; family resilience; social work

Integrated Service Model of Chronic Pain and Mental Health—A Case Study of the Effectiveness of Physical and Mental Health Intervention for the Elderly of Overseas Chinese

　　　　　　　　　　Ji Wenxiao　Yuwah Eva Lu　He Kundong　Cai Yafei
　　　　　　　　　　　　　　　　　　　　　　Sun Changxuetong ／ 187

Abstract: The purpose of this study is to explore the effectiveness of body, mind, society and spirituality integrated service model in the intervention of chronic pain and mental health in the elderly of overseas Chinese group. In this study, 23 elderly overseas Chinese with chronic pain, depression and anxiety symptoms in an elderly center on east coast of American were intervened for eight weeks, and paired sample T was used for testing. The results showed that the three variables of pain, depression and social support were significantly improved in statistics, and the anxiety variable also showed positive changes. At the same time, the subjective statements of the subjects also showed significant improvement in pain, depression, anxiety and social support. This study provides a new way to improve the chronic pain and mental health problems of the elderly of overseas Chinese group, and also provides a basis for the follow – up study of serving the elderly of local Chinese.

Keywords: integrated Service model of Body-Mind-Society-Spirituality; the elderly mental health; social support

Call for Papers / 211

Table of Contents and Abstracts / 216

图书在版编目(CIP)数据

中国社会工作研究. 第十九辑 / 王思斌主编. -- 北京：社会科学文献出版社，2020.12
ISBN 978-7-5201-7482-4

Ⅰ.①中… Ⅱ.①王… Ⅲ.①社会工作-研究-中国 Ⅳ.①D632

中国版本图书馆 CIP 数据核字(2020)第 203994 号

中国社会工作研究　第十九辑

编　　者 / 中国社会工作教育协会
主　　编 / 王思斌

出 版 人 / 王利民
责任编辑 / 胡庆英

出　　版 / 社会科学文献出版社·群学出版分社 (010) 59366453
　　　　　 地址：北京市北三环中路甲29号院华龙大厦　邮编：100029
　　　　　 网址：www.ssap.com.cn
发　　行 / 市场营销中心 (010) 59367081　59367083
印　　装 / 三河市尚艺印装有限公司

规　　格 / 开　本：787mm × 1092mm　1/16
　　　　　 印　张：14　字　数：221千字
版　　次 / 2020年12月第1版　2020年12月第1次印刷
书　　号 / ISBN 978-7-5201-7482-4
定　　价 / 69.00元

本书如有印装质量问题，请与读者服务中心 (010-59367028) 联系

版权所有 翻印必究